二战后澳大利亚工党的变革

董沐夕　著

山东大学出版社

图书在版编目(CIP)数据

二战后澳大利亚工党的变革 / 董沐夕著. —济南:山东大学出版社,2019.8
ISBN 978-7-5607-6425-2

Ⅰ.①二… Ⅱ.①董… Ⅲ.①澳大利亚工党—研究—现代 Ⅳ.①D761.164

中国版本图书馆CIP数据核字(2019)第203427号

责任编辑:李军宏 张 瑞
封面设计:牛 钧

出版发行 山东大学出版社
社 址 山东省济南市山大南路20号
邮 编:250100
电 话:市场部(0531)88363008
经 销:新华书店
印 刷:济南华林彩印有限公司
规 格:720毫米×1000毫米 1/16
11.25印张 208千字
版 次:2019年8月第1版
印 次:2019年8月第1次印刷
定 价:36.00元

目 录

导 论

自1679年现代意义上的政党雏形在英国产生以来，政党政治现象在世界范围内普遍发展，现已成为广泛存在于世界各国的政治形式。纵观世界政党政治的历史发展可以明显看出，政党的发展史其实就是一部政党的变革史。历史所验证的事实是，没有哪个政党的发展壮大不是经由自身变革而实现的，也没有哪个缺乏自我变革能力的政党能够摆脱最终衰亡的历史命运。可以说，“政党为适应外部环境的变化而不断调整自身，因政党自身变革引起政党政治的发展变化，是政党政治的一条基本规律”[①]。尤其是面对“二战”后国内外社会环境的深刻变化，越来越多的政党开始注重从社会生态学的角度思考党的自身变革问题，以及从政党政治发展规律的高度谋划党的自身发展问题。澳大利亚工党就是其中一例。

一、选题缘由与研究意义

(一)选题缘由

澳大利亚实行两党制，目前两大轮流执政的政党一个是自由—国家联盟党，另一个就是工党。澳大利亚工党成立于1891年，是澳大利亚历史上的第一个政党，比澳大利亚联邦的成立还要早10年，政治立场中间偏左，为“进步联盟”[②]成员。在成立至今的百余年的历史发展中，澳大利亚工党一直在根据生存环境的变化和自身发展的需要调整着自身，但“二战”前的社会环境变化相对柔和，没有像“二战”后这般剧烈和深刻。如果说“二战”前的澳大利亚工党能够以“不变”来“应万变”的话，那么这一生存法则在“二战”后已经无法维系，对此，澳大利亚工党采取了变革这一应对之策。

可以说，“二战”后澳大利亚工党的变革实际就是存在于发达资本主义国家

① 王韶兴:《政党政治论》，山东人民出版社2011年版，第532页。

② 进步联盟(Progressive Alliance)是一个成立于2013年5月22日的国际政党组织，进步联盟的成员主要是社会党国际现在或过去的成员，该组织称其宗旨是成为进步主义、民主主义、社会民主主义、社会主义和劳工运动的全球性网络。

的中左翼政党，为了能够在不断变化的资本主义社会生态系统中得以生存而进行的自我拯救。面对“二战”后因社会环境变化而导致的西方左翼政党普遍在野的现实困境，澳大利亚工党几乎与欧洲社会民主党同时做出了变革反应。作为“二战”后世界社会民主党变革大军中的一员，澳大利亚工党在变革进程中遇到的一系列问题同欧洲社会民主党变革进程中所遇到的问题亦有相似之处，其在变革的过程中表现出同他国社会民主党变革的诸多共性。因此，对“二战”后澳大利亚工党变革的考察，是研究世界政党变革尤其是社会民主党变革的一个不可或缺的部分。而且作为世界上最古老的工党，澳大利亚工党由于生存环境的独特性而在变革的过程中表现出独特的个性，其所体现出的鲜明特色不仅丰富了社会民主党发展的多样性，而且对于进一步把握社会民主党变革的一般规律和特殊规律也具有不可忽视的价值。但是，从国内外现有的对社会民主党变革的研究成果来看，学者们更多关注的是欧洲社会民主党的变革，而对澳大利亚工党变革的研究有所忽视。

另外，目前澳大利亚工党的境况也非常值得人深思。在比尔·肖腾的领导下，澳大利亚工党在最近一次的 2019 年 5 月的联邦大选中又一次失利，继 2013 年 9 月、2016 年 7 月大选失利后继续在野。澳大利亚工党如今的在野境遇当然与存在于西方政党政治中左右翼政党相互轮替的“钟摆”作用有关，但除此，也与澳大利亚工党所进行的变革不无关系，而对这一关系的探究，也要从对澳大利亚工党变革的研究中才能寻找到答案。

（二）研究意义

本书选择澳大利亚工党在“二战”后的变革作为研究对象，最主要的出发点还在于研究这一论题具有诸多理论和现实意义。

1. 有助于充实对澳大利亚工党变革问题的研究

澳大利亚工党的变革伴随澳大利亚工党发展的全过程，历经百余年。即使将“二战”结束作为澳大利亚工党全面深化改革的开端，这一过程也已经持续了半个多世纪。可以说，变革从来都是澳大利亚工党建设和发展的主题。但是，长期以来，国内外对澳大利亚工党变革问题并没有给予足够的重视，现有的关于澳大利亚工党变革的诸多理论和现实问题的研究也有待于进一步深化。从不同的视角考察澳大利亚工党的变革行为会得出不同的观点和结论，以澳大利亚工党自身建设为视角来探析这一问题，能够在一定意义上充实对澳大利亚工党变革问题的研究，弥补现有研究中的薄弱环节。

2. 有助于增进对社会环境与政党互动关系的理解

政党总是生存在一定的社会环境之中，社会环境的变化会直接或间接地导致政党的变化，而政党的这种变化及其所带来的影响，又会对其所生存的社会环境产生潜移默化的影响。因此,政党变革是一个双向的动态过程,政党在不断回应环境变化的同时也会反作用于环境,使环境进一步发生改变。本书立足于"二战"后澳大利亚工党的变革,重点考察的是社会环境的变化对澳大利亚工党变革的根本性影响。澳大利亚工党为应对社会环境的变化对自身进行调整,目的是重新适应新的社会环境,但澳大利亚工党的变革行为不是孤立存在的,因为澳大利亚工党作为经常执政的政党之一,其无论是执政期间的施政行为,还是在野期间的施压行为,都会对澳大利亚的社会环境产生影响,并引导着社会环境的进一步变化。因此,对"二战"后澳大利亚工党的变革进行研究,是从社会环境与政党互动的角度来分析政党变革问题的一个案例,有助于加深我们对环境客体与政党主体之间相互作用关系的认识和理解。

3. 有助于丰富对社会民主党这一政党类型的认识

社会民主党是广泛地存在于世界范围内的一种政党类型。其中,欧洲社会民主党因历史悠久、理论根基深厚而受到学界的广泛关注。但实际上,各社会民主党之间的差异客观而明显,在不同的地域、历史以及社会条件下成长起来的社会民主党都有着自身的个性特征。尤其是从政党变革和发展的角度上来讲,各社会民主党因变革的作用而使这一政党类型发展的多元性更加明显了。澳大利亚工党是社会民主党的重要成员,以变革为视角对其进行研究,有助于进一步了解国际社会民主主义运动中不同社会民主主义模式的理论和实践;有助于更科学地评估当前世界社会民主党发展的总体形势;有助于进一步认识在不同社会历史条件下社会民主党如何生存和发展的问题;还有助于更好地把握社会民主党在诸如澳大利亚这样的发达国家的现代化进程中,应该如何给自己定位,如何更好地发挥自身价值的问题。

4. 有助于深化对政党变革普遍规律的把握

只有准确地把握政党变革的普遍规律,才能利用好变革这一实现政党发展的有效手段,不断为政党的成长注入活力。但政党变革的规律不是凭空出现的,必须要在广泛的政党变革实践中发现、总结。从世界范围来讲,政党性质的不同、经历的不同、所置身的社会环境的不同,会使不同的政党在变革的具体目标和实现途径上不尽相同。但是,政党变革作为一种政党政治现象,其必然会从规律层面上体现出政党在变革中的普遍遵循。对"二战"后澳大利亚工党变革进行研究,不仅可以从中探寻澳大利亚工党变革所蕴含的特殊规律,从特殊意义上把握澳大利亚工党变革的内在逻辑,而且还可以通过对澳大利亚工党变革的个案分析,从一般意义上深化对政党变革普遍规律的把握,为世界政党变革提供理论上的支持。

二、研究现状与评析

对于澳大利亚工党的研究在国内起步较晚。20 世纪 80 年代曾出现过一个研究民主社会主义的热潮，但重点基本是放在对社会党国际本身以及欧洲社会民主党的研究上，对其他地区的有关政党则涉及较少，对澳大利亚工党比较深入的研究在 20 世纪基本属于空白，只是在对澳大利亚史、人物传记以及对澳大利亚政治体制的研究中有一些有关澳大利亚工党的零碎的介绍性文字，除此之外，其他方面鲜见澳大利亚工党的研究成果。这其中固然有资料局限等因素的影响，但未得到足够重视也是其中一个重要原因。20 世纪 90 年代以来，随着中澳关系的深入发展，国内对澳大利亚问题的关注日渐增多。国内现有澳大利亚研究中心 34 所，研究领域涉及澳大利亚的政治、经济、科技、文学、历史、文化、国际关系、教育、贸易、传媒、城市规划、社会福利、华人华侨等诸多方面。但是，目前尚没有一个专门机构专注于澳大利亚政党的研究，尤其是对于澳大利工党来说，其在澳大利亚并不是执政时间最长的政党，受关注度也相对较低。不过，在澳大利亚问题日渐受到学者们重视的同时，工党作为澳大利亚政坛上的一支重要力量也逐渐进入学者们的视野。20 世纪 90 年代之后，不仅有相关专著问世，相关文献也开始涌现。在现有的研究成果中，国内外学者或直接着手，或间接涉及，或从整体上把握，或从细微处窥探，从多种视角审视了澳大利亚工党变革的相关问题，为本书进一步研究“二战”后澳大利亚工党的变革提供了一些可参考的素材和可借鉴的观点。

（一）以澳大利亚工党的现代化、转型和演变为研究视角

韩隽是国内较早研究澳大利亚工党问题的学者，其在 2003 年出版的《澳大利亚工党研究》是目前国内关于澳大利亚工党最为全面的学术研究成果。韩隽以阐述工党在澳大利亚经济建设、社会福利、政治发展和外交政策诸多领域中的作用为主线，以分析澳大利亚工党的历史发展和自身建设为副线，从政党现代化的视角，对澳大利亚国家现代化同澳大利亚工党现代化之间的互动进行了研究。对此，韩隽得出的结论是，一个政党要想在国家的发展中发挥领导作用，就必须以开放的心态不断地进行自我完善，以顺应社会发展的需要。①

从政党转型的角度分析澳大利亚工党的变革是一个较新的视角。国内学者赵婷所写的《二战后澳大利亚工党从群众型政党向全方位政党的转型》论文，从政党转型的角度，采用了政党类型学中群众型政党和全方位政党的概念，将澳大

① 参见韩隽:《澳大利亚工党研究》，新疆大学出版社 2003 年版。

利亚工党的转型界定为从群众型政党向全方位政党的转变，认为工党从群众型政党向全方位政党转型，核心是争取选民，实质是适应变化了的客观环境。[①]

在国外，也有的学者从政党演变的角度审视澳大利亚工党的变革。在《工党的冲突：大企业、工人和阶级政治》(*Labor's Conflict: Big Business, Workers and the Politics of Class*)这本书中，作者 Tom Bramble 和 Rick Kuhn 指出，曾经的工党被视为工人们过上美好生活的希望，而如今的工党却把自己打造成为澳大利亚资本主义的可靠管理者，他们认为工党的演变是对 19 世纪 90 年代的大罢工、两次世界大战、大萧条时期、战后繁荣等主要社会事件的反映，书中详细剖析了惠特拉姆、霍克、基廷、陆克文和吉拉德政府时期的档案，并在结论中为澳大利亚工党的未来变革提供了可供选择的方案。[②]

另外，西方学者在针对澳大利亚工党转型的研究中出现了一个很大的分歧。以 Tom Bramble 和 Rick Kuhn 为代表的一类西方学者认为澳大利亚工党的变革是间断的。Tom Bramble 和 Rick Kuhn 认为澳大利亚工党近年来的“卡特尔”化说明 20 世纪 70 年代之后工党的历史出现了根本性的断裂，他们对这一观点的讨论，结合了澳大利亚工党的政策，以及工党与不同阶级和社会群体联系的机制，即工党支持者的党籍和所属地方分支、工党国会议员及领袖的背景、工会在工党内部的角色、工党的资金来源等，最后得出的结论是，尽管这些方面有所变化，但工党在总体上仍是“一个资本主义的工人党”。[③] 另外，以 John Warhurst 为代表的一类学者认为澳大利亚工党的变革是连续的。John Warhurst 对 Tom Bramble 和 Rick Kuhn 关于工党历史间断性观点进行了辩驳，指出 Tom Bramble 和 Rick Kuhn 所认为的霍克—基廷工党政府的政策在本质上违背了工党的传统这一观点言过其实了，John Warhurst 更愿意强调工党历史的连续性。[④]

(二)以澳大利亚工党同其他政党之间的比较为研究视角

近年来，还有学者另辟蹊径，从政党比较的角度研究澳大利亚工党的变革。杨薇薇的《二十世纪八十年代以来英澳工党改革比较研究》、钟连发的《冷战后澳大利亚工党和新西兰工党的新变化》等论文都是在对澳大利亚工党同其他政党

---

① 参见赵婷：《二战后澳大利亚工党从群众型政党向全方位政党的转型》，《当代世界社会主义问题》2012 年第 2 期。

② Tom Bramble, Rick Kuhn, *Labor's Conflict: Big Business, Workers and the Politics of Class*, Cambridge University Press, 2010.

③ Tom Bramble, Rick Kuhn, “Continuity or Discontinuity in the Recent History of the Australian Labor Party?” *Australian Journal of Political Science*, 2009, Vol, 44, No. 2.

④ John Warhurst, “Transitional Hero: Gough Whitlam and the Australian Labor Party,” *Australian Journal of Political Science*, 1996, Vol. 31, No. 2.

的比较研究中突出了澳大利亚工党变革的内容、特点、评价等问题。杨薇薇从党的组织建设和政策调整的角度对 20 世纪 80 年代以来英国工党和澳大利亚工党在改革内容上的异同进行了比较，认为澳大利亚工党同英国工党一样，在改革中均体现出唯选举利益的实用主义以及政策理念右倾化的特点，另外两党在改革过程中也都存在诸如资本主义政党政治的缺陷、中左翼政党的"身份认同"危机以及因政策趋同而失去其自身政治特色等问题。① 钟连发通过对 20 世纪 90 年代以来澳大利亚工党和新西兰工党在思想理论和纲领方面、政策方面的调整进行对比分析，认为两党的变革都取得了显著的成效，但仍然处于艰难阶段，尤其是澳大利亚工党仍然没有摆脱衰退的局势。②

（三）以澳大利亚工党的历史发展为研究视角

澳大利亚工党的历史是发展的历史，也是变革的历史。从澳大利亚工党历史发展中我们可以找到澳大利亚工党变革的足迹。

国内外梳理澳大利亚工党历史脉络的著作以《山顶之光：澳大利亚工党(1891～1991)》[*The light on the Hill：the Australian Labor Party（1891～1991*）]最具代表性。这本书是 Ross McMullin 在访问工党及澳大利亚国家档案馆的基础上撰写而成的一部比较有权威性的著作。McMullin 在记录了六个州工党及联邦工党的发展历史的基础上，集中叙述了费希尔、休斯、斯卡林、柯廷、齐夫利、惠特拉姆、霍克和基廷政府的成功作为，其中就包括了在不同历史时期澳大利亚工党的变革举动。③ 另外，《澳大利亚工党简史》(*A Little History of the Australian Labor Party*)这本书是 2010 年出版的一本较新的作品，是 Nick Dyrenfurth 和 Frank Bongiorno 为纪念澳大利亚工党成立 120 周年而著，书中生动讲述了澳大利亚工党自 19 世纪末以来的历史，详细说明了澳大利亚工党在各级选举和政策制定中的诸多成功事迹，并深入分析了澳大利亚工党是如何吸引包括议会代表、领袖、工会会员、积极分子甚至反对者在内的众多成员的，其中就涉及了澳大利亚工党的诸多变革措施。④

（四）以澳大利亚工党变革领袖为研究视角

党的领袖是澳大利亚工党的最高领导者，领袖的出身背景、性格特征、专业

---

① 参见杨薇薇：《二十世纪八十年代以来英澳工党改革比较研究》，新疆大学 2007 年硕士学位论文。

② 参见钟连发：《冷战后澳大利亚工党和新西兰工党的新变化》，《当代世界与社会主义》2005 年第 6 期。

③ Ross McMullin, *The Light on the Hill：the Australian Labor Party 1891～1991*. Oxford University Press Australia and New Zealand, 1991.

④ Nick Dyrenfurth, Frank Bongiorno, *A Little History of the Australian Labor Party*, New South Publishing, 2010.

特长、思想觉悟等会对特定时期澳大利亚工党的变革产生深刻影响，是研究澳大利亚工党变革的重要线索。

目前国内对澳大利亚工党领袖进行研究的专著较少，仅在李沙的《澳大利亚历届总理小传》中有所涉及。李沙的《澳大利亚历届总理小传》以人物传记的形式介绍了澳大利亚自联邦建立至作者收笔为止期间曾经在位的 24 位国家总理的生平事迹，其中，对包括约翰·克里斯琴·沃森(John Christian Watson)、安德鲁·费希尔(Andrew Fisher)、威廉·莫里斯·休斯(William Morris Hughes)、詹姆斯·亨利·斯卡伦(James Henry Scullin)、约翰·约瑟夫·柯廷(John Joseph Curtion)、弗朗西斯·迈克尔·福德(Francis Michael Forde)、约瑟夫·本尼迪克特·奇夫利(Joseph Benedict Chifley)、爱德华·高夫·惠特拉姆(Edward Gough Whitlam)、罗伯特·詹姆斯·李·霍克(Robert James Lee Hawke)、保罗·约翰·基廷(Paul John Keating)在内的曾经担任过国家总理的这些工党领袖的变革作为以及他们在澳大利亚历史上的作用和影响等进行了介绍。[①]

国外关于澳大利亚政治人物的著作中，有一部分以论著的形式对某一澳大利亚工党领袖的政治事业进行研究，也有一部分是有关澳大利亚工党领袖的传记性作品，其中都不乏关于工党变革问题的交代。比如，受马尔科姆·弗雷泽领导的自由—国家联盟党的指使，时任国家总督的约翰·柯尔(John Kerr)在 1975 年 11 月 11 日将惠特拉姆解职这一事件可谓澳大利亚历史上最重大的政治事件之一。Carroll Brian 所著的《惠特拉姆》(*Whitlam*)就讲述了惠特拉姆在澳大利亚工党在野 23 年后当选为澳大利亚总理，其大踏步改革的举措因超越了选民的心理承受能力，而最终导致了被总督柯尔解职这一事件的原委。[②]《霍克遗产》(*Hawke Legacy*)是 Bloustien 在采访鲍勃·霍克本人、霍克的演讲稿撰写人格雷姆·科德宝(Graeme Freudenberg)以及前参议员罗斯玛丽·克罗利(Rosemary Crowley)的基础上完成的，霍克对澳大利亚的现代化发展所进行的经济和社会改革得到了国民的普遍认可，这本书不仅对 1983～1991 年霍克执政期间的成就进行了叙述，而且对霍克在工党变革中所遗留的未完成的事业进行了审视。[③] David Love 的《未完成的事业：保罗·基廷被中断的改革》(*Unfinished Business: Paul Keating's Interrupted Revolution*)是对基廷所推行的经济改革进行专门研究的著作。在 20 世纪 80 年代早期，时任财政部部长

① 参见李沙：《澳大利亚历届总理小传》，新华出版社 1992 年版。

② Carroll Brian, *Whitlam*, Rosenberg Publishing, 2011.

③ Bloustien, *Hawke Legacy*, Wakefield Press, 2009.

的基廷开始着手澳大利亚经济重建计划，他推行澳元浮动汇率制，撤销对外资银行在澳大利亚开展业务的禁令，最大的举措是推行了全民退休金计划，改革带来了国家整体经济和国民个人财富的快速增长，但是1996年基廷在大选中的失败使其改革计划也被政敌否定了。在这本书中，作为资深经济和金融观察员的David Love，以他专业视角探究了基廷的经济改革，并发出了警示的声音：基廷改革计划的中断会使澳大利亚刚刚显现的繁荣变得极其脆弱，尤其是在不确定的国际经济环境下。[①]

另外，国内外还有一些以评述工党领袖的政治事迹为主要内容的论文。比如在《爱德华·高夫·惠特拉姆，1916～2014：对其政治价值的评估》(Edward Gough Whitlam, 1916～2014: An Assessment of His Political Significance)这篇论文中，作者Derek McDougall认为，惠特拉姆的政治价值首先在于他领导澳大利亚工党告别了23年长期在野而在1972年12月重新执政，尽管经济的下滑和议会反对派的打压使惠特拉姆在1975年11月遭到了总督的解职，但从当代的角度来看，惠特拉姆政府在澳大利亚独立自主外交政策的确立和促进澳大利亚社会公平发展方面所起到的作用，是其他任何一届澳大利亚政府均无法超越的。[②] 还有在《陆克文隐退，澳大利亚工党何去何从?》一文中，陈健对陆克文的"政治遗产"进行了总结，其中就包括对陆克文在澳大利亚工党领袖选举的民主化改革中的推动作用的阐述。[③]

(五)以澳大利亚工党的某一变革要素为研究视角

澳大利亚工党的变革是一个由多种变革要素构成的复杂整体，而有些学者只倾向于关注澳大利亚工党变革中的某一个要素，通过对这一要素变革的考察来认识澳大利亚工党变革的深层次问题。

第一，对澳大利亚工党意识形态变革的研究。对澳大利亚工党思想理论的研究在国内外均偏薄弱，但也并非空白。秦德占在《澳大利亚工党政策实践背后的政治哲学及其变迁》一文中认为，在工党百余年的成长和发展中，其政策实践背后的指导思想经历了从工会主义到民主社会主义再到"第三条道路"的转

---

① David Love, *Unfinished Business: Paul Keating's Interrupted Revolution*, Scribe Publications, 2013.

② Derek McDougall, "Edward Gough Whitlam, 1916～2014: An Assessment of His Political Significance," *The Round Table*, 2015, Vol. 104, No. 1.

③ 参见陈健：《陆克文隐退，澳大利亚工党何去何从?》，《当代世界》2013年第12期。

变[①];另外,秦德占还在《澳大利亚工党社会主义评析》一文中指出,工党所谓的社会主义是主张混合经济、议会道路等的社会主义,与科学社会主义有着本质的区别,是民主社会主义在澳大利亚的一个变种。[②] 针对澳大利亚工党意识形态变革的研究中,受关注最多的就是澳大利亚工党向"第三条道路"的转向。但对于澳大利亚工党向"第三条道路"的转向,王学军、张森林在《社会民主主义能"拯救资本主义"吗?——驳陆克文〈第三条道路的使命〉》一文中指出,澳大利亚工党所主张和强调的"第三条道路"的实质是民主社会主义的新自由主义化,其只能延缓资本主义经济危机的发生而不可能消除危机发生的根源。[③]

第二,对澳大利亚工党与工会关系变革的研究。澳大利亚工党由工会运动发展而来,同工会有着天然的结盟关系和密切的组织关系,在澳大利亚工党的变革进程中,工党与工会的关系同样处于不断发展变化的状态。在《工会、澳大利亚工党以及两者的权利辩论》(Trade unions, the Australian Labor Party and the Trade-Labour Rights Debate)这篇论文中就讲到,为了让澳大利亚工党支持国际贸易协议中的核心劳工标准,澳大利亚工会组织了宣传倡议活动以向工党施压,这便从另一个侧面反映出工会对澳大利亚工党的影响力已不如以往,暗示着澳大利亚工党同工会组织关系的疏远。[④] 在《澳大利亚工党与工会的特殊关系》中,韩隽对澳大利亚工党与工会关系的变革历程进行了梳理。文中指出,由于澳大利亚工党由工会运动发展而来,因此在20世纪60年代中期之前,澳大利亚工党基本由工会控制,但是20世纪60年代中期直至20世纪70年代末的澳大利亚工党在社会阶级结构变化的时代背景下为了大选利益而疏远了同工会的关系,而20世纪80年代以来的澳大利亚工党与工会关系的不合又成了工党政敌可以利用的资本。在工党的努力下,霍克—基廷时期的工党又与工会实现了密切合作,但两者之间的关系不会回到20世纪60年代之前的那种状态。[⑤]

第三,对澳大利亚工党经济、社会政策变革的研究。鉴于澳大利亚工党"轻理论,重实践"的特点,国内外对澳大利亚工党的研究也多侧重于对澳大利亚工

① 参见秦德占:《澳大利亚工党政策实践背后的政治哲学及其变迁》,《新视野》2011年第4期。

② 参见秦德占:《澳大利亚工党社会主义评析》,《当代世界与社会主义》2000年第1期。

③ 参见王学军、张森林:《社会民主主义能"拯救资本主义"吗?——驳陆克文〈第三条道路的使命〉》,《思想理论教育导刊》,2011年第8期。

④ Gerard Griffin, Chris Nyland, Anne O'Rourke, "Trade unions, the Australian Labor Party and the Trade-Labour Rights Debate," *Australian Journal of Political Science*, 2004, Vol. 39, No. 1.

⑤ 参见韩隽:《澳大利亚工党与工会的特殊关系》,《当代世界与社会主义》2000年第1期。

党经济、社会政策和实践问题的探讨，学术成果也比较多。秦德占将研究的重点限定在工党的社会政策方面，并在1998年完成了其博士学位论文《澳大利亚工党社会政策剖析》。2009年8月，秦德占在重新增补、修改这篇论文的基础上，出版了《澳大利亚工党社会政策研究》一书。书中，秦德占对包括文化政策、福利政策、合作主义政策、工会运动等社会政策的产生、发展与变革进行了系统阐述，是国内唯一一部以澳大利亚工党社会政策的变革为线索探索澳大利亚工党变革问题的学术著作。[①] Ian Rogers 和 Michael Carman 在其主编的《突破惯例：让工党成为一个真正的选择》(*Out of the Rut: Making Labor a Genuine Alternative*)中讲到，在1983年3月到1996年3月工党执政期间，选民将国家经济的管理工作托付给了工党，但结果令人大跌眼镜：贫富差距拉大、工人长期失业、农村地区公共服务缺失、社会凝聚力下降，等等。简言之，社会和经济一团糟，对此工党有不可逃避的责任。工党对私有化、市场竞争等所谓的"可靠"经济管理手段的继承没有改善澳大利亚的社会和经济状况。书中认为工党并不是不具备管理政府的能力，只是关注点的转移和对新政策的采用使工党的执政成绩不尽如人意，指出简单的修修补补是不足以使工党脱离困境的，或者说不足以阻止其趋同于自由—国家党的发展趋势的，暗示工党需要更大范围和更大程度的变革。[②] 总体来说，在关于澳大利亚工党社会政策的研究中比较有代表性的观点是，就正如 Philip Mendes 所认为的，工党在传统上一直致力于政府对自由市场的干预，以促进更加公平的收入分配和对穷人、弱势群体的社会保护，然而，在霍克—基廷政府期间，工党政府对经济理性主义的接纳使其放弃了对"更加公平、平等的社会"计划的实施，不过，自遭受到1996年选举的打击之后，澳大利亚工党在价值理念上已经表现出了回归传统平等的迹象。[③] 另外，澳大利亚国家政策的制定离不开工党这个关键角色，因此，国外有关澳大利亚国家政策的著作中大都包含有澳大利亚工党政策主张的相关内容。比如，《澳大利亚政府的营销：从惠特拉姆到霍华德的政治活动和政治宣传》(*Selling the Australian Government: Politics and Propaganda from Whitlam to Howard*)就是对从惠特拉姆工党政府时期到霍

---

① 参见秦德占：《塑造与变革：澳大利亚工党社会政策研究》，河南人民出版社2009年版。

② Ian Rogers, Michael Carman, *Out of the Rut: Making Labor a Genuine Alternative*, Allen & Unwin, 1999.

③ Philip Mendes, "From the Wage Earners Welfare State to the Targeted Welfare State: The Social Welfare Policies of the Australian Labor Party, 1983～1999," *Australian Social Work*, 1999, Vol. 52, No. 4.

华德自由—国家党政府时期的政策制定背景和政策内容的分析，其中就包含了对惠特拉姆、霍克、基廷三个工党政府时期工党政治实践的研究。[①] 又比如，《澳大利亚 1870～1949 年的福利政策》(A Decent Provision: Australian Welfare Policy), 1870 to 1949 讲述的是 1870 年到 1949 年间澳大利亚独特福利体制建设的曲折道路，其中就涉及了工党在澳大利亚福利体制建设中的关键作用，蕴含着澳大利亚工党政策理念的发展变化。[②]

除了学术著作，针对澳大利亚工党经济、社会政策的变革，尤其是针对某一项社会政策变革进行研究的文献数量也相对较多，在此不一一赘述。

当然，受查阅渠道的限制，以上列举的只是国内外有关澳大利亚工党变革研究的部分学术成果，尤其是对国外相关研究的综述并不全面，但也基本上能够勾勒出国内外关于澳大利亚工党变革研究的大体轮廓。整体来说，有关澳大利亚工党变革的原因、内容、效果等问题的研究现状大致是：第一，对澳大利亚工党变革的研究或以经济全球化为背景，或以“二战”后为时间界限，都是以澳大利亚工党生存环境的巨大变化为切入点。第二，在有关澳大利亚工党变革内容的问题上，国内外侧重于对工党社会政策变革的研究，而对工党的意识形态变革、组织体系变革等内容的研究相对不足。在对澳大利亚工党社会政策的研究中，学者们比较关注的是以社会福利政策、“白澳”政策、合作主义政策等为主要构成的传统社会政策，而对包括生态问题、和平发展等方面的新的社会政策涉及较少。第三，历经变革的工党虽然因传统中左翼政党的特色不再突出而遭到很多学者的质疑，也因政党忠诚度下降、党员人数减少等问题引起了学者们的担忧，但变革后的工党在澳大利亚甚至全世界的影响力大为提高，在大选成绩上也有所突破。

值得肯定的是，澳大利亚工党的变革作为社会民主党变革的一个案例已经逐渐引起了国内外学界的关注和重视，研究成果也在不断丰富。当然，有关澳大利亚工党变革的问题还有待进一步研究的空间。首先，澳大利亚工党的变革既是一个历史问题，也是一个理论问题，有必要对政党变革的相关理论有一个基础性的认识。其次，即使仅将“二战”后澳大利亚工党的变革作为研究对象，也是一个历时半个多世纪的长期历程，有必要对此进行历史分期。再次，有关澳大利亚

---

① Greg Barns, *Selling the Australian Government: Politics and Propaganda from Whitlam to Howard*, UNSW Press, 2005.

② John Murphy, *A Decent Provision: Australia Welfare Policy, 1870 to 1949*, Ashgate Publishing Limited, 2011.

工党变革的思考和认识也还有进一步提升之处。对此，本书以“二战”后澳大利亚工党的变革作为研究主题，试图在梳理“二战”后澳大利亚工党变革历程的基础上产生新的观点和认识。

三、分析思路与研究方法

（一）分析思路

政党的产生、发展总是与其生存的社会环境相联系，政党变革实质上就是政党主体和环境客体相互结合、相互作用的一种政治发展过程。基于此，本书在对“二战”后澳大利亚工党变革的研究中采取的是政治系统的输入—转换—输出—反馈的分析路径。

澳大利亚工党以劳工阶级政治代表的身份诞生，但其不可能自一建立就拥有一种在任何情况下都绝对适用的、恒久的组织模式，相反，澳大利亚工党必须要随着生存环境的变化而相应地做出动态反应。澳大利亚工党在“二战”后的生存发展要求其必须要形成并提高自身适应社会环境挑战的能力，这意味着澳大利亚工党在无力扭转“二战”后经济全球化、政治民主化、文化多元化、社会信息化、新科技革命浪潮等社会环境剧变的情况下，只能选择转变自身去适应已经变化了的社会环境。这是分析澳大利亚工党变革的逻辑起点。而具体的分析思路是基于澳大利亚工党变革的内在原理产生的。

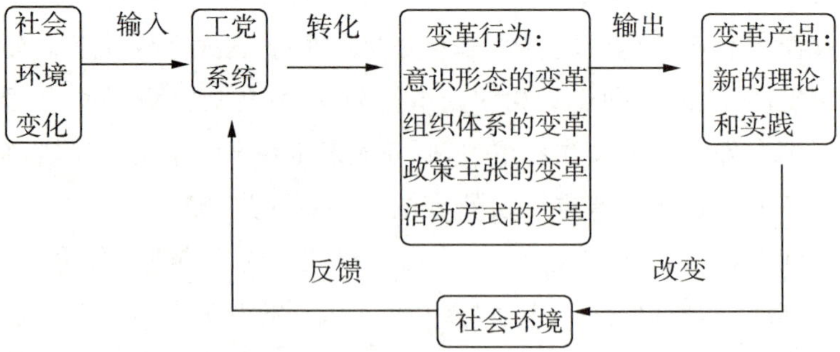

图 0-1　澳大利亚工党变革的分析模型

如图 0-1 所示，在环境变化的刺激下，工党会产生变革自身的愿望，这种变革愿望会输入工党的系统内部形成变革要求，工党在认知的基础上进一步将变革要求转换为在意识形态、组织体系、政策主张、活动方式等方面的具体的变革行为，然后输出变革所产生的包括新的理论和实践的变革产品。但工党的变革不会就此完结，工党变革的产品会进一步改变其生存的社会环境，社会环境对工党变革的结果进行反馈，促成工党变革过程的循环进行。正是在这样的循环往复中，澳大利亚工党的变革不断向前推进。

（二）研究方法

对“二战”后澳大利亚工党变革问题的深刻认识，从根本上讲是建立在工党对客观环境变化做出适应性反应，通过工党的主观性调整，最终重新适应了客观环境这一理论逻辑基础之上的。对“二战”后澳大利亚工党变革问题的系统把握，内在地要求在纵向的历史考察中探索工党变革的行为轨迹，在横向的理论分析中探寻工党变革的基本规律。基于此，本书采取了以下研究方法：

1. 基本方法

将澳大利亚工党的变革作为研究对象，所要分析的是澳大利亚工党在不同的历史条件下产生、发展和发挥作用的系统问题。对于系统问题的解答，必须建立在科学分析的基础之上。在社会科学领域，生态学方法因从环境变化的视角关注事物的动态发展而被视为分析系统问题的科学方法。鉴于此，本书将借用社会生态学方法来研究澳大利亚工党的变革问题。

“生态学”（Ecology）在1866年由德国生物学家黑格尔（E. Hacekel）提出，并将生态学定义为“研究生物有机体与无机环境之间的相互关系的科学”[①]。1935年，英国生态学家坦斯利（A. G. Tansley）在“生态学”的基础上延伸出了“生态系统”的概念，指出生态系统是“生物群落与其无机环境共同构成的统一的物理系统”，“是生态学研究的基本单位”。[②] 1959年，美国社会学家奥蒂斯·达德利·邓肯（Otis Dudley Duncan）将生态学方法用于人类社会的研究，并在“生态系统”概念的启发下提出了“生态复合体”（ecological complex）的概念，认为生态复合体就是“人类社会与生态环境共同构成的生态系统”，“其中包括人口、组织、环境、技术四大变量，强调它们之间互赖共生、相互影响和彼此作用的关系”。[③]

生态学方法在涉足人类社会的同时，也开始涉足人类活动的政治学、经济

① 马世骏：《生态科学的新时代》，《经济研究》杂志编辑部、《农业经济问题》杂志编辑部：《论生态平衡》，中国社会科学出版社1983年版，第1页。

② 林育真、赵彦修：《生态与生物多样性》，山东科学技术出版社2013年版，第88页。

③ 王利华：《生态环境史的学术界域与学科定位》，《学术研究》2006年第9期。

学、社会学等社会科学领域。1937 年瑞典政治学教授赫伯特·廷斯顿(H. Tingsten)所著的《政治行为》是生态学方法涉足政治学研究的奠基作，他所提出的“廷斯滕定律”[①]奠定了政治生态分析的基本结构。1961 年美国哈佛大学教授弗雷德·里格斯(Fred Riggs)所著的《公共行政生态学》是将生态学方法运用于行政学研究的代表作，“试图用经济生态环境来规定行政模式的结构”[②]。我国学者王沪宁在 1989 年出版的著作《行政生态分析》中认为，“任何行政系统的活动和关系都不能撇开一定的政治—社会—文化环境”[③]，此书尝试性地“从生态学的角度来分析行政系统及其与环境的相互关系”[④]。

可见，随着生态学研究的不断深入，生态学所包含的生命系统和环境系统的含义已经发生了延伸。生命系统已由原来的动物、植物、人等生物有机体延伸到组织、制度等非生物有机体；环境系统也从原来的由空气、水、土壤、动植物等构成的自然环境延伸到由政治、经济、社会、文化等构成的社会环境。另外，生态学方法所蕴含的自然选择、系统平衡、新陈代谢等基本原理也被充分继承下来，并在社会科学研究领域得到了广泛应用。

生态学方法的应用领域比较广泛，但这里我们最为关心的是生态学方法在研究政党问题上的作用和价值。将生态学方法用于研究政党问题的现象在学界并不少见，比如，列昂·爱泼斯坦(L. Epatein)的《西方民主国家的政党》中就涉及了对不同政党模式与特定社会政治环境之间对应关系的分析。[⑤] 我国学者林勋健认为，“政党作为政治行为体，本身是政治系统的一个组成部分，它的活动必然受到系统内外部环境的影响，从环境中获得信息输入，并对来自环境的压力作出反馈”[⑥]。但相对而言，生态学方法运用最早的也是最多的还是关于政党制度层面的研究，比如，迪韦尔热(M. Duverger)就是较早将生态学方法用于研究政党制度问题的西方学者。迪韦尔热认为政党制度的发展受诸多因素的影响，他在集中分析了选举制度对政党制度的影响的基础上提出了著名的“迪韦尔热定律”[⑦]。在我国，王邦佐较早将生态学的观点应用于政党制度的研究，并在《中国

---

① 阐述了社会中心的重力作用，说明社会集中是怎样独立于政党纲领而影响选举结果的。

② 张伯玉：《日本政党制度政治生态分析》，世界知识出版社 2006 年版，第 37 页。

③ 王沪宁：《行政生态分析》，复旦大学出版社 1989 年版，第 24 页。

④ 王沪宁：《行政生态分析》，复旦大学出版社 1989 年版，第 25 页。

⑤ [美]爱泼斯坦著，何文辉译：《西方民主国家的政党》，商务印书馆 2014 年版。

⑥ 林勋建：《西方政党是如何执政的》，中共中央党校出版社 2001 年版，第 4 页。

⑦ 即单轮多数投票制通常容易产生两党制；比例代表制倾向于多元的、严密的、独立的政党制度；两轮投票制倾向于产生多元的、灵活的、非独立的政党制度。

政党制度的社会生态分析》以及《西方政党制度的社会生态分析》两部著作中，运用生态学方法分析了政党制度与社会生态系统的相互作用问题，探索了政党制度产生、发展和变革的深层根源。

作为一种研究方法，生态学在任何领域的运用都是相通的，都可以给我们采用生态学方法研究政党问题提供一些参考和启发。本书采用社会生态学方法对"二战"后澳大利亚工党变革进行研究，即将澳大利亚工党视为生命系统，将推动澳大利亚工党变革的政治、经济、社会、文化因素视为环境系统，通过分析澳大利亚工党与社会环境的相互作用，揭示澳大利亚工党之所以在"二战"后进行变革的客观依据，进而探讨澳大利亚工党如何通过变革来实现自身与社会环境之间的互利共生与良性平衡的问题。显而易见，本书的关注点主要集中在作为生命系统的澳大利亚工党、作为环境系统的澳大利亚社会环境，以及澳大利亚工党为保持系统平衡而进行的变革三个方面。

第一，生命系统——澳大利亚工党。澳大利亚工党作为变革的行为主体，本身就是由意识形态、组织体系、纲领政策、活动方式等多个子系统构成的一个完整的生态单位和一个平衡的生态系统。构成澳大利亚工党的各子系统之间存在着十分密切的关系，任何一个子系统的改变都会使澳大利亚工党内部原有的平衡体系被打破，此时需要对各子系统进行重新调整进而转换成另一个新的平衡状态，才能维系澳大利亚工党自身的生存和发展。从这个意义上来说，澳大利亚工党变革的过程也就是澳大利亚工党重新整合这些子系统，以保持各子系统之间的统一性和协调性的过程。

第二，环境系统——澳大利亚工党生存的社会环境。对于社会环境系统的构成，王邦佐、张伯玉等诸多学者都理解为是由政治、经济、文化诸子系统构成的整体。[①] 而本书所采用的社会环境系统概念要更为宽泛，指的是同自然环境系统相对，包括社会政治系统、社会经济发展、社会公共领域、社会文化系统等子系统在内的澳大利亚工党生存的整个社会环境。需要指出的是，社会环境系统的各子系统之间并不是完全独立的，而是相互联系、交叉存在的。另外，尽管社会环境系统的稳定性和连续性相对而言比较高，但是社会环境系统并不是静止不变的，而是处于不断的动态发展之中。

第三，系统平衡——澳大利亚工党的变革。保持生态平衡是生态学研究的

① 参见靳呈伟：《政党研究的生态分析视角》，《当代世界与社会主义》2010 年第 6 期。

根本任务。“生态平衡是一种重要的生态规律，它是指生态系统的一种长期相对稳定的协调关系。”①“生态学所关注的生态系统是由生命系统和环境系统在特定空间组成的有机复合体，实现系统平衡是生态系统的基本目标。”②“生命系统在外来干扰下能通过自身调节恢复到正常状况，这就是生态平衡，它主要通过合理的系统结构与功能的作用来实现。”③澳大利亚工党作为生命系统，其所受到的外来干扰通常来自作为环境系统的社会环境的变化，澳大利亚工党的变革就是其为维持与社会环境之间的系统平衡而对自身做出的调整。

2. 具体方法

除了社会生态学这一基本研究方法，本书在对“二战”后澳大利亚工党变革的研究中还采取了一些具体的研究方法作为辅助和支撑。

第一，文献研究法。从相关的网络资源、书籍、报纸、期刊中搜集、筛选、挖掘相关信息并进行分析、归纳、总结，可以在借鉴前人研究成果的基础上形成自身见解。对此，笔者不仅阅读了大量与研究相关的专业书籍，而且广泛查阅了中国知网、维普、万方等专业数据库中有关澳大利亚工党的文献资料，目的是寻找支撑本研究的素材，并在分析借鉴已有研究成果的基础上形成自己的研究思路和结论。

第二，历史研究法。历史研究法以历史资料的搜集为依托，可以通过对事物的过去和现在以及两者之间的关系进行分析和考察，鉴往知来。历史研究法关注的是事物本身的产生、发展和演变，强调的是事物发展的客观性和过程性。本书采用历史研究法对澳大利亚工党变革的历史脉络进行梳理，目的是发现澳大利亚工党变革行为下隐藏的问题和规律。

第三，比较研究法。采用比较研究法分析政治问题，既可以比较同一研究对象在同一历史阶段的不同政治现象，即进行横向比较；也可以比较同一研究对象在过去、现在、将来的不同政治现象，即进行纵向比较。本书关注澳大利亚工党在不同历史时期的变革动态，就是试图采取纵向比较的方法找出澳大利亚工党在不同历史时期的形态差别，从而深入地认识澳大利亚工党的发展变化过程。

四、内容结构与基本观点

“二战”后澳大利亚工党的变革是一个系统问题，本书将论题设定为“‘二战’

① 王邦佐等编著：《中国政党制度的社会生态分析》，上海人民出版社 2000 年版，第 10 页。

② 王邦佐等编著：《中国政党制度的社会生态分析》，上海人民出版社 2000 年版，第 5 页。

③ 迟维韵：《生态经济理论与方法》，中国环境科学出版社 1990 年版，第 31 页。

后澳大利亚工党变革研究”，力求解答“二战”后澳大利亚工党为什么变革、澳大利亚工党怎样变革、澳大利亚工党变革的结果如何、从澳大利亚工党的变革中我们可以得到哪些理论认识等具体问题。基于这样的研究思路，除导论和结束语，全书共分六章：

第一章是对政党变革基本理论的阐述。本章从政党变革概念解析、政党变革的影响因素、政党变革的分类以及政党变革的评价指标四个方面，对本书所用到的政党变革这一核心理论进行了阐述。

第二章是对 1949 年前澳大利亚工党的历史考察。本章陈述了澳大利亚工党在 1949 年前的生存环境，梳理了澳大利亚工党的建立和在 1949 年前的发展情况，总结了澳大利亚工党在 1949 年前的特征，目的是为“二战”后澳大利亚工党的变革树立参考系。

第三、四、五章是对“二战”后澳大利亚工党变革历程的考察。这三章均采取了刺激—反应—回馈的分析模式，分别是对澳大利亚工党在 1949～1975 年、1975～1996 年、1996 年至今这三个历史时期的变革背景、变革内容和变革效果的分析，是本书的主体部分。

第六章是对“二战”后澳大利亚工党变革的思考。本章在统观“二战”后澳大利亚工党变革历程的基础上，对工党变革的特征、变革的结果以及变革中蕴含的一般规律进行了深入思考。

五、创新之处与主要不足

(一)创新之处

基于现有研究成果，本书尝试性地对“二战”后澳大利亚工党变革的整个历程进行了探索和分析，并试图在方法的使用上、框架的设计上以及理论的提升上均有所创新。

第一，本书运用社会生态学方法来分析澳大利亚工党在“二战”后的变革，将社会环境的变化对澳大利亚工党变革的根本性影响设定为贯穿全文的主要线索，强调“二战”后澳大利亚工党的变革是对社会环境变化的一种适应性反应。

第二，本书根据澳大利亚工党所处的社会背景和变革主题的不同，将“二战”后澳大利亚工党的变革划分为三个历史阶段。其中，对澳大利亚工党在每个历史阶段变革主题的提取为梳理澳大利亚工党的变革历程起到了画龙点睛的作用。

第三，本书在统观“二战”后澳大利亚工党变革历程的基础上，对澳大利亚工党变革的特征、变革的结果以及变革中蕴含的一般规律进行了深入分析，在一定程度上提升了对“二战”后澳大利亚工党变革问题的理论认识。

（二）主要不足

有关澳大利亚工党的一手材料本身就有限，外加语言障碍、检索途径障碍等方面的限制，对能够获取的材料也无法做到充分使用，这些都有可能导致在某些观点上有失偏颇。另外，“二战”后澳大利亚工党的变革是一个复杂的问题，不仅涉及澳大利亚工党自身，而且涉及澳大利亚的历史与现实国情，澳大利亚的国际、国内环境等，本书在阐述时难以做到考虑周全，因此在对某些问题的理解上难免有浅薄之处。总之，碍于客观条件和主观能力所限，本书还存在诸多不足之处，有待日后弥补。

第一，引发澳大利亚工党变革的原因是复杂的，既有大的宏观背景，具体到不同的历史时期又有特殊的微观背景；除了受外部的政治、经济、社会、文化等多重因素的影响，还有澳大利亚工党自身的种种原因，本书在分析时不可能做到面面俱到。

第二，澳大利亚工党变革的内容涉及除工党主体以外的客体领域，但本书对澳大利亚工党变革问题的关注更多的是基于澳大利亚工党建设的视角，因此，除了意识形态、组织体系、政策主张、活动方式，对澳大利亚工党变革的其他方面（比如对宪政制度、外交政策、军事政策的改革等）本书并没有涉及，有待于今后从更广的层面上拓展对澳大利亚工党变革的研究。

第三，就澳大利亚工党的变革进行研究，还会涉及澳大利亚工党与澳大利亚共产党、澳大利亚工党与欧洲社会民主党的比较问题，是一个庞大的工程，本书在此没有充分展开，需要在今后的研究中更加关注。

第一章　政党变革的基本理论

政党变革理论是政党政治理论体系的重要内容，是研究政党变革问题的理论基础。本章试图通过对政党变革理论进行综述性介绍和概括性分析，为研究"二战"后澳大利亚工党的变革提供基本理论支撑。

第一节　政党变革概念解析

一、政党变革的内涵界定

"政党变革"(Party Change)是由美国政治学者弗兰克·古德诺(Frank J. Goodnow)为解决"当时美国党魁利用政党机器左右政党选举、政党权力过大而又不负责任的现象"[①]在 20 世纪初提出的概念。此后，随着政党变革实践在世界范围内的大规模展开而在理论上引起了学者们的重视。不过，西方学者早期关注的主要是政党体制变革理论的研究，而政党变革理论只是在政党体制变革理论中有所涉及。"二战"后，法国著名政治学家莫里斯·迪韦尔热(Maurice Duverger)在其著作《政党》中第一次将政党和政党体制区分开来，以此为分水岭，政党变革这一概念才真正独立出来。

在西方，关于政党变革的比较有影响力的解释就是美国著名政党问题研究专家罗伯特·哈默尔(Robert Harmel)和肯尼斯·琼达(Kenneth Janda)给出的定义，他们认为，"政党变革(在最广义上)指的是政党如何组织，汲取何种人力和物力资源，代表谁以及做什么等的变化、改动或修正；变革应该是在政党直接控制范围内由政党团体或者代表政党的合法个人发起。而狭义上的政党变革主要是指政党规则、结构、政策、战略、策略的变化"[②]。意大利学者安格鲁·帕尼比

---

① 禹海霞：《政党变革、政党体制变革、政党政治变革含义辨析》，《山东社会科学》2012 年第 1 期。

② Robert Harmel, Kennrth Janda, "An Intergarted Theory of Party Goal and Party Change," *Journal of Theoretical Politics*, 1994, Vol. 6, No. 3.

昂科(Angelo Panebianco)认为:“政党变革是一个含义比较宽泛的概念,可以用来指称政党组织方面所发生的任何变化,从主要的政党领导人变动直至设立新的机构或实行新的规则。”①

在我国,近年来也有很多学者非常重视政党变革理论的研究。张小劲教授认为政党嬗变是一个相当宽泛的称谓,可以用来指政党组织方面发生的任何变化。② 王韶兴教授认为,政党变革的含义,可以从广义和狭义两个不同层面理解。“从广义上来讲,政党自身要素或在形式上或在内容上的任何变化都可以称之为政党变革。而狭义上的政党变革,则是指由政党主动发起的,对政党意识形态、纲领路线、组织形式、社会基础、制度规范和活动方式等内容进行的有计划、有步骤的创新性变革,旨在增强政党意识形态的包容性、组织基础的社会性、利益代表的广泛性以及政党执政的有效性。”③

可见,广义上的政党变革和狭义上的政党变革的主要区别就在于政党变革内容范围选取上的不同。在1951年版的《韦伯斯特同义词词典》中,“变革”被定义为“一种事物在形式、本质或组成部分上的任何变化、改正或者修正”。鉴于“变革”本身含义的宽泛性,本书且不从广义上来界定和使用政党变革这一概念,而是从狭义上将政党变革界定为政党对构成自身的意识形态、组织体系、政策主张、活动方式等核心要素进行的调整。

二、政党变革的核心要素

由于在政党是否发生了变革这一问题上没有确切的衡量和判断指标,这使学者们在界定政党变革的内容要素时产生了很大的分歧。科尼利厄斯·科特(Cornelius P. Cotter)通过对美国政党进行研究,认为政党扮演着选民中的政党(party in the electorate)、政府中的政党(party in government)、作为组织的政党(party as organization)三种角色,并因此提出政党变革应从选民、政府、组织三个层面进行着手。④ 弗兰克·威尔逊(Frank L. Wilson)提出政党应从风格、组织、策略、党际关系四个方面进行变革。⑤ 史蒂文·列维茨基(Steven Levitsky)

---

① Angelo Panebianco, *Political Parties: Organization and Power*, Cambridge: Cambridge University Press,1988, p. 3.

② 参见张小劲:《关于政党组织嬗变问题的研究:综述与评价》,《欧洲》2002年第4期。

③ 王韶兴:《政党政治论》,山东人民出版社2011年版,第34页。

④ Cornetius P. Cotter, James L. Gibson, John F. Bibby and Robert J. Huckshorn (eds.), *Party Organizations in American Politics*, University of Pittsburgh Press, 1989, p. 153.

⑤ Frank L. Wilson, *Sources of Party Transformation: The Case of France*, New York: Free Press,1980.

认为政党变革是对环境变迁尤其是竞选环境变迁的回应，具体内容包括政党策略及政党结构的调整。[①] 彼得·梅尔(Peter Mair)认为政党变革涉及选民基础、政策主张、治理角色的改变。[②] 沃纳·普芬尼希(Werner Pfennig)认为，政党变革的对象主要集中在外观、形态、结构、倾向、性质、背景等方面。[③]

政党变革作为一个系统工程，其成功与否在很大程度上取决于构成政党的各要素是否能够在变革中形成契合性，这要求政党在变革的过程中要协调好各构成要素的变革步调，使各要素通过不断整合而在整体上保持和谐统一。本书认为，政党变革涉及方方面面，尽管学者们在政党变革的内容上存在分歧，但归结起来，政党变革必须要协调好以下几个核心要素：

(一)政党的意识形态

威尔逊认为，风格的调试是指意识形态强弱程度、党员及政党追随者象征符号一致性、选票诉求广度的改变。[④] 其中，对政党意识形态强弱程度的改变是政党变革的根本点。因为“政党意识形态是一个政党区别于其他政党的根本标志，是该政党存在的思想基础”[⑤]。一个政党要想上台执政，就必须提出一系列的政纲；要想吸引民众，就必须拥有一套理论、方针、政策；要想团结一致，就必须具有明确的纲领和目标，所有这些，有意无意贯穿其中的就是这个党的意识形态。当然，从属性上来讲，政党的意识形态作为一种上层建筑，本身具有一定的独立性和稳定性，即一旦形成就不会轻易改变。但是，政党的意识形态在根本上是与特定时代下的经济基础相适应的，在客观经济基础发生变化的情况下，政党的意识形态必须要做出相应的调适，即政党的意识形态必须要具有时代发展性。总之，意识形态是一个政党政治思想的主要标志，也是一个政党政治行为的基本导向，其能否顺应客观环境的变化做出相应调整会从根本上影响着政党变革的整体进程。

(二)政党的组织体系

政党组织“是政党自身按照一定的宗旨、原则建立起来的完整的体系和结

---

① Steven Levitsky, “Organization and Labor-Based Party Adaptation: The Transformation of Argentine Peronism in Comparative Perspective,” *World Politics*, 2001, Vol. 54, No. 1.

② Peter Mair, “The Problem of Party System Change,” *Journal of Theoretical Politics*, 1989, Vol. 1, No. 3.

③ 参见[德]沃纳·普芬尼希著，刘鹏译：《政党转型：德国社会民主党的变革》，《经济社会体制比较》2006年第1期。

④ Frank L. Wilson, *Sources of Party Transformation: The Case of France*, New York: Free Press, 1980.

⑤ 王韶兴、杨立志：《社会转型推动国外政党变革》，《中国社会科学报》2010年7月1日。

构”[①]。虽然不同政党的具体组织形式千差万别，但各政党组织的基本构成要素相类似，都至少包括作为政党运行中枢的中央组织、起上下沟通作用的地方组织、立足于基层社会的基层组织，以及支持中央和地方组织工作的各种外围组织。对于西方政党而言，还包括议会党团这一重要组织形式。另外，支撑党的各级各类组织实体有效开展工作的是作为政党肌体细胞的党员、干部，以及作为政党运行规范的政党制度。政党的组织体系并不是一成不变的，政党的发展内在地要求政党必须要根据客观环境的变化，以及党在不同历史时期的任务、目标，来对政党的组织做出相应调整。威尔逊认为组织的调适是包括新的政党机构、党内沟通渠道与方向、党纪及控制的强弱、国内外政党均衡的改变。[②] 国内学者王韶兴教授认为，“组织革新的具体实践一般涉及党员队伍和组织运行机制两个层面”[③]。总之，组织体系的变革是政党变革的重要内容，政党要通过不断地弥补组织结构和组织形式上存在的缺陷才能保证政党能够及时、准确地捕捉到来自外部环境的信息。

(三)政党的政策主张

政党政策是“政党在一定的历史时期内为体现政党的政治理念，实现政党利益以及其所代表的阶级、阶层或政治集团意志或利益，解决本政党或阶级内部问题，达到本政党或本阶级利益目标的行动方案与政治策略的总和”[④]。当政党有机会成为执政党时，政党政策就可以通过法律程序上升为国家政策，交由政府贯彻执行。政党的意识形态规定着政党政策制定的基本方向，政党政策不能随意偏离这个方向，即政党政策的制定具有原则性。但是，这也并不意味着政党政策就是僵硬的，政党政策作为政党对具体事件的应对之策，不仅要具有很大的灵活性和变化空间，而且还要具有很强的时效性与调适性。这也是梅尔、哈默尔、琼达等西方学者普遍将政策视为政党变革的重要内容的原因。

(四)政党的活动方式

威尔逊将政党策略的调适视为政党变革的重要对象，认为政党策略的调适是政党动员策略的改变，即采用新的方式进行政治造势及竞选。[⑤] 可见，威尔逊所谓的政党策略就是政党的活动方式，具体来说就是政党为充分调动党内外各

---

① 王韶兴：《政党政治论》，山东人民出版社 2011 年版，第 68 页。

② Frank L. Wilson, *Sources of Party Transformation: The Case of France*, New York: Free Press, 1980.

③ 王韶兴：《政党政治论》，山东人民出版社 2011 年版，第 542 页。

④ 宁国良、刘文吉：《基于利益分析视角的政党政策与公共政策比较研究》，《求索》2006 年第 12 期。

⑤ Frank L. Wilson, *Sources of Party Transformation: The Case of France*, New York: Free Press, 1980.

种资源用以实现自身的政治目标而采取的包含各种手段、方法、形式的集体行为模式。政党为达到自己的目的，必须要实现组织内部以及组织与社会总体环境的沟通，因此活动方式对于政党来说是一种工具。活动方式的这种工具性决定了政党可以根据实现目标的需要和环境所能提供的利弊条件来决定采用何种活动方式，即政党的活动方式还是灵活的，不同方式之间可以经常更替使用，特定的方式本身也可因具体条件的变化而不断变化，新的活动方式也会在时代的发展过程中产生。采取何种活动方式会直接影响政党组织的活力，有效的政党活动需要的是高效率与高效果的匹配，而这一目标的实现已越来越离不开信息技术的应用。

第二节　政党变革的影响因素

在政党变革的影响因素这一问题的研究中，有些学者强调外部因素的决定性作用，认为政党变革的根本动力来自外部因素。比如帕尼比昂科就强调外部环境对政党变革的主导性影响，认为政党组织的变革来自外部因素的刺激，从而引起内部因素的变化，并推动了政党的变革。[①] 还有些学者强调内部因素的决定性作用，认为政党变革是内部因素作用的结果。国内学者周建勇就认为，“光有外在环境的刺激并不必然会发生改变，因为纵使政党受到外在刺激，但倘若政党领导人没有意识到该刺激对其政党造成了危机，政党也不会自行进行改革”[②]。另外，还有些学者从比较理性的角度将内外因素综合起来加以考量，认为政党变革是内外因素共同作用下的结果。正如哈莫尔和琼达所认为的，内部因素是政党变革的直接原因，但是环境刺激是最终导致政党变革的重要催化剂。[③]

从政治系统论上来讲，任何政治过程均始于要求的输入，而“要求的输入既可能源于政治系统各种参数的独立变化，也可能来自政治系统内部所产生的愿望、意向、偏爱或利益”[④]。因此，无论是外部因素还是内部因素，其对政党变革的刺激作用都是不容忽视的，两者是相辅相成的。综合起来看，政党变革的影响因素可以归结为以下四个主要方面：

---

① 参见 Panebianco Angelo, *Political Parties, Organization and Power*, Cambridge: Cambridge University Press, 1988, p. 3.

② 周建勇：《当代西方政党转型理论探析》，《复旦政治学评论》2009 年第 00 期。

③ Robert Harmel, Kenneth Janda, “An Integrated Theory of Party Goals and Party Change,” *Journal of Theoretical Politics*, 1994, Vol. 6, No. 3.

④ ［美］戴维·伊斯顿著，王浦劬等译：《政治生活的系统分析》，华夏出版社 1999 年版，第 62 页。

一、环境变化

解释政党行为不能不考虑政党生存的社会环境，因为社会环境是政党存在的前提，任何政党要实现自身的生存和发展都必须从外部环境中摄取资源，政党需要对这些资源进行加工、处理，之后再重新输出给外部环境，只有政党的输出被社会环境接受，政党才能得到维系生命所必需的新资源，才能维持与社会环境之间的动态平衡。但是，政党生存的社会环境并非一成不变的，而是充满了复杂性和不确定性。当政党与社会环境之间的平衡状态被社会环境的变化所打破时，政党就必须顺应环境的变化进行自身变革，以重新恢复党内外的生态平衡。因此，社会环境的变化是刺激政党变革的外部因素。艾伦·维尔（Alan Ware）认为，推动政党转型的外在环境因素包括政党制度、选民结构、社会议题和政党体系的改变。[①] 哈莫尔和琼达认为，政党变革的外部刺激包括重要的宪政改革、公共资助、重要的新政党的诞生、选票比例和政党席位的变化等在政党之外发生的社会、经济和政治变化。[②] 实际上，任何政党的变革都离不开由政治、经济、文化、社会等构成的社会环境因发生变化而对政党带来的生存挑战，国家体制、选举制度、经济发展水平、阶级分裂程度、社会文化倾向等要素在变化中相互融合，共同构成了刺激政党变革发生的外在动因，也是根本动因。

二、领袖作用

政党领袖不仅是党的最高决策者，而且是党的意志的最高执行者。在政党政治研究领域，有很多学者都将政党领袖作为一个重要因素来分析政党变革。从政党领袖的角度来解释政党变革时，一种观点是，政党领袖作为一个政党的领导核心和主导力量，其对环境变化的察觉力、对政党变革必要性的认识及对政党变革行为方式的主观选择，会在很大程度上影响着政党变革的发生和开展。正如威尔逊所指出的，领袖对外部环境刺激的察觉及回应引起了政党的变革，因此政党领袖对于政党变革具有关键作用。[③] 另外，从政党领袖的角度来解释政党

---

① Alan Ware, *Politicals and Party Systems*, New York: Oxford University Press, 1996. pp. 217～232.

② Robert Harmel, Kenneth Janda, "An Integrated Theory of Party Goals and Party Change," *Journal of theoretical Politics*, 1994, Vol. 6(3).

③ F. L. Wilson, "*Sources of Party Transformation: The Case of France*," in P. H. Merkl. *Western Party Systems*, New York: Free Press, 1980, pp. 542～544.

变革时，还有一种观点是，如果政党领袖在对客观"需求"的认识和主观认识上存在巨大的差异，那么在政党领袖发生变动时就可能会造成政党变革的发生。正如哈默尔和琼达所认为的，在领导人因"个人"原因（追求商业利益、家族利益，身体不健康、年龄、甚至死亡）被替换的，新选出的领导人甚至在没有外部刺激的情况下也可以提出并且成功地实现某种变革。[①] 总之，领袖的主观能动性以及领袖的更替是影响政党变革的重要因素，是政党变革能否发生和如何开展的关键干预性变量。

三、目标引导

政党变革同政党目标有着必然的联系，当政党目标无法实现的时候，政党就会考虑进行变革。哈莫尔和琼达最早将政党变革与政党目标结合起来进行研究，他们认为，所有（竞争性政党体制下）的政党都有多种目标，但是其中有一个最重要的目标，他们将这个目标称为首要目标，并认为政党有四种可能性首要目标：选票最大化，官职最大化，为政策、问题或意识形态辩护，党内民主最大化；其中，对于首要目标是选票最大化的政党来说，最明显的冲击来自选举失败，或者至少是某种形式的选举失败；对于首要目标是职位最大化的政党来说，对它们影响最剧烈的冲击就是那些与参与政府直接有关的冲击；对于那些党内主导集团或同盟把政策纯洁性看得高于选举获胜或占有职位的政党来说，选举失败和无法参与执政产生的影响小于那些与政党政策立场（或者意识形态立场）关系更直接的冲击；对于主要目标是细心主动地表达成员意愿的政党来说，成员观点的变化显然是变革的"内在"根源；对此，哈默尔和琼达将政党变革同政党的首要目标相结合，并将这类变革称之为"目标激励型变革"；目标激励型政党变革的运行原理是：当无法完成首要目标的时候，政党就会面临强大的变革压力，首要目标的绩效完成得越差，政党的变革压力就会越大。[②] 另外，阿波利顿和瓦德也指出，政党因目标完成差所带来的绩效刺激对政党变革的刺激作用最明显。[③] 因此，政党首要目标的完成情况是激励政党进行变革的一个重要元素，对政党变革具有重要的引导作用。

---

① Robert Harmel, Kenneth Janda, "An Integrated Theory of Party Goals and Party Change," *Journal of theoretical Politics*, 1994, Vol. 6, No. 3.

② Robert Harmel, Kenneth Janda, "An Integrated Theory of Party Goals and Party Change," *Journal of Theoretical Politics*, 1994, Vol. 6, No. 3.

③ A. M. Appleton, D. S. Ward, "Party Response to Environmental Change: A Model of Organizational Innovation," *Party Polities*, 1997, Vol. 3, No. 3.

四、危机刺激

政党危机与政党发展相对立，政党危机因其消极意义而被视为挡在政党发展之路上的主要障碍，并因此而成为引发政党变革的不可忽视的关键因素。“政治危机理论认为危机分为三种情况：能够被解决的短暂的政治问题，长期的政治困难，政党发生无法解决的内部矛盾而解体。”①选择变革的政党所遭遇的危机通常属于前两种情况。第一种情况强调的是政党危机的暂时性，是特殊意义上的政党危机，是政党在某一特殊时期因为某种特殊环境的影响或因自身能力的不足、失误而遭遇的阶段性危机，比如“冷战”时期西方共产党所遭遇的生存危机、金融危机时期执政党所遭遇的政策性危机等，通过变革这种危机可以得到解决，不会影响政党的长远发展。第二种情况强调的是政党危机的持续性，是一般意义上的政党危机，是在经济全球化、社会现代化不断深入发展的时代条件下，由社会阶级分化、后物质主义价值观兴起、网络信息技术发展、社会团体林立等客观环境变化所导致的必然结果，是西方国家政党所面临的普遍现象，具体表现为党员人数的下降、政党认同者的减少、政党功能的弱化等，在此种政党危机刺激下进行的政党变革解决的是政党衰落的问题。

本书认为，政党变革的发生受多重因素的影响和刺激，尤其是对于外部环境的变化来讲，其不仅会直接导致政党陷入不适，而且还可能会引起政党内部危机的爆发。总之，政党变革的原因很复杂，但多数情况下是在外部环境发生深刻变化而使政党面临危机并导致政党目标无法达成的时候发生的。其中，政党领袖是政党变革能否发生和如何开展的关键干预性变量。

第三节　政党变革的分类

对政党变革进行分类是政党变革理论研究的基本问题。依据不同的分类标准，政党变革可以被划分为多种不同的类型。综合起来看，以政党变革的程度、变革的态度、变革的方式以及变革的动因为标准对政党变革进行分类在目前学界中较为普遍。

① 刘长江：《政党的转型还是政党的衰落》，《江苏行政学院学报》2008 年第 6 期。

一、以政党变革的程度为标准

以变革程度为标准对政党变革进行分类是最为普遍的一种分类方法。帕诺比昂科根据变革程度的不同将政党变革分成“持续性变革”与“根本性变革”。“持续性变革”指的是对既有政党组织的微调、修补，是对政党组织的延续性发展；而“根本性变革”则指政党组织系统各要素的全方位彻底改变，是对政党组织的根本性改造。[①] 美国学者阿波利顿和瓦德也以变革程度为标准，将政党变革分为“组织变化”(organizational change)和“组织创新”(organizational innovation)。“组织变化”同帕诺比昂科定义的“持续性变革”相类似，指政党组织的微调，而“组织创新”等同于“根本性变革”，指政党组织的全新创建。[②] 国内学者张小劲教授在以上分类的基础上，进一步将政党变革划分为组织维持、渐进性组织变革、不定性组织变革、组织创新四种形态。指出组织维持的变革程度最弱，指组织不发生任何变化；而组织创新的变革程度最强，指组织发生了根本性的变化。渐进性组织变革和不定性组织变革的变革程度处于组织维持和组织创新两者之间，渐进性组织变革是有特定指向的规律性变化，而不定性组织变革是无特定指向的不规律变化。[③]

二、以政党变革的态度为标准

以变革态度为标准，政党的变革有“主动变革”和“被动变革”之分。在帕诺比昂科看来，在考察政党组织嬗变时应当关注“意图”与“非意图”这一对变量，并据此将政党变革划分为“意图的变动”与“非意图的变动”。“意图的变动”是指政党对内外因素的监控力很强，政党变革的发生是政党主动选择和精心策划的结果，政党变革的态度是主动的；而“非意图的变动”是指政党在因“不受控制的因素”发生变化而导致生存危机时被迫做出的变革反应，变革行为是政党被动选择的结果，政党变革的态度是被动的。[④] 国内学者张小劲认为，帕诺比昂科所谓的

---

① Angelo Panebianco, *Political Parties: Organization and Power*, Cambridge: Cambridge University Press, 1988, p. 243.

② A. M. Appleton, D. S. Ward, "Party Response to Environmental Change, a Model of Organizational Innovation," *Party Polities*, 1997, Vol. 3, No. 3.

③ 张小劲:《关于政党组织嬗变问题的研究:综述与评价》,《欧洲》2002 年第 4 期。

④ Angelo Panebianco, *Political Parties: Organization and Power*, Cambridge: Cambridge University Press, 1988, pp. 240～241.

“意图的变动”属于“理性选择模式”，强调“政党组织是实现特定目标的工具，而为了最有效地实现这一目标就必须不断地进行有意的组织调整和变动”，而“非意图的变动”属于“自然系统模式”，强调“政党的组织变动出自组织的非人格化的动力机制，政党组织总是会因生存冲动的支配和对特定需求的因应反应而进行自身的调整”。①

三、以政党变革的方式为标准

以变革方式为标准对政党变革进行分类是东欧剧变发生之后流行起来的一种分类模式。国内学者王长江教授根据变革方式的不同将政党变革分为渐变型变革、突变型变革和兼合型变革三种类型。“渐变型变革是指一个政党在完成初创以后，在后来的活动中，出于生存和发展的需要，会在某些方面随时调整自己，逐渐变成一个在纲领、目标或阶级属性等方面都与过去有很大不同的政党。”“突变型变革是指一个政党长期坚守自己的固有意识形态和模式，但当周围环境发生重大变化，使这种坚守难以继续下去时，政党突然转变，完全放弃原来的东西，转而采用新的立场和运作方式。”“兼合型变革是指一个政党在自己的发展进程中，既不断适应周围环境的变化而作局部的调整，又会在需要的时候进行大幅度的变革。”②

四、以政党变革的动因为标准

美国政治学家布卢斯·迪克森(Bruce J. Dickson)认为适应性是以执政党为分析单位的，它被定义为一种政治体系的创设，即对社会不同领域的需求和利益更具反应性的政治体系的创建；他将适应性区分为两类：一类是效能型适应(efficient adaptation)，这种类型的适应源于政党目标的转变或程度不同的调整，即政党通过推行组织机构的改革以促进意识形态、政策与新的组织形式相符，最终促使政党提高执政效能；另一类是反应性适应(responsive adaptation)，是增强政党应对国内外环境压力的更深层次的适应，它意味着政党不再去扭转、改变其所处的环境，而是转变自身去适应环境。③ 可见，布卢斯·迪克森对政党

① 张小劲：《关于政党组织嬗变问题的研究：综述与评价》，《欧洲》2002 年第 4 期。

② 王长江：《政党现代化论》，江苏人民出版社 2004 年版，第 82、87 页。

③ 周淑真、陈勇：《变革世界中的政党政治》，华文出版社 2012 年版，第 225 页。

适应性分类的依据便是引发政党变革的动因。其所谓的效能型适应就是政党为适应内部环境的变化而进行的变革，是内源性变革；而反应性适应就是政党为适应外部环境的变化而进行的变革，是外源性变革。

当然，除了以上三种分类标准外，国内外还有一些有关政党变革分类的观点，比如，国内学者杨光斌以变革内容为标准，将政党变革分为结构性适应与功能性适应。其中，结构性适应主要涉及党员结构、党内联系网络、党内精英的代际更迭等；功能性适应是政党对于目标调整、组织困境的内部回应，主要指策略调整。[①] 等等。在此需要明确的是，划分政党变革类型的标准要根据研究问题的需要来确立，不存在固定的划分标准，因此某一政党变革的类型会因分类标准的不同而存在多元性。而且无论以何种标准划分政党变革，各变革类型之间的界限都并非是绝对的，在各类型之间还常常会存在一些过渡类型，属于过度类型的政党变革会带有一定的复合性特征。

第四节　政党变革的评价指标

政党变革作为推动政党发展的有效手段，必须要在变革的过程中根据社会环境的变化和自身发展的需要不断对变革行为做出调整，这就需要为政党变革的有效性提供一个评价指标体系。但政党变革隶属行为范畴，很多指标都存在量化困难的问题，很难对其进行定量研究，因此政党变革的评价指标多数是定性的。另外，政党间的差异决定了政党变革的多样性，所以对政党变革的评价指标也是多样的，没有一个统一的评价指标体系。本书认为，政党的任何行为都是围绕政党自身发展和发挥作用的现实需要来展开的，政党变革也不例外。对此，本书将政党变革的评价指标设定为以下几个主要维度。

一、政党目标的维度

政党作为一个政治组织，必然具有自身的政治利益。无论是何种类型、何种性质的政党，其政治利益就是“设法夺取或执掌国家政权，或通过各种途径影响执政当局，使本党的宗旨、思想路线等通过国家政府制定的政策措施得到充分的

---

① 参见杨光斌：《制度的形式与国家的兴衰——比较政治发展的理论与经验研究》，北京大学出版社2005年版，第120～121页。

体现”[①]。可以说，在西方竞争型政党体制下，各政党变革的政治目标是明确和一致的，那就是：“为本阶级争取和实现对国家生活的统治权，并在争得内阁制统治权之后，巩固其统治。如果不能获得统治权，最低限度是干预和影响国家生活的内容和任务、方式和政策，以便维护各自代表的阶级、阶层或社会集团的利益。”[②]

本书认为，政党变革的目标可以划分为三个层次。第一层目标也就是政党的首要目标。哈默尔和琼达提出了政党首要目标的概念，并指出考察不同首要目标的绩效标准是不一样的：如果政党的首要目标是选票最大化，那么绩效标准就是获得的选票数和议会席位数；如果首要目标是获得行政职位，那么绩效标准就是参与政府；如果首要目标是为利益辩护，那么绩效标准就是政策委托者的满意程度；如果首要目标是提高党内民主，那么绩效标准就是能否满足党内积极分子的要求。[③] 政党变革的第二层目标就是发挥政党的功能。政党对国家政治生活产生的作用的实质就是通过政党功能的发挥所产生的作用。政党的功能包括利益表达、利益综合、政治录用、政治社会化等诸多方面，对于执政党来说，其具有的功能要更加丰富。政党功能的多样性决定了考量政党功能的发挥程度时，要根据研究问题的需要确定重点考察的政党功能，考量的标准在于被考察的政党功能在得到充分发挥时所应达到的政治效果。政党变革的第三层目标就是政党的长远目标或者政党的根本目标，是政党最终要达到和实现的政治经济制度，衡量的标准在于政党政治行为的结果离其所追求的政治经济制度本质规定的远近。

二、政党社会认同的维度

政党的社会认同是民众在心理上对于一个政党的归属感和信任感，是政党合法性的根本来源和重要表征。从政治学原理上来讲，“政党作为一个政治组织，内聚力来自认同度，但政党内部的认同必须要外化为社会的认同，这是政党实现目标的必备条件”[④]。可以说，社会认同是一个政党特别是执政党生存、发

① 徐敦楷、龚先庆：《党的利益问题研究》，湖北人民出版社 2014 年版，第 12 页。

② 吴其良：《政党学基础》，蓝天出版社 2006 年版，第 81 页。

③ Robert Harmel, Kenneth Janda. “An Integrated Theory of Party Goals and Party Change,” *Journal of Theoretical Politics*, 1994, Vol. 6, No. 3.

④ 郭亚丁：《执政党的建设与国家政治力的增强》，《中共杭州市委党校学报》2011 年第 1 期。

展的根基。对于任何一个政党来讲,没有来自社会的认同,便无法解决其合法性问题,就会面临政党危机。尤其是处于执政地位的政党,只有获得了社会成员的认同,其对国家政权的控制才是具有合法性的,其执政的合法性基础才能得到巩固和扩大。

本书认为,衡量政党社会认同度有两种方法:一是看政党在大选中的得票率,政党在大选中的得票率越高,代表政党的社会认同度就越高;二是看政党的社会基础,政党的社会基础越牢固、范围越广,代表政党的社会认同度就越高。必须要指出的是,无论是在发达国家还是发展中国家,政党的社会认同都是不稳定的,也不是一劳永逸的,社会阶级的重组、社会利益的分化、社会矛盾的演变等都会对政党的传统社会认同模式提出挑战。而一个生命力顽强的政党必然会以变革为手段,在清醒地认识到自身政治定位的前提下,采取必要的措施不断克服政党面临的种种危机,重构政党的社会认同模式,使政党的社会认同处于一个良性的动态发展状态。

三、政党适应性的维度

在自然界和人类社会发展中,不是强者生存,而是适者生存。达尔文的"物竞天择,适者生存"的生物进化论在政党身上也同样适用。Party Adaptation,无论是杨光斌等人将其翻译为"政党适应性",还是吕增奎、王新颖等人将其翻译为"政党调适",本质上均指"政党组织在政治发展过程中所形成的适应环境挑战的能力"。[①]

从政党政治规律上来讲,"一个政党的生命力主要依赖于对时代和环境的适应性而产生的生命周期上的延续性和组织上的凝聚力"[②]。因此,任何政党都要以增强对环境的适应性为政党变革的价值指向,通过对环境进行资源性的输入和输出活动来不断地对环境的变化做出积极回应。

在亨廷顿看来,适应性是测度政治组织制度化的四大标准之首,"是后天获得的组织性;概而言之,就是适应环境挑战的能力和存活能力。环境提出的挑战越多,年代越久,适应力也就越强"[③]。本书认为,政党适应性既是政党应对环境

① 聂平平、武建强:《西方政党适应性问题理论评述》,《新视野》2010年第4期。

② 杨光斌:《如何理解执政党的基本特征》,《学习月刊》2008年第1期。

③ 参见[美]塞缪尔·亨廷顿著,王冠华等译:《变化社会中的政治秩序》,三联书店1989年版,第11~12页。

变化的一种动态过程，也是政党得以生存和发展的一个重要条件，还是政党为更好生存和发展而努力达成的一个重要目的。与此同时，政党产生于现代化进程中，决定着政党必须要随着现代化进程的推进而不断完善自身，以实现自身的现代化。从这个意义上来讲，政党适应性变革的过程就是政党现代化的过程，现代性就是政党变革的价值指向，政党适应性的标志就是政党的现代性。

国内学者王长江教授认为政党的现代性一方面体现为要能够帮助政党获得较高程度的合法性，另一方面要能够帮助政党有效地开展活动、发挥功能，尤其能够有效地执政。基于此，王长江认为政党的现代性应从几个方面来把握：一是有广泛包容性的意识形态，二是有开放的自我调节系统，三是有比较强大的制度性功能，四是充当社会整合的力量。[①] 本书认为，判断政党现代性的标准具有相当的模糊性和不确定性，关键看政党能不能适应社会发展进程将现代化元素吸收进党的肌体，并使自身结构、功能、机制和活动方式实现制度化、规范化、科学化。

① 参见王长江：《政党现代化论》，江苏人民出版社 2004 年版，第 52～63 页。

第二章　澳大利亚工党的历史考察(1949 年前)

澳大利亚是从英国殖民地的身份、遵循英国的发展模式而逐步演进而来的一个新兴民族国家。在这个国家中，澳大利亚工党同英国工党一样，是一个以工会运动为基础的工联主义政党。作为劳工阶级的政治代表，工党自成立以来便凭借其日渐增长的政治威信逐步在澳大利亚政坛上崭露头角。受特殊社会历史环境的影响，1949 年前的澳大利亚工党具有明显的“左倾”政治倾向和浓厚的阶级色彩，并且不可避免地被打上了封闭、狭隘的时代烙痕。

第一节　1949 年前澳大利亚工党的生存环境

从澳大利亚历史上来看，1768 年航海家詹姆士·库克(James Cook)船长以英国的殖民主义代表的身份在澳大利亚东海岸升起了英国国旗，将其命名为“新南威尔士”。1788 年，由阿瑟·菲利普(Arthur Philip)船长率领的英国皇家海军第一舰队承载着包括水手、英国政府官员、随行家属在内的 200 余名人员以及近 700 余名的英国囚犯到达了澳大利亚的博塔尼湾，从此，英国人开始在澳大利亚建立殖民地并将其用作“海外监狱”。为了生存，他们以流放犯人为劳力在此开荒种地、放养畜群、与外来船只通商，逐渐改变了澳大利亚殖民地的面貌，而在澳大利亚定居的人也逐渐地不再限于刑满释放人员，来自世界各地的移民大量涌入。到 19 世纪中叶，澳大利亚全境沦为英国的殖民地。1901 年，澳大利亚联邦成立(此时的澳大利亚为英国的自治领，将之前的殖民区改为了州)。1931 年，澳大利亚成为一个独立的英联邦国家。到第二次世界大战结束之时，澳大利亚已经发展成为南半球一个后起的发达资本主义国家。在此过程中，澳大利亚特殊的自然、地理、历史条件与澳大利亚经济、政治、社会、文化的发展相互作用，为澳大利亚工党的成立和发展提供了独特的社会历史环境。

一、资本主义经济高速发展

澳大利亚经济的发展具有优越的自然和社会条件。从自然条件上来讲，澳大利亚国土辽阔，自然资源十分丰富，不仅拥有辽阔的草原和许多可以利用的土壤、河流等资源，而且还拥有丰富的矿产，澳大利亚因此被称为“骑在羊背上的国家”和“坐在矿车上的国家”。从社会条件上来讲，澳大利亚从流放犯殖民地转变为联邦制国家的过程是通过平稳的演进而不是暴力革命实现的，国家的转型并没有酿成巨大的社会动荡，也没有对社会生产力造成严重的破坏，这使澳大利亚的民族经济得以在稳定的社会环境中获得发展。

以优越的自然和社会条件为依托，澳大利亚的资本主义经济在“二战”前共经历了两次大的飞跃。澳大利亚以农业立国，经过早期移民的艰辛开垦，各地种植面积逐渐扩大，除了新南威尔士，其他殖民区的粮食都实现了自给自足。与此同时，早期移民还饲养优良羊种美利奴羊，生产出世界上品质最优良和数量最多的羊毛，大规模的养羊公司纷纷成立，羊毛成为澳大利亚的主要出口商品，这是澳大利亚社会经济的第一次飞跃。1851 年起，澳大利亚相继发现多处金矿，掀起了一波又一波的“淘金热”。淘金热刺激了殖民地经济的发展，1850 年，澳大利亚的银行储备为 240 万英镑，1860 年为 1420 万英镑，平均年增长率为 20%。[①]这是澳大利亚资本主义经济的第二次飞跃。到 19 世纪 60 年代，黄金产量逐渐减少，过剩劳动力和资本逐渐转移到农业、制造业和商业部门，使这些部门得到了一定的发展。

总体来说，在 1901 年澳大利亚联邦成立之前，作为英国的殖民地，澳大利亚在包括经济在内的各方面均受到英国的控制和管辖，是被英国垄断资本牢牢控制的农牧基地。在对外贸易中，澳大利亚大都是以畜牧业产品和矿产品换取英国的工业品，经济上对英国的依赖性非常强。1901 年澳大利亚联邦成立之后，各殖民区之间的贸易壁垒被撤销，联邦银行也建立了起来，这有力地推动了澳大利亚国内市场的统一和经济的发展。尤其是 1931 年澳大利亚独立之后，澳大利亚经济发展所需的资金已经由英国的殖民地财政拨款逐步变为资本投资，澳大利亚经济的独立性得到加强。当然，澳大利亚经济独立性的加强主要表现为经济自主性的提高，而不是简单独立于英国，英国市场的需求仍然在很大程度上决定着澳大利亚的经济生产。直到“二战”前，英国在世界中的霸权地位使澳大利亚无法摆脱英国的控制，在对外贸易中表现为澳大利亚的农业和矿业主要是向英国输出，制造品主要是从英国输入，澳大利亚是地地道道的英国商品销售市场，澳大利亚经济在很大程度上残留着殖民地经济的色彩。

受此局限，资本主义经济在“二战”前的澳大利亚发展得并不充分。尽管如此，资本主义经济制度已经逐渐在澳大利亚得到了确立。资本主义生产力和生

---

① 参见王宇博：《享受学问，乐在其中——王宇博论文选集》，苏州大学出版社 2014 年版，第 104 页。

产关系的发展为澳大利亚工党的成立准备了物质条件，并为澳大利亚工党的发展奠定了经济基础。

二、社会阶级结构两极分化

随着资本主义经济在澳大利亚的发展，“二战”前澳大利亚的社会阶级结构也呈现出典型的资本主义社会阶级结构的特点，即在澳大利亚社会中存在大量的无产阶级（劳工阶级）和少数的垄断资产阶级，且两大阶级处于严重对立状态。

在 19 世纪的澳大利亚，农牧业和采矿业的发展促进了资产阶级和劳工阶级力量的日益壮大，但大资产阶级对劳工阶级的剥削也造成了资产阶级和工人阶级之间严重的不平等。据统计，在 1820～1875 年，澳大利亚资产阶级的人数从占总人口的 7％增加到了 9％，而其所占有的财富则从 58％增加到 90％；与此同时，澳大利亚劳工阶级的人数从占总人口的 62％增加到 68％，但其所占的财富从 1.4％降到了 0.23％。[①]

从产业结构上来讲，在 1788～1900 年作为英国殖民地的这一时期，澳大利亚经济以第一产业为主。在 1901 年澳大利亚联邦建立之后，农牧业的机械化发展使大批劳动力从农牧业中解放出来而转移到了工业和服务当中，使以制造业、建筑业、能源业为主体的第二产业和以服务业为主体的第三产业获得了充足的人力资源，从而推动着澳大利亚第二、三产业尤其是第二产业的迅速发展。[②] 直到第二次世界大战前，澳大利亚的产业结构总体上呈现的是以第一、二产业为主体的产业结构。这样的产业结构决定了在“二战”前澳大利亚劳动者人口中产业工人占据着绝大多数。据统计，20 世纪 50 年代以前，澳大利亚就业人口总数约为 350 万，其中 55％从事商品生产，制造业部门的劳动人口占劳动力总人数的 1/4 以上（约 28％），从事商品交换包括销售、运输和信息交流的人数约占劳动力总数的 1/4，余下的则在行政、国防和其他服务行业工作。[③]

可见，“二战”前从事体力劳动的蓝领产业工人是构成澳大利亚劳动人口的主体。从产业工人的生存状态来看，他们中的大部分都居住在城市尤其是大城

① ［英］霍布斯鲍姆著，张晓华等译：《资本的年代（1848～1875）》，中信出版社 2014 年版，第 260 页。

② 从产值上来看，1930 年工业产值达到 172.3 万英镑，而农牧业产值仅为 104.8 万英镑，工业产值约为农牧业产值的 1.64 倍，到 1939 年时工业产值又增加到 210.1 万英镑，农牧业产值仅增长到 116.2 万英镑，工业产值达到农牧业产值的 1.81 倍，工业产值在澳大利亚国内总生产值中所占的比重不断上升；再从国内市场占有率上来看，澳大利亚工业品的国内市场占有率，1910 年时为 40％，1928 年为 57％，1930 年已达 70％，工业品的国内市场占有率也呈现出不断上升的态势。

③ 段锡平、杨微等编著：《走向澳洲市场——澳大利亚经济概览》，上海社会科学院出版社 2000 年版，第 195 页。

市中，仅有30%居住在农村。仅就居住在城市中的这部分劳工来说，其中就有相当一部分工人是经常性的失业者。除了工人，城市中还集中着许多农业劳动者，他们只是季节性的雇工，仅靠偶尔的工资勉强过活，他们中大批人居住的贫民窟也是一片穷苦的景象。与此形成鲜明对比的是，澳大利亚的少数资产阶级却靠着长期的财富积累而过着舒适的生活。

总之，“二战”前澳大利亚劳工阶级的生存状态是极其恶劣的，他们在澳大利亚的社会阶级结构中占据着象征贫困的一极，而另一极则是象征着财富的大资产阶级。澳大利亚的社会阶级结构在“二战”前呈现的是明显的两极分化状态，两极之间是压迫与被压迫、剥削与被剥削的对立关系，劳资矛盾在“二战”前的澳大利亚社会中非常激烈，这是澳大利亚工党的成立和发展的社会基础。

三、议会民主制渐趋完善

澳大利亚国家意义上的政府机构形成于1788年第一批英国人到达澳大利亚大陆之时，但是直到1815年，澳大利亚主要是作为英国的“海外监狱”存在的，澳大利亚政府实际只是一个由英王总督进行独裁的殖民地政府。随着后来自由移民的增多，要求建立代议制和责任制政府的运动才开始在澳大利亚逐渐兴起。1823年7月，英国议会通过《改善司法条例》，规定在新南威尔士成立立法会议，成员有5～7个，均由英王任命。1828年立法会议成员增加到了10～15个。1842年，英国议会决定将新南威尔士立法会成员改为其中的12名议员由英国指派，24名议员由具备财产资格的居民选出。1850年，英国议会规定在澳大利亚的5个州均成立立法会议，且立法会成员中的1/3由政府提名，2/3按高额财产资格选举产生，授予成员起草新宪法的权力，但宪法最终须交由英国议会批准。

1901年澳大利亚联邦成立之后，澳大利亚联邦效仿英国的议会制模式组成了联邦议会，由英国国王（总督代表）、众议院和参议院组成，是澳大利亚的最高立法机构。众议院的权力大于参议院。众议院的主要职责是立法和制定政府预算，负责组成政府，并以质询财政审核来监督政府；参议院的主要职责是复审众议院所通过的议案。[①] 英国国王是名义上的澳大利亚国家元首，由其任命的总督代表英国国王统治澳大利亚。英国国王的总督代表在法律上保留有否决权，可以解散众议院，但除非牵涉英帝国重大利益，否则这种权力不会被行使，总督

---

① 参见王宇博：《对澳大利亚公民权利概念与实践的历史考察》，《法制现代化研究》2006年第00期。

在大多数场合下只具有象征意义。

联邦议会作为澳大利亚的政治中心，自然会为各政党的建立提供温床。澳大利亚实行普选制，澳大利亚联邦宪法规定，在大选中获得联邦众议院半数以上议席，且获席位较多的政党即赢得大选成为执政党，此党领袖也便自动成为国家总理。澳大利亚联邦成立之后，对政治权力的追逐使各政党纷纷加入了政党选举的行列当中，政党制度的形成和发展也因此而成为1901年至第二次世界大战前澳大利亚国家政治体制发展中的一项重要内容，澳大利亚联邦政府的权力结构关系也在这一时期逐渐固定了下来。

如图2-1所示，澳大利亚议会由参议院和众议院组成，议会总理由在众议院选举中获胜的多数党领袖担任，内阁作为议会的核心，由总理及一些相对重要部门的部长组成，其中内阁成员在众议院中所占的比重相对较大。到第二次世界大战结束之前，澳大利亚的议会制度已经较为成熟。这为工党提供了参与政治的途径和平台，是澳大利亚工党成立和发展的政治基础。

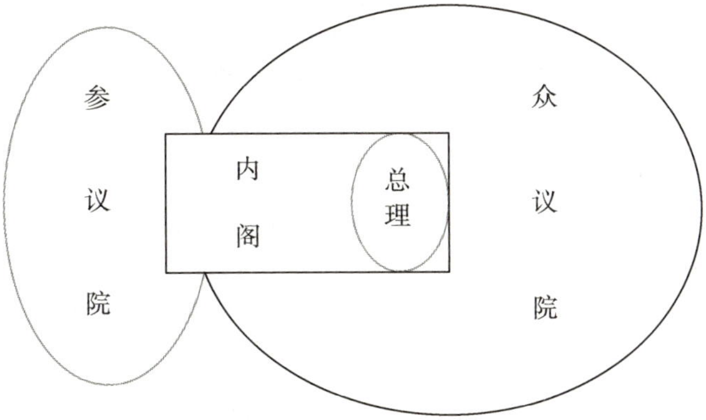

资料来源：韩锋、刘樊德：《当代澳大利亚——社会变迁与政治经济的新发展》，世界知识出版社2004年版，第124页。

图2-1　澳大利亚联邦政府的权力结构关系图

四、全社会充斥着种族主义狭隘思想

澳大利亚民族从英格兰民族中派生出来，是一个以白种人为主体的新民族。而在英国移民到达澳大利亚之前，就已经存在一种歧视其他“有色”人种的“白人至上主义”意识，即他们认为白种人是世界上最优越的种族。英国哲学家赫伯特·斯宾塞(Herbert Spencer)甚至将达尔文关于生物界的生存斗争和自然选择的理论移植于人类社会，创立了所谓的“社会达尔文主义”学说。社会达尔文主义者认为物竞天择、适者生存，生存斗争在人类社会中不仅是不可避免的，而且是一种自然规律，他们还将人类划分为优等种族和劣等种族，认为白人是生存竞争中最优等的人种，征服世界上的非白色种族是“自然”选择的结果。社会达尔文主义的盛行似乎为19世纪欧洲各国的殖民政策提供了“合理”解释，也使欧洲人更加坚定了其头脑中所一直存在的“白人至上主义”信念。随着英国移民的到来，这种狭隘的种族主义意识被带到了澳大利亚，并本土化为“白澳”意识。“白澳”意识的产生就是“白人至上主义”在澳大利亚社会中的反映，其实质是一种种族保护主义。

早在英国殖民者登陆之前，在澳大利亚这块土地上已有土著人在此繁衍生息了4.7万多年，他们靠采摘果实和狩猎捕鱼为生，过着与世隔绝的生活。英国移民到达之后，为了争夺土地，英国移民开始大规模灭绝土著人。英国移民者认为，澳洲土著居民处于文明社会的最底层，灭绝这些“低劣的”种族是“天然合理的”，只有白人这样“优等的”种族才能更好地利用土地。到了19世纪五六十年代，随着“淘金热”(Gold rush)①在澳大利亚大陆的兴起，大量来自亚洲和太平洋地区的“有色”人种开始涌入澳大利亚，这使欧洲移民的种族保护主义意识得到了激化，究其原因，其一是出于英国移民同母国的情节，他们担心有色人种的进入以及由此造成的通婚会威胁英格兰民族血统的“纯洁性”，为了维系澳大利亚民族和英格兰民族的血缘纽带，他们不愿意其他人种进入澳大利亚；其二是“有色”人种在工作中所表现出来的惊人的劳动能力激起了白人殖民者的恐慌，出于经济利益的考虑，他们担心其他民族和人种的进入会抢夺英国移民的就业机会和社会财富。

直到第二次世界大战结束之前，这种狭隘的种族保护主义意识还广泛地流行于澳大利亚社会当中，而这种文化氛围必将影响工党的政治理念，并通过工党的政策主张反映和表达出来。

第二节　澳大利亚工党的成立及其在1949年前的发展

澳大利亚工党是世界上少数称为“工党”的政党之一。19世纪下半叶，澳大利亚各殖民区先后建立了工会组织，以此为基础，自1891年开始，各殖民区陆续

① 在1848年美国的加利福尼亚萨特磨坊发现黄金并掀起的“淘金热”之后，澳洲的新南威尔士殖民区和维多利亚殖民区分别于1849年和1850年也发现了大量金矿并掀起了另一波世界范围内的“淘金热”。在“淘金热”期间，维多利亚殖民区的黄金产量曾居全球首位。

建立了工党。1901 年，各殖民区工党联合建成联邦工党，当时的名称是“劳工政治联盟”，1908 年改称“澳大利亚工党”。经过 1891～1949 年近 60 年的发展，澳大利亚工党已经从一个周旋于老党之间的政治帮手发展成为澳大利亚政坛上一支独立的政治力量。

一、澳大利亚工党的成立

工会运动作为 19 世纪 30 年代以来澳大利亚工人运动的主流，产生初期只是为了达到提高工人工资、改善工人劳动条件等基本目的而由从事体力劳动的劳工自发组织起来的群众组织。但是，随着时间的推移，工会逐渐发现了采用罢工、谈判等经济斗争形式的局限性，在此情况下，工会建立起工党，以求通过政治斗争来达到经济斗争所难以达到的目的。

（一）工会运动的发展与经济斗争的开展

早在 17 世纪末，澳大利亚曾是英国流放犯人的殖民地，与此同时，英国殖民者开始在澳大利亚发展民族资本主义。19 世纪 20 年代，随着资本主义的深化发展，在澳大利亚的刑满释放人员及移民来的自由工人所遭受的来自资产阶级的压迫逐渐加深，这使得劳资之间的矛盾受到激化，工人运动由此开始发展起来。

19 世纪 30～40 年代，在澳大利亚经济萧条、劳工竞争加剧等环境背景下，澳大利亚的各殖民区出现了一些劳工的互助组织。19 世纪 30 年代起，澳大利亚的熟练工人开始按行业组建工会。1833 年新南威尔士家具工人为了维持伦敦的价目表和提供互助福利，首先组建了工会。之后，悉尼的铜匠、排字工人和海员等也陆续组建起工会。但总体来看，这一时期的工会主要存在于城市中各种具有熟练技术的工人中，它们主要致力于为工人提供社会保险、促进工人的团结并设法提高工人工资，而对缩短工时和改善工作条件等不感兴趣。而且，由于澳大利亚的熟练工人面临着罪犯劳动力和亚洲劳动力的竞争，因此这些工会组织都严格限制入会资格。另外，由于这些由熟练工人组建的工会始终相信工会与雇主分享着共同的利益，因此，他们对非技术工人几乎是漠不关心。

到了 19 世纪 50 年代，在“淘金热”的带动下，大批劳动力涌入金矿场，其他行业的劳动力急剧减少，熟练工人更是供不应求。在劳动力紧缺的情况下，工人不仅争取到了工资的大幅度提高①，而且争取到了8小时工作日制②。但1858年以后，随着黄金热的大幅降温，大批采金工人又重返劳动力市场，随之造成劳工和雇主之间的关系紧张，工人工资水平下降，许多工人丧失了8小时工作日。

劳动条件的恶化促进了工会运动的蓬勃开展。不仅许多因黄金热而解散的工会组织重新得到了恢复，新工会也如雨后春笋般地建立起来。1859年在墨尔本建造了一幢工会会所，1873年昆士兰印刷工人工会和农具制造工人工会宣布成立，1875年维多利亚制革工人工会诞生，1876年悉尼和墨尔本海员工会以及新南威尔士缝纫工会建立。新成立的各工会为增加工人工资的斗争取得了部分胜利。1870年以后，技工的工资在每天8先令6便士至10先令之间波动，虽然未能恢复到黄金热时期的工资水平，但同黄金热以前的工资相比增加了一倍。

19世纪70年代以来，在澳大利亚城市工会运动不断发展的同时，内地一大批半熟练工人也开始组织起来。1872年2月，本迪戈的采金工人为改善工作条件、实行8小时工作日制而举行罢工，成立了本迪戈矿工工会。之后，地方矿工工会纷纷建立。这些矿工工会于1874年6月联合成立了"维多利亚混合矿工联合会"，成为内地第一个较大的工会组织，后来该组织又发展成为"澳大拉西亚混合矿工联合会"，到1886年它已拥有51个分会，会员达13000人，成为澳大利亚乃至大洋洲范围内最大的产业工会之一，领导工人罢工10余次。在此鼓舞下，剪羊毛工人也开始筹建自己的工会组织。1886年，"混合剪羊毛工人联合会"成立，到1889年，该组织已拥有会员25000人。

从特征上说，这些半熟练、非熟练工人的工会或多或少地都受到欧美工人运动的影响。他们视雇主为敌人，并迫使雇主只雇用工会成员，拒绝与非工会成员合作。他们强烈反对政府资助移民，也反对雇主雇用"有色"劳工，他们认为"有色"劳工会对自身的工作构成威胁。但总体来说，参加工会的工人们已经培养起较强的工会意识和阶级意识，这便为工会组织的联合斗争创造了可能。

到了19世纪60年代，澳大利亚工会运动在从城市向内地发展的同时，为了加强各行业工会之间的联系和协作，澳大利亚的各行业工会也开始了向地区性工会发展的进程。1860年在墨尔本首先成立了跨行业的各业劳工理事会，到了19世纪70年代，新南威尔士等殖民区也都出现了跨行业的联合组织。1879年10月，第一届工会代表大会在悉尼召开，标志着澳大利亚各殖民区工会运动开

---

① 在黄金热出现以前的10年中，一般技工的日工资是4～5先令，到1855年便上升到25～30先令，除去物价上涨的因素，仍有较大幅度的增加。

② 1856年1月，悉尼的石匠工会发起了要求雇主将日工时从10小时减为8小时的运动，运动取得成功后迅速传播到其他建筑行业，到1858年，在新南威尔士和维多利亚的建筑行业中，"8小时工作、8小时娱乐、8小时休息"的制度已经成为惯例。

始从分散走向统一。会后，各殖民区首府均发生了大规模的工人罢工。

可见，在19世纪90年代以前，澳大利亚工会运动以经济斗争为主要斗争手段，为了壮大工会的斗争势力而逐渐联合了起来。其实，工会运动进行经济斗争的过程也是其逐渐涉足政治领域的过程。工会运动在经济斗争中会针对关乎自身利益的政治、经济和社会问题提出相应的要求，并在工会代表大会上进行决议形成自身的政治主张。比如，在外贸政策上，工会运动主张实行保护关税政策以维护工人阶级的利益；在移民问题上，工会运动反对政府资助移民，主张禁止华工入境，以保障工会会员的经济地位；在政治上，工会运动主张对议员进行支薪、允许劳工代表进入议会，等等。① 但总体来看，19世纪90年代以前的工会运动所追求的目标非常直接，主要采取的是经济斗争这种较为低级的形式和手段，还没有形成参与政治斗争的强烈愿望，更没有涉及推翻或者改造资本主义制度这一根本性问题。

（二）工人政治斗争的兴起及工党的成立

在1890～1894年，以悉尼为中心的整个澳大利亚东部沿海爆发了殖民地历史上规模最大、历时最长的一次大罢工。但是，由于工会缺乏统一的、坚强的组织领导，雇主们串通起来利用非工会会员工人和失业者来取代工会工人的工作，外加殖民当局的高压政策，罢工宣告失败。大罢工的失败使工会倍受打击。另外，尽管伴随着工会运动的发展，工会运动也采取了包括在大选中支持那些同情工人运动的议员，或在院外组织游说团的方式来争取自身的利益，但不久工会发现这种斗争方式的效果也十分有限。对此，工会的领导人逐渐意识到，依靠经济斗争方式已不足以维护工人阶级自身的利益，要想实现自身的政治理想，就必须采取政治斗争的方式组建起自己的政党，在现有的民主条件下充分利用各殖民区的议会选举制度将工人代表送入议会，以制定有利于劳工的法律的方式提高工人群众的政治和经济地位。1891年3月，悉尼各界劳工开展斗争的最高领导机构——悉尼工会理事会改组成了澳大利亚工党的前身——劳工选举同盟。劳工选举同盟一经成立便表现出强大的竞争力，在成立当年举行的新南威尔士立法会议选举中便一举夺得了141个议席中的37席。

议会斗争的初步胜利使劳工选举同盟士气大振。1891年4月召开的第七届工会代表大会决定在全澳范围内组织工人政党，直接参与殖民地的政治生活。会议结束后，新南威尔士的工会组织最先做出响应，由悉尼的各业劳工理事会发起成立了新南威尔士工党组织——劳工选举同盟。随后，昆士兰的“澳大利亚工人联合会”改组为昆士兰工党组织，南澳大利亚的工会组织成立了“联合工人

① 参见郑寅达、费佩君：《澳大利亚史》，华东师范大学出版社1991年版，第134～135页。

党”，维多利亚的工会代表大会组建了“进步劳工政治同盟”，之后又进一步改组成了“维多利亚统一工党”。另外，塔斯马尼亚和西澳大利亚也成立了相应的工党组织。

各殖民区工党组织的建立使工党的势力迅速增长，各工党组织为争取选票和议席纷纷制定了具有鲜明改良性的组织纲领，并借此在各自的殖民区议会选举中获得重大胜利。[①] 从纲领的具体内容上来讲，各工党组织之间存在差异，但总体来看大都包含了以下内容：“实现生产资料国有化；在立法大会选举中实行一人一票制；征收地产税；采用累进所得税；规定 8 小时工作日制；为改良土地的农民提供可靠保障；改进劳资立法，给予工人以组织工会的充分权利；建立殖民区银行，打破私人对信贷的垄断；实行免费教育，增加技术培训的设备；防止殖民性质的移民，停止政府资助的各种形式的移民，等等。”[②]可见，各殖民区工党的组织纲领具有统一的“左倾”价值理念，这便为工党走向组织化奠定了基础。

1901 年 1 月 1 日，澳大利亚联邦成立。1901 年 5 月 8 日，入选第一届联邦议会的工党议员在联邦议会驻地——墨尔本国会大厦召开了第一次议会党团会议。为了加强各州工党组织的团结，会议组建起联邦层面上的工党组织——澳大利亚联邦工党。联邦工党的成立标志着澳大利亚的劳工阶级正式登上政治舞台，从此，澳大利亚工党步入了历史发展的新阶段。

二、1949 年前澳大利亚工党的发展

从联邦工党成立到成为“二战”前澳大利亚政坛上不可或缺的政治力量，工党经历了曲折的发展历程。从发展轨迹上来讲，澳大利亚联邦工党在成立之后的头十年通过采取“以支持换取让步”的联合策略而逐渐扩大了其在澳大利亚的政治影响力，之后，工党加强了自身的独立行动能力而纵身成为活跃于澳大利亚政坛上的一支独立且强大的政治力量。整体来看，自 1901 年联邦工党成立至“二战”结束，澳大利亚工党共经历了以下四个历史发展时期：

---

① 1891 年劳工选举同盟在新南威尔士立法大会选举中获得 35 席，1892 年进步劳工政治同盟在维多利亚立法大会中获得 10 席，同年澳大利亚工人联合会在昆士兰立法大会中获得 4 席，1893 年联合工人党在南澳大利亚大会院中获得 8 席，1894 年和 1901 年工党候选人分别在塔斯马尼亚大会院和西澳大利亚立法大会中获得 1 席和 6 席。1899 年 11 月 24 日，昆士兰工党议员在部分其他派别议员的支持下，曾击败詹姆斯·狄克森政府，组成澳大利亚历史上第一个工党政府，但它执政时间很短，仅维持了 7 天。

② 郑寅达、费佩君：《澳大利亚史》，华东师范大学出版社 1991 年版，第 139～140 页。

(一)政治结盟时期(1901～1909 年)

在 19 世纪末的澳大利亚，各殖民区议会中的政治力量并没有明确的党派之分，仅仅是围绕持不同政见的领袖人物形成的几个松散的政治集团，这些集团都没有确定的政治纲领，成员可以自由改变观点并随时转入他团，不受任何纪律的约束。当时在议会内势均力敌的是关税保护派和自由贸易派，这两派之间实际上并没有明显的政治分野，只是在关税问题上各执一端。关税保护派代表本国新兴工商业资产阶级的利益，主张提高关税和保护本国民族工业的发展；自由贸易派则代表农场主、牧场主和大进出口商的利益，他们的农产品和矿产品主要销往海外，因此主张降低关税和实行自由贸易。

澳大利亚联邦成立之年，保护关税派领袖埃德蒙·巴顿(Edmund Barton)受命组建澳大利亚首届联邦政府，紧接着进行首届联邦议会选举。[①] 此次联邦议会的选举结果是：在众议院，保护关税派、自由贸易派和工党的席位分别为 31 席、28 席和 16 席；在参议院则相应为 11 席、17 席和 8 席。选举结果表明，议会中的两大党无任何一方占有绝对优势。当时的工党虽仍势小力孤，却举足轻重。因为执政的保护关税派只有同工党进行结盟才能顺利地推行自己的政策。就工党来说，鉴于各地工党组织似一盘散沙，羽翼未丰，而且同保护关税派的观点也比较接近，所以工党也倾向于同保护关税派结成政治盟友。但是，工党的政治理想并不限于此，在利用同保护关税派结盟实现自己的政治理想的同时，工党也在抓紧时机统一组织，以发展壮大自己的力量。

在同保护关税派结盟以来，工党尽力扮演好忠诚盟友的角色，但毕竟两者政治理想不同，因此也矛盾不断。1904 年初，在围绕新任保护关税派领袖艾尔弗雷德·迪金(Alfred Deakin)领导下的政府所提出的《调解与仲裁法案》进行辩论时，工党和保护关税派之间的矛盾彻底浮出了水面。迪金政府制定这项法案的目的是建立联邦调解与仲裁法院，从而由中央政府负责解决各州之间出现的劳资纠纷事件。在议会辩论期间，沃森领导的工党对法案提出的建立联邦调节与仲裁法院一项表示支持，但是对于法案中有关只解决州际而不解决州内劳资纠纷问题的规定，工党表示坚决反对。对此，工党在自由贸易派和部分保护关税派的支持下提出了一项修正案。修正案主张将拟建的调解与仲裁法院的职权范围扩大到各州，同时要负责解决劳工的就业问题。从 1904 年 4 月 2 日开始，联邦议会针对这项修正案进行了马拉松式的辩论，最后以 38 票对 29 票通过，迫使保护关税派政府倒台。时任工党领袖的约翰·克里斯琴·沃森(John Christian Watson)顺势成为澳大利亚联邦的第三任总理，组建了澳大利亚历史上的第一

① 先有政府，后选议员，这是由于历史原因造成的特例。

个工党政府,也是当时世界上的第一个工党政府。

工党的成功轰动一时,然而,此时的工党政府遭遇了人才缺乏这一巨大难题。因为当时工党联邦议会内的成员过去几乎都是工人运动领导人,他们对于组织工人罢工等驾轻就熟,却不懂如何治国理政。在此情况下,工党只能选择同保护关税派重新结盟组成联合政府以渡过难关。然而,工党提出的调解与仲裁法案在议会表决中的失败①,标志着第一届工党政府的寿终正寝。

沃森在 1907 年 8 月辞职之后,安德鲁·费希尔(Andrew Fisher)继任工党领袖。费希尔的政治观点比较激进,适应了工党当时要求推行其社会福利政策的需要。费希尔和沃森最大的不同在于:"在社会政策方面,沃森常常提出一些赤裸裸的有利于劳工的政策;而费希尔尽管观点激进,但他更注重在政策中体现改良主义的主张,步伐稳健,幅度较小。在政党策略方面,沃森在联邦初期三足鼎立的政治形势下,对于保护关税派采取了一面倒的方针,甚至拱手让权,这使工党屡被出卖,成为对方利用的工具;而费希尔则认为,同保护关税派结盟不能放弃工党的独立性,必要时也应与自由贸易派携手,以便从中受益。"②

在费希尔领导下,工党在政治上日趋成熟起来,工党实力的与日俱增使工党对政府的压力越来越大。1908 年 11 月,工党在高等法院宣布迪金的"新保护关税政策"违宪,直接导致了迪金政府的倒台。于是,费希尔带领工党再次执政。工党上台后,立即大显身手,在经济、政治、军事等方面采取了一系列新政策。1909 年 3 月,费希尔发表政策演说时指出:"工党准备修改宪法,以赋予联邦政府更大的权力,从而在工资、物价、土地税、保护制盐业等国内公众关心的热点问题上推行新的政策。"③但是,工党和保护关税派交恶后,保护关税派便联合自由贸易派及保护关税派的分支——关税改革派在议会中组成了"联合党",共同站在了工党的对立面。另外,工党在众议院中只占有 1/3 议席的劣势处境也决定了工党必然失败的命运。1909 年 6 月,费希尔的辞职宣告了工党的再次下野。

总体来说,从 1901～1909 年间的大部分时间里,工党奉行了一种"以支持换取让步"的策略,靠支持和自己政治观点相近的保护关税派来实现自己的改良主义目标。在此期间,工党坚持国家干预经济生活的原则,主张改善劳工待遇,促进社会平等,支持"白澳"政策。工党运用自己的影响使议会通过了一些有利于

---

① 该项法案基本上是迪金同名法案的翻版,但也增加了一些重要内容。为了迎合自由贸易派维护州权主义的需要,法案规定,拟建立的联邦调解与仲裁法院的管辖范围应扩及各州工业劳资纠纷案件。同时,为了博得与工党关系密切的各行业工会的好感,这项法案还特别提出,在处理劳资纠纷过程中,法案应对工会会员实行优惠财政补贴。

② 李沙:《澳大利亚历届总理小传》,新华出版社 1992 年版,第 56～57 页。

③ 李沙:《澳大利亚历届总理小传》,新华出版社 1992 年版,第 58 页。

劳工的法案，树立了自己的威信，获得了群众的广泛支持。

（二）第一个执政黄金期（1910～1916年）

联合党虽然出奇制胜，但执政时间并不长。在1910年4月举行的大选中，工党在众议院75席中获43席，在参议院36席中获22席，工党首次控制议会参众两院，也成为澳大利亚联邦历史上第一个同时控制众参两院的政党，费希尔再次出任政府总理。

第二届费希尔工党政府期间，工党为了进一步扩大工人阶级的实际利益，不仅采取了一系列条目繁多、内容丰富的社会福利措施，而且通过议会对1904年出台的《调解与仲裁法案》进行了修改，规定联邦工业雇员联合会可以在调解与仲裁法院登记注册，以便使其成员在劳工纠纷案件的审理和判决中受到保护。此外，政府还通过了土地法条例，目的在于强迫地主使用土地或卖掉废置不用的大块土地，从而打破了大地主对土地的垄断。总之，工党政府在财政税收、社会福利、劳资关系和国防建设等方面通过的法案多达100余项，通过社会改革完善了澳大利亚联邦各方面的基本建设。

费希尔的第二次执政历时3年，是工党自成立以来连续执政时间最长的一个时期。但是，工党的执政之路并不平坦，工党政府在这一时期提出的许多政策，尤其是有关国有化的改革措施，引起了国内企业家、银行家和大地主的惶恐。他们纷纷团结在议会反对党的周围，指责工党政府要推行"社会主义"。1913年，库克领导的自由党（原称"联合党"）以一票的优势获得众议院多数，工党下野。1914年7月28日，第一次世界大战爆发，各政党纷纷围绕战争问题展开了一场激烈的角逐。7月31日，费希尔在维多利亚州的战争演讲中声称，工党将领导澳大利亚为帝国的利益战斗到"最后一个人和最后一个先令"。这句斗志昂扬的话鼓舞了人心，9月5日的投票结果表明，工党在议会两院均取得了压倒性胜利，这使费希尔得以带领工党第三次组阁。

上台后的工党将大部分的精力都投入到了战争方面，不仅颁布了一系列战时法规用以维护战时的社会秩序，而且积极筹措战争经费。1915年10月，威廉·莫里斯·休斯（William Morris Hughes）接替费希尔出任联邦总理。休斯上台后不仅为从物质上保证战争的需要而实行了更加严厉的战时经济政策，而且为了支持英国抗战而积极推行去海外作战的征兵制。但是，根据当时的国防法规定，战时征兵只能用于本土防卫，而出国作战仅允许招募志愿人员。因此，工党的征兵政策一出，工党内部反对者甚众，为工党的分裂埋下了隐患。1916年10月，征兵制在公民投票中遭到否决，更是加快了工党分裂的步伐。11月14日，工党决策委员会对休斯政府提出不信任案，休斯率工党13名众议员和11名参议员正式与工党决裂，休斯也因此而成为澳大利亚联邦历史上第一个被执政党开除的在职总理。

工党的力量因工党的分裂而遭到了极大的削弱。尽管如此，工党在1910～1916年期间执政长达5年之久，可谓工党自成立以来的第一个执政黄金期，也象征着工党开始真正在澳大利亚政坛上崭露头角。

(三)困境中的挣扎期(1916～1941年)

1916年工党的分裂，不仅使工党党员人数急剧减少，而且丧失了一些精明且经验丰富的领袖。1920年10月，澳大利亚共产党诞生。工党也在世界无产阶级革命浪潮的推动下开始向左倾斜，并在1921年提出了生产资料社会化的奋斗目标。1928年马修·查尔顿(Matthew Charlton)退休，詹姆斯·亨利·斯卡伦(James Henry Scullin)接任工党领袖。在1929年的联邦大选中，斯卡伦带领工党在大选中取胜，但仅仅执政两年又匆匆下野，究其原因：

第一，工党一上台便遇上了全球性经济危机。1929年秋，始于美国的经济危机迅速蔓延到欧洲，又进一步波及全球。由于物价下跌，国际市场萎缩，澳大利亚羊毛、皮革、小麦、肉类、奶制品和矿产品等传统出口商品的成交量急剧减少，而恰逢此时，联邦政府需要偿还1921～1929年间向英美两国所借的2亿英镑的外债利息，这使本来就空虚的国库更加难以支撑。此外，经济大萧条所带来的产品滞销、失业率增高等连锁反应也使斯卡伦领导的工党政府一筹莫展。

第二，工党政府在政治上也面临着严峻的形势。首先，工党的"左倾"化引起了资产阶级的厉声指责，当时的反对党控制着联邦参议院的多数，处处同工党政府作对。其次，工党自1916年因征兵制问题发生分裂后已长达13年没有执政，包括斯卡伦在内的所有内阁成员都不具备联邦行政经验。最为严重的是，在经济危机面前，工党内部因在经济政策上的意见不合而引发了工党的再次分裂。①

第三，工党政府因没有维护好工人群众的利益而丧失民心。首先，工党采取暴力手段镇压劳工罢工。1929年12月，新南威尔士北部煤矿发生罢工，该州工党政府出动军警开枪镇压，造成流血事件。而斯卡伦工党政府并未出面干涉此事，工党因此而受到工会的厉声谴责。其次，为应对严重的经济危机，工党政府采取了许多牺牲工人阶层利益的措施。比如政府提出把木材工人的工资每周削减3先令，并且把他们的劳动时间从每周44小时延长到48小时。工党的这项措施引起了4个州的木材工人的罢工反对。再次，工党政府期间大幅削减了社

① 以莱昂斯为首的保守派提出应当控制通货膨胀，削减政府开支，并根据物价的变化适当削减工资和各种补贴。以新南威尔士州工党政府总理约翰·兰为首的激进派则认为应当降低国内公债利率，反对削减工资、补贴及各种社会福利。

会福利开支。大萧条时期，澳大利亚的失业率大幅增高，但工党政府几乎没有建立任何失业保险制度；同时，政府还大幅度削减养老金、战争抚恤金等，令大批退休者、退役官兵及军人遗属生活窘迫。

以上原因直接或间接地导致了工党在 1931 年大选中的惨败。从此工党又连续在野 10 年之久。不过，尽管这一时期工党在联邦一级的政治成绩不乐观，但工党在州一级的政治活动中取得了显著的成绩。1915～1929 年，工党在昆士兰州执政。此外，工党在新南威尔士州、塔斯马尼亚州和维多利亚州也组建过政府。工党在新南威尔士州执政期间，不仅提出了扩大实行 44 小时工作周制和增加工人基本工资的措施，而且试图通过产妇基金法案和提高高收入者税收的办法重新分配社会财富。其他各州的工党政府也积极创办国有企业，还通过各项立法，推动社会福利事业的发展。

(四)第二个执政黄金期(1941～1949 年)

1935 年 10 月，约翰·约瑟夫·柯廷(John Joseph Curtin)接替因病辞职的斯卡伦成为工党的新领袖。上台后的柯廷首先加紧了重建工党的步伐。他竭尽全力地调解党内矛盾，并在 1936 年工党议会党团会议召开之时借机化解了党内分歧，有效地促进了工党的和谐统一。另外，柯廷还十分重视加强党的舆论宣传工作。柯廷根据自己多年从事新闻工作的经历，深知一个政党要在政治舞台上立足，其中很重要的一点就是要塑造好党在媒体上的形象，要经常向社会各界宣传党的政策和主张，而不仅仅是在大选前为捞取选票进行突击宣传。为此，柯廷批准设立了一笔特别基金，专门用于工党的政治宣传活动。在柯廷的努力下，工党在 1941 年 10 月举行的联邦大选中胜出，柯廷出任联邦总理。执政期间的柯廷工党政府不仅立法规定各州不课所得税，而且为弥补因通货膨胀而造成的物价上涨、生产下降而采取了相应的福利措施，特别是对妇女、儿童、残疾人、孤寡老人等实行了相当的优惠政策。①

1945 年 7 月 5 日，柯廷病逝，弗朗西斯·迈克尔·福德(Francis Michael Forde)接替柯廷出任澳大利亚联邦第十九任总理，负责领导看守政府。7 月 12 日，工党决策委员会进行工党新领袖的选举，约瑟夫·本尼迪克特·奇夫利(Joseph Benedict Chifley)战胜福德出任联邦总理。

奇夫利工党政府除采取了增加劳动力、优先发展工业等措施大力推行战后

① 在柯廷的主持下，联邦议会通过了《妇女就业法》，随后政府成立了"妇女就业局"，负责妥善解决各类妇女的工作岗位问题。同时，政府还广泛采取发放失业救济、医疗补助、产妇和寡妇津贴、残废抚恤金和儿童基金等办法，并对贫困家庭的优秀子女发放奖学金，使其能够完成大学或专业学校的学习。

经济重建，还大力发展教育和卫生事业，充分解决了就业和各类福利待遇问题①，一时颇得人心。当然，工党作为左翼政党的施政行为也因损害了既得利益者的利益而刺激着反对力量的增长。1945 年 8 月下旬，联邦政府先后通过了《银行法》《联邦银行法》两个旨在控制私人商业银行和国家金融事业的法令，宣布取消管理联邦银行多年的董事会，而使其直接受控于政府财政部。但是，此举引发了国内金融界的不满并最终引发了一场大规模的反抗浪潮。另外，随着“二战”后东西方“冷战”的开始，反对党领袖罗伯特·戈登·孟席斯(Robert Gordon Menzies)借机对人们进行蛊惑性宣传，使许多人误认为工党就是社会主义性质的政党，工党执行的是一条类似共产党的政治路线，这使得人们对工党心怀戒心。在 1949 年 12 月的大选中，自由党—乡村党联盟获胜，奇夫利辞去联邦总理职务，结束了工党自 1941 年以来长达 8 年的执政黄金时代。

第三节　1949 年前澳大利亚工党的主要特点

从澳大利亚工党在“二战”前的发展历程中我们可以发现，澳大利亚工党是在工会运动的支持下，以劳工主义为旗号，并以工人阶级代言人的身份走上政治舞台的。可以说，“二战”前的澳大利亚工党是典型的“劳工党”。另外，囿于时代的局限，“二战”年前的工党无论是在纲领政策还是在组织运行中都充满了浓郁的狭隘色彩。

一、工党具有明确的“社会主义”意识形态

1848 年之后从英国移民到澳大利亚的工人阶级所带来的意识形态不是社会主义，而是工会主义。工会主义又称工联主义，其特点是：“把工人阶级的斗争局限于狭小的经济斗争的范围内，认为工人运动的唯一目标只是在维护资本主义制度的前提下改善工人经济利益，争取增加工资和缩短工时；鼓吹阶级调和，主张同资产阶级合作，采取同资本家协商的手段来改善工人的处境，只同意工会进行争取普选权和劳工立法的运动，反对进行推翻资本主义制度的政治斗争和

① 工党政府于 1945 年 11 月通过法令，成立了“联邦教育办公室”，负责向各州政府及大学拨款，并提出了新的联邦奖学金计划。次年 8 月，政府在堪培拉筹建了著名的“澳大利亚国立大学”，为重点发展澳大利亚的高等教育立下了汗马功劳。政府颁布了《住院补贴法》，推行国民健康计划；政府成立了联邦就业服务机构，为公众寻找工作提供帮助，同时还实行了国民失业及疾病补贴等措施。

暴力革命。"①

在工党成立后直至第一次世界大战爆发，工会主义始终在工党的意识形态中居于主导地位。因为这一时期的工党在工会主义的指导下尚能够为澳大利亚的工人阶级争取到较高的工作条件和生活水平。因此，尽管社会主义思想在当时已经传播到澳大利亚并具有一定的影响力，但那时的工党并不能完全接受社会主义②，或者说，工人阶级所处的优越地位使工党还没有确立再造社会制度的雄心壮志。因此，此时的澳大利亚工党从任何正式意义上来讲都不是社会主义政党。

但是，第一次世界大战后，工党的思想和行为都出现了一定程度的"左倾"。究其原因，不仅是因为第一次世界大战带来的经济萧条和通货膨胀，使工人的失业率增高，工资和生活水平下降，工人希望通过更激进的方式来争取自身的利益，而且还因为1917年十月革命的胜利使社会主义的影响力在世界范围内迅速扩大，在工党内部（尤其是工党左派）对社会主义的呼声迅速高涨。在内外因素的双重作用下，工党开始接受"社会主义"。工党在1921年于墨尔本举行的第九次工党联邦大会上宣布，工党今后的主要目标是实现"工业、生产、分配和交换社会主义化"③，为了实现社会主义，新纲领提出可以使用包括银行国有化、议会斗争等在内的多种方式。

国外学者一般把1921年社会主义纲领的提出视为工党"社会主义"意识形态正式确立的标志。但需要明确的一点是，澳大利亚工党所谓的"社会主义"并不是马克思主义意义上的科学社会主义。因为在澳大利亚工党意识形态变革的时代，正是统一的世界社会主义运动一分为二的时代。1895年恩格斯去世后，第二国际各成员党的思想分歧逐渐趋于对立，后来随着第一次世界大战的爆发，第二国际最终在组织上分道扬镳。列宁领导的俄国社会民主党等左派成员党继承了马克思主义的内核，"抛弃被他们玷污和败坏了的'社会民主党人'这个称号，而恢复共产党这个原先的马克思主义称号"④。而深受伯恩斯坦主义影响的德国社会民主党、法国社会党等中右派成员党则继承了社会民主党、社会民主主

① 郑寅达、费佩君：《澳大利亚史》，华东师范大学出版社1991年版，第140页。

② 在对社会主义的态度方面，昆士兰州是一个例外，主要由于威廉·兰恩在宣传方面的努力，社会主义在这里的影响超过了别的地方。

③ Ross McMullin, *The Light on the Hill: The Australian Labor Party 1891～1991*, Oxford University Press, 1991, p. 126.

④ 《列宁全集》第26卷，人民出版社1988年版，第97页。

义等外壳，纷纷公开走上通过改良而非革命手段实现社会主义的道路。显然，澳大利亚工党属于后者。不过，由于当时西方世界普遍把列宁的科学社会主义思想称为共产主义或集权主义，而把以伯恩斯坦为鼻祖的改良主义思想称为社会主义，因此，澳大利亚工党在1921年之后的相当长的时间里，尽管提出和践行的是民主社会主义思想，但无论是学术界还是工党自身，都把工党的指导思想称为“社会主义”思想，而非“民主社会主义”思想。

另外，与英国工党等西欧社会民主党那样注重理论上的阐述不同，澳大利亚工党从未出版过有关社会主义哲学的官方论著，工党领导人也基本没有深入触及过社会主义理论问题。因此，对于澳大利亚工党在1921年纲领中提出的“社会主义化”的含义是什么、要将“社会主义化”实现至何种程度、采取哪些办法推行“社会主义化”等问题，澳大利亚工党自身并没有一个清晰、系统的理论说明。但这并不代表澳大利亚工党缺乏理论基础，从澳大利亚工党的纲领文件中可以明确的是，在澳大利亚工党看来，马克思主义并不适合澳大利亚的实际国情，因为澳大利亚是拥有民主的国家机器，可以通过国家来采取社会主义措施，所以工党否认马克思的阶级斗争理论，公开提出不要阶级斗争，更不可能实行无产阶级专政，他们只需要利用普选权将社会改革家送进议会，逐步在议会中形成多数，行使统治权。可见，澳大利亚工党所追求的社会主义就是在保留澳大利亚作为资产阶级国家机器的制度和机构的基础上，通过改良主义手段改善澳大利亚在资本主义制度下存在的弊端问题，其实质就是马克思主义语境下的资本主义改良。

尽管澳大利亚工党内部对1921年社会主义纲领的态度是不同的，但社会主义作为工党主导思想的地位还是得到了最终确立。当然，社会主义意识形态的确立并不意味着工党意识形态中工会主义的消失，工党的社会主义意识形态内在地包含着工会运动的利益和诉求。

二、工党的组织体系封闭、保守而涣散

澳大利亚工党独特的建党史决定了工党同工会运动之间的关系，以及工党内部的权力结构都有着鲜明的特征。另外，由于“二战”前的工党组织建设尚不成熟，这使组织机构不健全、权力分配不合理等现象在工党的组织体系中也较为突出。

首先,工党同工会的组织关系极为密切。澳大利亚工党来源于工会运动,是澳大利亚工会联合会为了在政治上获得更多的发言权而建立起来的政治组织,这使工党同工会运动之间有着极其密切的关系。具体体现为:第一,工党党员以工会集体党员为主。虽然工党的党员由参与地方支部的个人党员和组成结盟工会的集体党员两部分构成,但工党所吸收的个人党员的数量极其有限,90%以上的党员是由结盟工会提供的集体党员。[①] 第二,工党内的主要权力基本上被工会官僚垄断。在所有的州内,行业工联构成了工党统治机构中的大多数,这些机构又从全国代表大会和全国执行委员会中选举其大部分成员。[②] 因此,工党的各级权力基本上被工会官僚垄断。1901年在澳大利亚第一届联邦议会中,79%的工党议员是工会官员;在州一级的党组织中,工党与工会尤其是工会理事会的组织关系更加密切。比如,在1963年前,西澳工党州支部就是工会理事会的西澳支部,一人身兼二任的现象在工党和工会内部非常普遍。第三,工党在财政上强烈依赖工会。工会是工党最坚定的支持者和最大的经济资助者,工党的日常运行和大选所需经费在很大比重上都是来源于工会联合理事会的集体捐助。工党成立伊始,工会就设置了专门用于资助工党的政治基金,并通过缴纳集体党费、为工党竞选提供资助和为工党地方党组织提供捐赠等多种方式向工党提供财政上的支持。第四,工会影响工党的政策制定过程。工党政府在制定政策时,往往会事先同工会高层进行协商。1937年工党专门设立了工党咨询委员会用于同工会进行直接沟通,这使得工会的意思能够直接反映到工党所制定的政策中。实际上,工党所主张的设置高关税壁垒、限制有色人种入境、对产业纠纷进行强制仲裁、向工人提供社会福利,以及确立社会主义目标等,都是工会参与工党决策的结果。

其次,工党的权力主要集中在州一级的党组织中。澳大利亚联邦工党成立于澳大利亚联邦之后,工党的党组织结构因此也是高度联邦制的(在地域组织上,工党有六个州党部和两个领地党部,分别对应着澳大利亚的州和大陆领地,各州级党部下辖地方支部)。在20世纪60年代之前,工党的权力主要集中在相对独立的州一级的党组织中。[③] 在组织结构上,工党全国代表大会及其执行委

① 参见中共中央对外联络部《各国社会党手册》编辑委员会编:《各国社会党手册》,人民出版社1992年版,第422页。

② 参见刘丽君、邓子钦、张立中:《澳大利亚文化史稿》,汕头大学出版社1998年版,第149页。

③ 参见沈永兴、张秋生、高国荣:《列国志——澳大利亚》,社会科学文献出版社2010年版,第173页。

员会是最高的权力机构和执行机构。[①] 但直到1967年，全国代表大会只有6个州的党组织各派出的6名代表，一共是36名成员。[②] 而与工党权力在州一级党组织中的集中相对应，是工党中央权威和基层民主的严重不足。可以说，"二战"前的澳大利亚工党既没有一个强有力的党中央对全党进行集中统一领导，基层党员也基本无法参与党内事务。

三、工党的政策主张极具阶级保护主义色彩

澳大利亚在"二战"前以一、二产业为主体的产业结构决定了产业工人在澳大利亚的国民经济发展中起着举足轻重的作用。但是，在资本主义制度下，澳大利亚的产业工人因长期处于资产阶级的压榨和剥削之下而同资产阶级心生对立。就是在这样的阶级斗争形势下，澳大利亚工党作为一个工人阶级政党而成立，并以此为基础在澳大利亚的社会阶级结构中确定了自己的政治身份，即澳大利亚工党就是工人阶级的政治代言人，就是代表工人阶级、为工人阶级谋取利益的政治组织。这使工党不仅受到了广大工人阶级的拥护和追捧，而且在大选中也得到了工人阶级广泛且稳定的支持。可以说，在"二战"前澳大利亚社会阶级结构两级分化比较明显的社会环境下，工党以处于社会底层的工人阶级为依靠力量，工党的社会基础在阶级构成上具有鲜明的一元性。

澳大利亚工党作为代表工人阶级利益的政治组织，其政治理想必须要通过具体政策的落实才能实现。"二战"前的澳大利亚工党以维护工人阶级利益为政策目标，除积极推崇阶级色彩浓厚的福利政策，还接受了工会主义所倡导的三个方面的内容：保护——排斥海外廉价商品；白澳——排斥有色廉价劳工；强制仲裁——保证雇主付给工人公平的工资。[③] 工党的这些政策主张都极具阶级保护主义色彩，都是"二战"前工党维护工人阶级利益的重要手段。

第一，消极性的社会福利政策。社会福利政策是工党社会政策的支柱。在联邦工党成立之前，各殖民区工党就积极地发展社会福利事业。1901年联邦工党成立后，工党便开始充分利用其在联邦和州政府执政的机会积极推行以保护

---

① 参见沈永兴、张秋生、高国荣：《列国志——澳大利亚》，社会科学文献出版社2010年版，第173～174页。

② 参见刘丽君、邓子钦、张立中：《澳大利亚文化史稿》，汕头大学出版社1998年版，第173页。

③ Michael Easson(ed.), *The Foundation of Labor*, Press Australia Limited, 1990, p. 45.

工人阶级利益为取向的社会福利政策。但在1941年柯廷担任联邦总理之前，工党尚无联邦一级的福利法案通过，直到1941～1949年工党执政的八年内，工党才借助持续控制联邦参众两院以及联邦议会对内阁的战时特别授权这两个政治优势成功推行了诸多社会福利措施。总体来看，“二战”前工党的社会福利政策多以发放现金的方式对已经遭遇社会风险的困难群体进行事后救济，保障范围有限，水平也较低，而且这种消极性的社会福利政策意在使澳大利亚的产业工人和社会弱势群体能够从社会救助中直接受益。

第二，封闭性的贸易政策。“在澳大利亚，关税可以起到使土地所有者的财富向工人转移的再分配的作用。土地所有者必须为进口商品支付更多的钱，而那些受保护的产业部门则可以向它们的雇员提供较高的报酬，而且，关税收入可以为社会服务提供经费，这将有利于工人而不利于土地所有者。”[①]因此，工党主张用高关税壁垒来限制进口，以此保护本国工业免遭进口商品的竞争，并在更深层次上用以保证工人阶级充分的就业和高工资。历史上的工党之所以会选择跟关税保护派结成联盟，也正是因为工党认可关税保护派提出的“提高关税以保护本国民族工业发展”的政策主张。这种封闭性的贸易政策正是工党在“二战”前用以维护工人阶级利益的经济手段。

第三，歧视性的移民政策。澳大利亚是个典型的移民国家，其主流文化是由欧洲移民带入的欧洲文化。但是，“二战”前的澳大利亚受白人至上主义、种族保护主义等狭隘思想的影响，而对土著文化、亚洲文化等非主流文化产生了强烈排斥。“白澳”政策（White Australia Policy）就是澳大利亚政府为了阻止有色人种向澳大利亚移民，而在移民准入方面制定的一系列带有排斥性和歧视性的政策。工党不是“白澳”政策的主要制定者，却是最积极的推崇者，因为有色人种的到来首先抢的就是在传统产业从业的白种工人的“饭碗”，为了保护白种工人的利益，工党在第一届联邦工党代表大会上便将“白澳”政策写入党章，并打算在澳大利亚永久保持。

第四，强制性的劳资合作政策。Corporatism，国内学者一般将其译为“合作主义”，是一种寻求阶级合作的经济与社会理论，以求通过调和劳资经济利益、缓和劳资矛盾来达到社会和谐的目的。在工会力量上升、工会在与雇主的谈判中处于有利地位时，工党曾支持通过“自愿仲裁”来解决劳资争端。“自愿仲裁”以

---

① 段锡平、杨微等编著：《走向澳洲市场——澳大利亚经济概览》，上海社会科学院出版社2000年版，第16页。

承认劳资利益一致为前提，并不要求一方迫使另一方寻求仲裁或遵守仲裁结果，但劳资之间的利益毕竟是不同的，当经济条件恶化时，劳资利益的对抗性便暴露出来了。在工人阶级的罢工屡遭失败后，工党便开始试图通过“强制仲裁”这一形式来保障工人阶级利益。在联邦工党成立之年所制定的纲领中，强制仲裁就被列为其中的一项重要内容。1904 年 3 月，工党凭借其在议会中的影响力促使联邦议会通过了《联邦调解与仲裁法案》，以此为基础，联邦政府成立了联邦调解与仲裁委员会。一般来说，当劳资发生争端且无法调和时，就可以把争端提交调解与仲裁委员会，由其对雇主与雇员之间的争端进行调解，当调解无效时，该委员会就会行使强制仲裁的权力。强制仲裁对于工人阶级的好处是，尽管工人与雇主之间的关系不会改变，但至少在罢工时能够避免因经济混乱而减少工人损失，工人阶级的基本利益可以在一定程度上得到保障。

四、工党主要借助人力和报纸开展日常活动

工党作为澳大利亚议会民主制下的选举党，组织竞选在工党的日常活动中占据着极其重要的位置。在工党刚刚成立之时，党员们通过当地支部或工会帮助工党获得选票，并将工人阶级团结起来支持工党，在街头和其他同民众进行会面的场所中，工党培养起了一批坚定追随者并招募起诸多新党员；另外，工党党员也会采取跟朋友、工会会员、工人、教会和其他社会团体成员进行交流的方式帮助工党竞选。[①] 在 19 世纪 90 年代，大量工党成员挨家挨户地去拉选票成为除公共会议、各种形式的广告工党采用的一种新的竞选方法。[②] 甚至到 20 世纪 50 年代，在工党的地方支部墨尔本郊区里士满（Richmond）的竞选手册，中仍然记录着上门游说者对郊区选民的政治倾向的评估。[③]

除了走街串巷的基层动员，报纸在工党的日常活动中也发挥着很大的作用。在 20 世纪 20 年代以前，工人们主要通过报纸这一媒介形式来了解政治动态。但是，除了工党的政治家和他们的支持者所拥有的少数报纸，城市中的日报和小

---

① Tom Bramble, Rick Kuhn, *Labor's Conflict: Big Business, Workers and the Politics of Class*, Cambridge University Press, 2010, p. 31.

② Bede Nairn, *Civilising Capitalism: The Beginning of the Australian Labor Party*, Melbourne University Press, Melbourne, 1989 [1973], pp. 68～69.

③ Tom Bramble, Rick Kuhn, *Labor's Conflict: Big Business, Workers and the Politics of Class*, Cambridge University Press, 2010, p. 78.

城镇中的大部分周报通常都对工党充满敌意，而在这些少数亲工党的报纸中，工会的报纸是最为可靠的，因为这类报纸是无条件倾向于工党的。其中，新南威尔士州工会的《澳大利亚工人报》（*Australian Worker*）和昆士兰州的《工人报》（*Worker*）是影响力最大的劳工报。[①]

布里斯班（Brisbane）工会在 1912 年创办的《标准日报》（*Daily Standard*），是每天出版的都市工人运动报中唯一一个在 19 世纪 90 年代到 20 世纪 30 年代末期广泛发行于澳大利亚的报纸。[②] 但是，亲工党的报纸在 20 世纪 30 年代表现出衰落的趋势。霍巴特（Hobart）地区和阿德莱德（Adelaide）地区的《工党日报》（*Labour Daily*）在 1924 年就已经停版，布里斯班的《标准日报》也于 1936 年破产，影响力比较大的悉尼的《劳工日报》（*Labor Daily*）也在 20 世纪 30 年代停版，日报中除了布罗肯希尔（Broken Hill）的《拜罗真理报》（*Barrier Daily Truth*）和巴瑟斯特（Bathurst）的《国民主张》（*National Advocate*），尚存的那些倾向于工党的出版物随后都改为了周报。[③] 实际上，"二战"前的新南威尔士州劳工委员会、维多利亚州贸易馆理事会和昆士兰州工党均拥有服务于工党的广播电台[④]，但遗憾的是并没有引起工党的重视，工党还是极大地依赖于使用报纸这种保守的大众媒体来报道党的政策和活动。[⑤]

总之，澳大利亚工党以"劳工党"的身份诞生，在"二战"前一直保持着鲜明的左倾政治倾向和传统的生存发展模式，是澳大利亚激进政治的代表。从客观环境来看，"二战"前的澳大利亚尚处于工业社会，公民的民主意识不够强，社会的

---

① Tom Bramble, Rick Kuhn, *Labor's Conflict: Big Business, Workers and the Politics of Class*, Cambridge University Press, 2010, p. 31.

② H. J. Gibney, *Labor in Print: A Guide to the People Who Created a Labor Press in Australia Between 1850 and 1939*, ANU Press, Canberra 1975; Murphy, T. J. Ryan, p. 43.

③ Tom Bramble, Rick Kuhn, *Labor's Conflict: Big Business, Workers and the Politics of Class*, *Cambridge University Press*, 2010, p. 78.

④ Ian Ward, "The Early Use of Radio for Political Communication in Australia and Canda: John Henry Austral, Mr Sage and the Man from Mars," *Australia Journal of Politics and History*, 1999, Vol. 45, No. 3.

⑤ Tom Bramble, Rick Kuhn, *Labor's Conflict: Big Business, Workers and the Politics of Class*, Cambridge University Press, 2010, p. 87.

价值观比较“物质主义”①，媒体业也不够发达，整个社会还充斥着白人至上主义、保护主义、性别歧视等狭隘思想。因此，尽管“二战”前澳大利亚工党所持有的政策理念不够包容，组织体系较为封闭，活动方式也较为传统，但总体来说迎合了“二战”前澳大利亚的整体社会环境。经过半个多世纪的发展，工党受到了广大工人阶级的拥护并逐渐确立了其在澳大利亚的政治地位。

但是“二战”后，基于新科技革命而引发的经济全球化、政治民主化、文化多元化、社会信息化的发展极大地考验着澳大利亚工党的生存能力，并对工党的未来发展提出了新的要求。工党无论是在意识形态、政策理念、组织结构还是活动方式上都面临着诸多新的挑战。工党只有通过变革来改变其传统的生存和发展模式，才能适应新的生存环境。当然，社会环境的变化是一个缓慢而持续的过程。从宏观角度来讲，20 世纪 50～70 年代中期是澳大利亚从工业社会向后工业社会转变的时期；20 世纪 70 年代中期到 90 年代中期，澳大利亚社会经历了经济全球化和新自由主义的洗礼；20 世纪 90 年代中期以来，经济全球化在东西方“冷战”结束后加速发展，并引发了澳大利亚社会一系列的连锁变化。工党在不同的社会环境下会面临不同的生存挑战需要工党通过变革加以应对，也会面临不同的历史课题需要工党通过变革予以解决。简言之，社会环境的不同决定着工党变革的阶段性，也决定着工党在不同阶段变革的特殊性。对此，本书根据工党所处社会环境及工党变革主题的不同，将工党在“二战”后的变革划分为三个历史时期。

① 美国密歇根大学研究员罗纳德·英格尔哈特(Ronald Inglehart)在《静悄悄的革命——西方公众变化中的价值观和政治时尚》中，将传统的强调经济增长和物质需求的价值观称作“物质主义”。与此相对应，英格尔哈特将新流行起来的强调生活质量、个人自由、自我表达等的价值观称作“后物质主义”。(Ronald Inglehart, The Silent Revolution in Europe: Intergenerational Change in Post Industrial Societies, *The American Political Science Review*, 1971, Vol. 65, No. 4)

第三章　澳大利亚工党的第一轮变革（1949～1975年）

20世纪50～70年代中期的澳大利亚社会已经同“二战”前大不一样了，变化了的社会环境对工党的生存和发展提出了严峻挑战，而20世纪50年代工党的分裂更是让其举步维艰，工党在1949～1972年的23年持续在野反映着工党变革的必要性和迫切性，面临巨大上台压力的工党就此开启了“二战”后的变革进程。

第一节　1949～1975年澳大利亚工党的生存环境

20世纪50～70年代中期的澳大利亚已经在经济的稳定发展中开始了从工业社会向后工业社会的转型，因社会转型而引发的产业结构和社会阶级结构的变化必然会使根植于澳大利亚传统经济和社会土壤之中的工党面临许多新的挑战。与此同时，东西方“冷战”的打响也不可避免地使身处左翼行列的澳大利亚工党深受波及。

一、澳大利亚经济稳定发展

第二次世界大战后的50～60年代，澳大利亚经济取得了迅速发展，史称澳大利亚经济发展的“黄金时期”。澳大利亚在这一时期的经济发展可以从以下几组数据中得到反映：以国民生产总值而论，按当年价格计算，1946年为30.06亿澳元，1956年激增至106亿澳元，1966年又增至208.51亿澳元，到1973年进一步猛增至409.83亿澳元；再从增长速度看，按不变价格计算的澳大利亚国民生产总值，其增长率在战后初期1949年至1951年度平均为6.6%，20世纪50年代的前5个年度平均为4.1%，后5个年度平均为4.5%，到了20世纪60年代，前 5 个年度平均为 5.5%，1967～1970 年度又增为 6.0%。①

这一时期澳大利亚经济之所以能够快速发展，首先得益于开放的国际环境。“二战”期间，澳大利亚和英国之间的贸易联系因运输垄断等原因而被削弱，而美国、日本等国家则利用英国在第二次世界大战中力量大减的机会趁机打入并迅速占领了澳大利亚贸易市场。“二战”后，美国、日本同澳大利亚之间的贸易关系持续稳定发展。据统计，在 1950 年度的澳大利亚出口贸易中，英国占 38.5%，美国占 8%，日本占 3.9%，而到了 1971 年度，英国占 11.26%，美国占 11.92%，日本占 27.22%；从进口贸易上来看，“二战”前英国控制了澳大利亚进口贸易的 40%，而在 1967 年度已经降到了 23.77%，而同年美国则占到澳大利亚进口贸易的 25.65%，超过英国成为澳大利亚最大的进口贸易国。② 开放的国际环境为澳大利亚经济的发展打开了更广阔的市场空间，为澳大利亚经济的充分发展创造了有利条件。

其次，这一时期澳大利亚经济的发展还得益于 20 世纪 60 年代中期大批矿藏的发现。长期以来，澳大利亚农牧业发达，在经济上尤其依赖羊毛出口增收，因此，20 世纪 60 时代初期羊毛国际市场价格的长期疲软对澳大利亚经济造成了极为严重的负面影响。但恰逢此时，澳大利亚幸运地发现了大批矿藏，吸引了大批跨国财团和本国企业的踊跃投资勘探，西澳大利亚州和塔斯马尼亚州的铁矿石，昆士兰州、南澳大利亚州和西澳大利亚州的天然气，维多利亚州的石油都陆续被开发出来。大量资金的流入极大地提高了矿业部门的生产能力。据统计，1972～1973 年生产铁矿石约 7500 万吨，生产铝土约 1500 万吨，生产原油 2000 万千升。③ 随着矿产品产量的增加，矿产品的出口也获得了极大增长。据统计，矿产品的出口比重在 20 世纪 60 年代中期还不到 10%，到 60 年代末就增长到 20%。④ 矿产品出口的增加有效缓解了澳大利亚因羊毛出口价格下跌而造成的国际收支不平衡，甚至在 1972～1973 年出现了战后罕见的国际收支巨额盈余。

当然，澳大利亚经济在 20 世纪 50～60 年代的稳定发展还离不开当时在位的自由—乡村联盟党政府所采取的正确的经济发展战略。随着 20 世纪 50 年代“羊毛景气”时代的结束，澳大利亚的对外贸易曾一度因羊毛出口价格的大跌而

---

① 参见南开大学经济研究所世界经济研究室：《澳大利亚经济》，人民出版社 1975 年版，第 14～15 页。

② 参见南开大学经济研究所世界经济研究室：《澳大利亚经济》，人民出版社 1975 年版，第 124、130 页。

③ 参见陈国庆：《战后澳大利亚经济》，天津人民出版社 1984 年版，第 8 页。

④ 参见陈国庆：《战后澳大利亚经济》，天津人民出版社 1984 年版，第 8 页。

出现了严重的贸易逆差,对此联盟党政府果断采取了紧缩财政和货币政策、严格限制进口等正确举措,使澳大利亚顺利躲过了战后第一次经济衰退之劫。此后,联盟党政府又逐渐放松了紧缩财政和货币的政策,使澳大利亚经济步入一个相对稳定的发展时期。与此同时,联盟党政府还采取了诸如减少所得税、增加失业补助金、施行医疗健康计划等改善民生的措施,联盟党也因此而树立起经验丰富、善于管理的政党形象。

联盟党的深得人心使作为联盟党最大竞争对手的工党倍感压力。因为尽管澳大利亚经济在这一时期的稳定增长主要得益于当时国内外特殊的积极因素,但联盟党的自我宣传很容易使民众认为澳大利亚经济的稳步发展就是联盟党执政有方的结果,从而对联盟党的执政能力深信不疑。

二、新中间阶层初步形成

"二战"前,澳大利亚的国民经济以第一、二产业为主体,产业工人中尽管存在技术工人和非技术工人的划分,可蓝领工人始终是工人阶级的主体。但在"二战"后的50~70年代,澳大利亚工业化进程的加速不仅极大地促进了澳大利亚生产力的提高,而且带来了澳大利亚产业结构和就业结构的深刻变化。如表3-1所示,农业在国内生产总值中的比重从50年代的17%降到了70年代初的7%,矿业在国内生产总值中的比重因60年代矿业的景气而从2%微幅增长到4%,制造业在国内生产总值中的比重从28%降为24%,而服务业在国内生产总值中的比重则增幅明显,从50年代的53%上升为70年代初的65%。从总体上看,以农、矿业为主的第一产业和以制造业为主的第二产业不断萎缩,而以服务业为主体的第三产业则不断发展。

表3-1 1950~1972年澳大利亚各产业部门在国民生产总值和就业中的比重变化

(单位:%)

	各部门占国内生产总值比重				各部门占就业总数比重			
	农业	矿业	制造业	服务业	农业	矿业	制造业	服务业
1950~1959	17	2	28	53	13	2	28	57
1960~1961	13	2	29	56	11	1	28	60
1965~1966	10	2	29	59	10	1	28	61
1970~1971	7	3	27	63	8	1	26	65
1971~1972	7	4	24	65	7	1	23	69

资料来源:陈国庆:《战后澳大利亚经济》,天津人民出版社1984年版,第62页。

与产业结构的变化相伴随，在20世纪50～70年代的澳大利亚，第一、二产业从业的蓝领工人越来越少，而在第三产业从业的白领工人则越来越多。如表3-1所示，农业部门的就业比重由50年代的13%逐渐递减到70年代初的7%，矿业部门的就业比重由2%降为1%，制造业的比重也由28%降为23%。相对而言，只有服务业的就业比重呈现出递增趋势，由50年代的57%增长到70年代初的69%。

对于白领工人这一类人群来说，其中有一部分属于“普通的白领工人”，他们虽然以脑力劳动为主，但他们没有多少专业技术，也不担负管理职能，包括店员、办事员和秘书等。但是，另外还有一部分人，他们不仅具有较高的专业技能，而且被赋予了一定的组织生产和管理他人的权力，这一部分人不能算是资产阶级，因为他们不占有生产资料；他们也不能算作工人阶级，因为他们虽然是雇佣劳动者，但同时又是生产过程的监督者，他们虽然也以工资为主要收入来源，但是在经济地位和社会地位上都远超蓝领工人和普通的白领工人。从社会阶级结构上来说，他们是介于资产阶级和传统工人阶级之间的一类人群，因而被称作为“新中间阶层”。

新中间阶层以经理、专业人员、科研人员、中低官员等为主，与传统工人阶级相比，新中间阶层都接受过高等教育或专业培训，都具有一定的专业技术和管理权限，收入水平较高。同时，新中间阶层是一个具有显著异质性的复杂群体，其成员的自身条件、职业性质、受教育程度、劳动方式等差别很大，他们在意识形态取向、政策偏好等政治特征方面也存在明显的差异，很难形成统一的阶级意识和政党认同。他们的阶级意识相对薄弱，对政党的意识形态和政治动员不感兴趣，而是更加热衷于政党的具体政策而非政治纲领。因此，他们在政治选择时往往体现出摇摆不定的特点，有时会因政党的政策、主张不符合自己的心意，甚至会因党的候选人形象不佳而改投他党，或者干脆弃票了事。他们不愿意加入结构严密、政治目的强、无法突出自己个性的政党组织，而是倾向于通过更新颖、更直接的方式参与政治。就算加入了政党，他们也由于自我意识较强、不迷信权威和领导人而不愿意被动地接受命令，他们更倾向于能够在党内进行平等讨论和直接对话。

在工业社会后期的澳大利亚，新中间阶层已开始悄然膨胀，而且其实际力量要比理论上划定的要大得多。因为在现实生活中，“传统白领工人”和“新中间阶层”之间有的相互流动，有的交叉重叠，一些“普通白领工人”自认为属于“中产阶级”，在生活方式、消费习惯甚至政治态度上都有意识地缩小与中间阶层的差距。

表 3-2 所示的就是在 20 世纪 60 年代，澳大利亚政治学家艾特肯（Aitken）对澳大利亚的手工阶层和非手工阶层进行的调查，结果显示，其中有 55％的人把自己看作中间阶层，只有 45％的人把自己看作工人阶层。这说明，澳大利亚的工人阶级已经开始严重分化，传统工人阶级表现出衰落趋势，而新中间阶层开始发展壮大起来。

表 3-2　对阶级的自我认同、职业背景与政党的选择倾向（以百分比计）

<table>
<tr><th colspan="2"></th><th>总计</th><th>自由-乡村党</th><th>工党</th><th>民主工党</th></tr>
<tr><td rowspan="2">非手工阶层（Non-Manual）把自己看作</td><td>中间阶层</td><td>34</td><td>73</td><td>24</td><td>3</td></tr>
<tr><td>工人阶层</td><td>12</td><td>52</td><td>44</td><td>4</td></tr>
<tr><td rowspan="2">手工阶层（Manual）把自己看作</td><td>中间阶层</td><td>21</td><td>56</td><td>42</td><td>2</td></tr>
<tr><td>工人阶层</td><td>33</td><td>26</td><td>70</td><td>4</td></tr>
</table>

资料来源：Dean Jaensch, *The Australian Party System*, George Allen & Unwin, 1983, p. 93.

新中间阶层的初步形成给工党带来了严峻挑战，因为在成立的最初 50 年里，工党以澳大利亚下层劳动群众为阶级基础，蓝领工人及其工会组织是工党最主要的依靠力量。但是到了工业社会后期，传统工人阶级中有一部分人成长为白领工人。工作环境和生活条件的改善使他们的价值观随之发生改变，在政党选择中也不再固守传统的理念。如表 3-2 所示的调查结果显示，在澳大利亚的手工阶层和非手工阶层中，把自己看作中间阶层的非手工阶层有 73％的人倾向于选择自由党，只有 24％的人倾向于选择工党；非手工阶层中把自己看作工人阶级的人有 52％的人倾向于选择自由党，只有 44％的人倾向于选择工党。虽然手工阶层中把自己看作工人阶级的人中有 70％都选择了工党，但手工阶层中把自己视为中间阶层的人中有 56％倾向于选择自由党。综合起来说，倾向于选择自由党的工人阶级占据了多数。这说明，新中间阶层的初步形成已经导致了工党阶级基础的衰落以及工党支持力量的下降。

三、反社会主义运动高涨

苏联曾在“二战”中与英、美等西方资本主义国家共同组成了“国际和平阵线”,为世界反法西斯战争的胜利做出了巨大贡献。但 1946 年东西方“冷战”序幕的拉开,意味着社会主义和资本主义两大阵营回归对抗状态,两大意识形态或两种社会制度之间的矛盾和冲突重新抬头,再次上升为国际政治的核心问题。随着东西方“冷战”形势的愈演愈烈,反社会主义运动在西方资本主义国家广泛兴起。“冷战”以来欧美各国主流舆论对社会主义的声讨也波及地处亚太地区“冷战”前沿的澳大利亚。

澳大利亚和苏联两国相距遥远,彼此之间又无直接的利害冲突,鉴于苏联在“二战”中的英勇表现,两国甚至在“二战”中后期建立了正式的外交关系。① 但是,作为一个具有西方文化价值观念的英联邦国家,澳大利亚的外交行为必然受制于“冷战”后出现的新的国际政治环境。“冷战”期间各国关注的焦点问题就是国家安全,由于“二战”后的澳大利亚仍然依赖于西方大国的保护,而“求助于外部的方针势必使自己卷入冷战”②,因此,澳大利亚对“冷战思想”的接受完全是受美国对外战略的影响。

东西方“冷战”爆发之后,以自由党、乡村党为主的反对派不仅抓紧时机从舆论上炮轰苏联和社会主义,而且在 1949 年执政之后迅速将澳大利亚拉入了以美国为首的西方反社会主义阵营当中。1950 年,以美国为主的联合国军干涉朝鲜战争,打响了将“冷战”从欧洲向亚洲扩展的第一炮,澳大利亚为了缔结与美国的政治同盟关系而跟随美国加入了朝鲜战争。1962 年,澳大利亚再次追随美国卷入越南战争,成为美国在“冷战”战场上最可靠的盟友之一。

除了在国际政治中极力表明自身的反社会主义政治立场,自由党还极力将“冷战思维”运用到澳大利亚国内政治中,发表各种反社会主义演说,组织各种群众集会,矛头直指以工党为首的澳大利亚左翼社会主义运动。在反社会主义运动的剧烈冲击下,工党、共产党的“社会主义”政党性质在 20 世纪五六十年代的澳大利亚已经成为众矢之的,如何在反社会主义浪潮下求得生存成为摆在工党面前的一大难题。

第二节　澳大利亚工党因分裂而陷入生存危机

20 世纪 50～70 年代的澳大利亚工党,其处境可谓是内忧外患,因为除了要

---

① 1943 年,澳大利亚工党政府与苏联建交,也正因为如此,澳大利亚在“二战”后并没有马上接受“冷战”战略。

② [美]伊芙琳·科尔伯特:《倾向西方的区域性合作》,《亚太地区的现状与前景》,时事出版社 1987 年版,第 106 页。

应对因生存环境变化而带来的生存挑战，50年代的工党内部因在共产主义态度上的不一致而发生了分裂，工党的力量受到极大削弱，工党也因此面临着巨大的生存危机。

一、1955年工党的分裂

工党内部一直有激进的左派和温和的右派两个派系之分，两大派系之下又有诸多分派系，长期以来两派矛盾斗争不断，曾经在1916年因在第一次世界大战中的强制征兵问题上产生严重分歧而导致了工党的分裂，之后又在1931年因在制定应对经济大萧条的政策问题上观点无法调和而再次导致工党分裂，但是1955年左、右派之间因在共产主义态度上的不一致而发生的分裂可谓澳大利亚工党有史以来最严重的一次。

澳大利亚共产党成立于1920年，其最初成员绝大多数并不是布尔什维主义者而是民主主义者，这便使工党于1923年允许澳共成员加入工党成为可能，澳大利亚工党也因此成为世界上第一个接纳共产党的工党。但好景不长，随着社会主义工人国际与共产国际之间关系的恶化，澳大利亚工党内的反共势力抬头。1922年澳共领袖杰克·加登（Jack Garden）在共产国际代表大会上所作的关于"共产主义在澳大利亚的影响"的报告使工党在大选时倍受攻击，两党关系恶化。此外，澳共在工会运动中影响力的扩大也使工党党内右派感受到威胁，因为澳共的强势存在必然会导致与工党结盟工会数量的减少，长期来看这必将严重损害工党的利益。20世纪30年代以来，随着经济大萧条以及第二次世界大战的到来，澳共领导工人们为改善生活条件多次进行了大罢工，从而在工人中的政治影响力进一步扩大，澳共的力量也一度有了较大的发展。澳共在20世纪40～50年代的政治活动引起了工党内反共势力的警觉和反击。

1946年工党内部开始形成一个旨在排共、反共的"工业集团"，工党领袖齐夫利对该集团活动的默许助长了其力量的扩张，并在20世纪50年代初发展成为工党内部的一个重要派别。但是，"工业集团"的反共策略在对工党重新夺回之前被共产党控制的部分工会联合会的控制权有所帮助的同时，也逐渐成为威胁工党内部团结的重要因素。"工业集团"所持的比右翼政党还要极端的反共立场使工党内部的自由民主派和左派越来越无法忍受，工党内部容共与反共势力之间的矛盾愈发激烈，双方对权力的争夺之战开始升级。而时任工党领袖的H.

V. 伊瓦特(H. V. Evatt)对“解散共产党事件”①和“彼得罗夫案件”②的介入使工党内部针对如何处理与澳共关系问题的争论空前激化。伊瓦特被党内右派指责为“工党的耻辱”,而以伊瓦特和副领袖阿瑟·卡尔韦尔(Arthur Calwell)为代表的中派和左派则指责右派集团背叛了工党传统。争论的激化直接导致了工党在1955年的分裂:1955年,禁止“产业集团”活动的决议在工党代表会议上得到批准;随后,新南威尔士州、维多利亚州和昆士兰州的“工业集团”成员和右派分子相继被各州工党开除。被开除的右派分子随即成立了各自的政党——1955年4月在维多利亚州成立了“反共工党”,1956年在新南威尔士州成立了“民主工党”,1957年在昆士兰州成立了“昆士兰工党”。1957年,“反共工党”和“民主工党”合并成“民主工党”并迅速在各州建立支部。

二、1949～1972年工党23年在野

工党在1955年的分裂不仅是工党内部缺乏凝聚力的表现,也是工党内部矛盾调节机制缺失的表现。同时,工党的此次分裂也说明了工党已经难以承受因社会环境的变化和政治的右倾化发展而带来的巨大压力。分裂带给工党的打击是巨大的,其直接后果就是工党在20世纪五六十年代的长期在野。

从工党分裂出来的民主工党将联盟党视为政治盟友,将反对工党和共产主义视为最大的目标。尽管在大选中民主工党的力量并不强大,但是,民主工党的出现对工党产生了极大的影响,因为在1918年以来的澳大利亚联邦大选中,对众议院议席的计票采取的是“偏好投票制”(Preferential Voting,简称PV),具体规则是:选民可根据自己的意愿,按其对该选区所有候选人的选择先后次序,在诸如图3-1所示的选票上以注明1、2、3……的方式进行投票,计票时按候选人的得票次序进行统计,某一候选人至少要得到该选区选票总数的50%+1(即票数过半)才能当选,如果在以第一提名顺序计票时无人获半数以上选票,那么得票最少的候选人就会被淘汰出局,但提名该出局者的选票将用于第二轮优先选择投票,即查看这些选票上所标识的第二候选人,第二候选人的选票数加上其在前

---

① 1951年,总理罗伯特·孟席斯为了打击澳共,提出了《解散共产党法案》,工党在时任领袖、前联合国大会主席H. V. 伊瓦特的领导下对如此践踏民主权利的宪法修正案予以坚决反对,最后该修正案在全民公决中被否决。

② 1954年大选前,伊瓦特政府为了争取选票,在大选前宣布苏联驻澳大利亚使馆的三等秘书甫拉基米尔·彼得罗夫自己承认是间谍,并向澳大利亚情报局寻求政治避难。虽然该事件只是孟席斯政府在联邦选举前蓄意安排的一个阴谋,但伊瓦特为保全工党声誉而对此阴谋的揭露使工党陷入了被动的境地。

一轮的选票数即为其在第二轮计票时所获得的选票数，如果此时仍无候选人获半数以上选票，则按上述方法继续进行计票，直至产生出票数过半数以上的候选人为止。

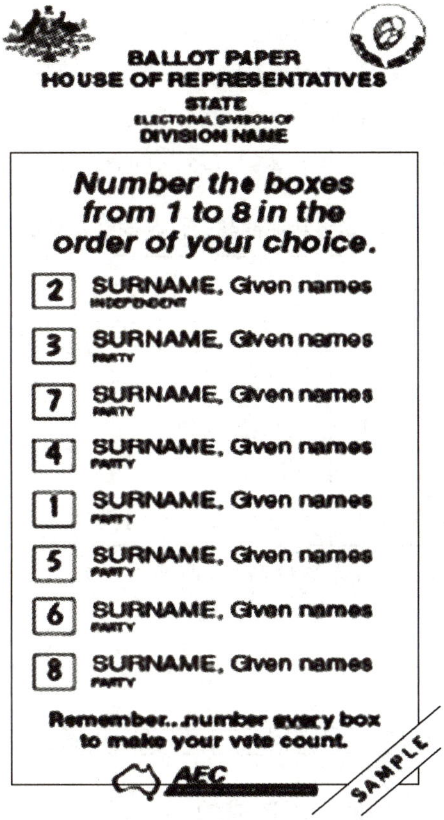

图 3-1　澳大利亚众议院选票样本①

比如，假设在一次有 100 个选民参加投票的选举中，3 个党的候选人竞选 1 个众议席，工党、国家党和民主工党候选人的第一提名票数分别为 47、38、15，那么，民主工党的候选人便在第一轮中被淘汰；然后再就民主工党所获得的 15 张选票查看第二替代人，如果工党候选人在其中为 2 票，国家党为 13 票，那么，工党和国家党的候选人所获选票数分别为 49 和 51，结果便是国家党的候选人当选。

在这种投票机制下，民主工党对工党的影响就非常明显地体现出来了。因

① 资料来源：澳大利亚选举委员会网站 http://www.aec.gov.au/Voting/How_to_vote/how_to_vote.htm，访问时间：2015 年 3 月 6 日。

为作为工党的反对党，民主工党的主要任务就是阻止工党在联邦和州大选中获胜，所以在大选中民主工党总是号召其支持者将第二优选票投给自由—乡村联盟党。据澳大利亚学者麦克瑞思估计，1958～1969年民主工党第二优先票中的81.5%都给了联盟党，只有18.5%给了工党。[①] 这意味着大批的原工党支持者已经由民主工党从工党转向了联盟党，工党的支持基础因此被极大削弱。如表3-3所示，在1949年奇夫利政府因受国有化问题[②]、镇压煤矿工人罢工问题[③]等事件的影响而下台后，工党在1949～1969年间的历次联邦大选中所获得的众议院议席数均未过半，直到1972年重新上台，其间在野长达23年。

表3-3　1949～1972年澳大利亚联邦众议院选举各党所得议席数统计表

党	年份									
	1949	1951	1954	1955	1958	1961	1963	1966	1969	1972
工党	47	52	57	47	45	60	50	41	59	67
联盟党	74	69	64	75	77	62	72	82	66	58
其他	0	0	0	0	0	0	0	1	0	0
总数	121	121	121	122	122	122	122	124	125	125

资料来源：澳大利亚政治和选举数据库（西澳大学），http://elections.uwa.edu.au/electionsearch.lasso，访问时间：2015年3月6日。

第三节　以加强党的团结为主题的澳大利亚工党变革

工党的长期在野是由多种原因造成的，但因分裂而导致的工党力量的下降无疑是其中最直接的原因。左右派之争围绕如何处理同共产党的关系而展开，其实质是在工党维持传统还是向右倾斜之间产生了矛盾。20世纪50～70年代澳大利亚社会环境的变化和政治的右倾化发展使工党不断反思，并认识到了客

---

① 参见Jaensch, Dean. *The Australian Party System*. George Allen & Unwin, 1983. p.40.

② 澳大利亚工党于1941年上台执政后，在两院均占优势的情况下开始推行国有化政策，先后对民航业、海外通讯业、煤炭工业等实行国有化，但工党对银行的国有化改革受到了私人银行和反对党的强烈反对并掀起了声势浩大的反国有化运动，这直接导致了工党在1949年大选中的失败。

③ 第一次世界大战带来了工人生活水平的大幅下降，劳资纠纷事件因此激增。仅1916～1917年，参与罢工的总人数就达到77万人，损失工作日达628万个之多。特别是在1917年发生的铁路工人大罢工已表现出发展为总罢工的势头。为了解决危机，工党政府决定镇压罢工。工人斗争的失败引起了产业工人对工党的不满，反对党也趁机大造舆论，将工党描绘为"共产主义的老虎"。来自左右两方面的攻击致使工党在1917年大选中遭到惨败。

观环境的变化已经使工党传统的政治模式失去了发展空间。工党长期在野所带来的巨大压力迫使工党不得不开始审视自身所存在的诸多问题，如何加强党的团结以凝聚党的力量成为工党在20世纪50～70年代最迫切需要解决的头等大事。

一、通过确立民主社会主义意识形态调解思想分歧

在工党内部，左右派之间对于“社会主义”目标的分歧因工党在1949年12月的下台而受到激化，党内右派对社会主义目标表现出更加强烈的反对态度。与此同时，澳大利亚的社会阶级结构在工业社会后期的变化也使工党逐渐意识到，要争取更多选民的支持，工党必须要照顾那些与工党的社会主义目标追求并不一致的中间阶层选民的利益，在意识形态上必须对传统的社会主义色彩进行淡化。

1950年之时，奇夫利就曾在演讲中指出：“我们的对手正在利用工党纲领中的社会化条款制造恐怖气氛。”[①]要求对工党的社会化纲领进行修改，试图割断工党与传统社会主义的联系。在1957年工党全国代表大会上，工党确立了一个新目标，即“工业、生产、分配和交换的民主社会主义化”[②]。工党强调：民主社会主义化是为了老百姓的利益而利用国家的经济财富，而人则比他所使用的机器或他在其中生活的环境更伟大；科学和技术的进展应该为多数人的利益服务而不应成为少数人的专有权；社会所有制或社会管理的目的是充分就业、增加生产、提高生活水平和社会安全；工党企图通过民主社会主义来实现：(1)社会公平和经济安全；(2)言论、教育、机会、组织和宗教自由；(3)保护人的个性发展，使其不遭受国家任意侵犯的权利；(4)自由选举，成年人普遍有平等和秘密的投票权；由多数派组织政府，但须承认少数派权利；(5)法律的统治是大家的权利。[③]

在具体的实践中，工党在意识形态上后退最显著的体现就是工党对“国有化经济纲领”的调整。“二战”前工党社会主义意识形态的核心就是1921年工党“社会化”纲领的实践形式——国有化。如果说1921年工党党章中将“社会化”当作党的目标的规定还只是出于少数精英人物的观念，那么在后来的历史进程中，把社会主义和国有化必然地联系在一起的观念则大大普及了，从而使社会主义与国有化的关系被建构成为工党社会主义意识形态的主流。

---

① A. W. Stargardt (ed), *Things Worth Fighting For: Speeches by Joseph Benedict Chifley*, Melbourne, 1952, p. 71.

② P. Loveday, *Labor and Democratic Socialism*, Sydney, 1980, p. 25.

③ 参见《各国社会党重要文件汇编》，世界知识出版社1959年版，第492～493页。

其实,工党的国有化纲领是党内右派力量和左派力量斗争下的折中结果,是被局限在一个相对狭小的经济领域内的。正如时任工党联邦书记的杰克·施梅拉所说的那样:“自从采取了社会化的目标以来,党的历史已很清楚地证明了工党并不主张全面的社会化,也不否认,而且从未否认过,土地或生产手段的私人所有的权利,甚至要求,只要这种所有权不是用来反对社会利益的。”①但即使如此,工党的国有化纲领还是遭到了危机。究其原因,是因为同具有深厚社会民主主义传统的欧洲国家相比,澳大利亚民众对国有化的接受程度本身就相对较低,他们对国有化的承受力是以不触及自身利益、不危及现有基本经济制度为限度的,当他们主观上认为工党的国有化做法超出了他们的心理接受程度的时候,便会以各种方式来表达不满。

20 世纪 40 年代国有化纲领推行的失败②使工党认识到,尽管国有化本身并不是社会主义的代名词,但国有化作为社会主义最主要的实现形式,在东西方“冷战”愈演愈烈及保守党的蛊惑性宣传所引发的全社会恐慌下,传统国有化计划的继续推行已失去了现实可能性。

在 1951 年的第十九次工党联邦会议上,工党对 1921 年所确立的国有化经济纲领进行了重新审视,并在原纲领的后面加上了一个说明:“澳工党主张社会主义,即工业、生产手段、分配和交换的社会管理,这种社会主义化或社会管理必须根据党纲所订的行动纲领、措施及进步的改革方案做到消灭剥削和消灭其他工业、生产、分配和交换方面的反社会主义的现象。”③这表明工党已经在国有化问题上有所后退。1957 年“民主社会主义”纲领的通过则意味着工党对国有化态度更加消极。在之后的 20 世纪 60 年代,尽管工党仍然认为其“并不是想将全部工业和服务事业国有化,而只是将那些其国有化将最有益于整个社会的工业

---

① 参见《各国社会党重要文件汇编》,世界知识出版社 1959 年版,第 413 页。

② 工党政府的国有化计划是在“二战”结束后才真正开始实施的。20 世纪 40 年代,工党政府在战后经济重建过程中,从建立国有企业、推行工业国有化入手展开了历史上最大规模的国有化实践。其主要举措有:建立码头装卸工业董事会以指导该工业的生产经营活动,组建国有铝业铸模公司。1946 年联邦议会通过了关于煤炭工业国有化的条例,并建立了煤炭联营委员会,负责控制煤炭业,规定联邦有权参与指导煤矿的开采生产和撤裁有关产业部门。同年,政府还实现了海外电信国有化,接管了对外无线电通信、海底电缆以及沿海地区对外电台的所有权和经营管理权。1947 年,政府购买了昆塔斯航空公司(Qantas)的全部股份,新开辟了通往香港和日本的航线,使国际民航也为联邦政府所控制。1947 年 10 月,随着将私人银行国有化的法令在联邦议会通过,工党的国有化达到了高潮。但是,在大银行家的厉声反对以及保守主义政党的强烈指责和蛊惑宣传下,澳大利亚国内掀起了反国有化浪潮。1948 年,联邦法院借口银行国有化法令违反了宪法第 92 条中关于联邦内部自由贸易的规定,判其无效,奇夫利政府上诉被驳回。至此,工党政府的银行国有化彻底失败,工党政府的国有化计划也因此遭受重创。

③ 参见《各国社会党重要文件汇编》,世界知识出版社 1959 年版,第 486 页。

和服务事业国有化"[①]。但是,工党已经没有像 20 世纪 40 年代那样把大把的精力投入到国有化问题上了。

可见,工党传统的以国有化为核心内容的社会主义意识形态在 20 世纪 50～60 年代已经开始发生转变。工党从字面上将"社会主义"改为"民主社会主义"表明了工党对社会主义意识形态的有意淡化,但同时也表明工党还没有完全放弃通过对资本主义进行渐进改良来实现社会主义制度的可行性。

二、通过组织内部权力的再分配平衡党内政治力量

工党组织体系的变革以平衡党内力量为宗旨,是从 1967 年爱德华·高夫·惠特拉姆(Gough Whitlam)担任工党领袖之后开始的,但是,惠特拉姆所推行的组织变革因损害了党内传统既得利益者的利益而在 1968 年的工党党团会议上颇受争议。在此情况下,惠特拉姆宣布辞职,并要求重新选举党领袖,在随后的党首选举中,惠特拉姆以 38∶32 的票选成绩击败对手继续担任工党领袖。[②] 尽管此时党内部分成员和组织仍然反对组织改革,但这并没有动摇惠特拉姆继续推行组织改革的坚定决心。在 1969 年的工党全国代表大会上,惠特拉姆凭借其在党内的巨大影响力而在会议上通过了 61 项对工党组织的各方面进行改革的决议。[③] 惠特拉姆所推行的工党组织体系改革,具体来说包括以下方面。

(一)调整同工会的组织关系

同工会保持密切的组织关系是工党历史决定下的必然选择,也是工党巩固阶级基础的必然选择。但是,工党同工会保持如此密切的联系也有其固有的弊端。因为工会身份的二重性带有不可调和的矛盾,工会对内是工党的集体党员和权力主导者,对外是一个有自己的政策主张和组织机构的独立组织。但是工会与工党的功能和目标是不同的,工党作为一个政党,必须要从全局出发,综合考虑经济和社会发展的各个方面;而工会作为代表工人阶级的政治社团,只会考虑工人的实际利益。当工会的目标与工党的目标相冲突时,工会优先考虑的会是自己的目标,甚至不惜采用激烈对抗的态度和行为来反对工党的政策。因此,在传统工人阶级衰落的趋势下,工党为扩大社会基础而试图对自身的意识形态和政策主张做出的有利于大选的实用主义调整,在工会严格控制工党的关系状态下是难以实现的。在此情况下,20 世纪 60 年代的工党开始着手疏远同工会

---

① 参见《各国社会党重要文件汇编》第 2 辑,世界知识出版社 1962 年版,第 414 页。

② Ross McMullin, *The Light on the Hill: The Australian Labor Party 1891～1991*, Oxford University Press, 1991, pp. 316～322.

③ 参见 http://zh.wikipedia.org/zh/爱德华·高夫·惠特兰,访问时间:2015 年 3 月 21 日。

的组织关系，具体做法为：第一，不再仅仅依靠工会集体党员充实党员队伍，试图通过大力发展个人党员来壮大党的队伍，一方面鼓励工人以独立党员身份加入工党；另一方面重视从社会上吸收包括女性、土著人、年轻人在内的个人党员。第二，通过改组州工党支部，削弱工会对工党州支部的控制，加强联邦工党对地方支部的垂直控制。[①] 第三，工党政府在制定新的政策前，很少或不再事先征求工会理事会的意见，工党全国咨询委员会被长期闲置；第四，开始广开门路筹集政治资金，或通过举办晚宴、参加活动等方式直接募集，或通过中介的方式间接筹集，借此减小对工会的财政依赖。

（二）加强工党中央的权威

20世纪60年代以前，工党的议会领袖没有资格参加党的全国代表大会，而且大会采取秘密举行的方式。1963年，时任总理的罗伯特·孟席斯（Robert Menzies）戏称全国代表大会由“36位无面人”（6个州的党组织各派出的6名代表）构成。当时有一张照片非常著名，照片的内容是时任反对党领袖的卡尔韦尔和他的副手惠特拉姆站在黑暗的堪培拉酒店外站等待着全国会议关于在西北角建立美军基地的决定。[②] 1967年，惠特拉姆上任工党领袖后，其在参加西澳大利亚州的州代表大会时指出：世界上其他国家的社会主义政党都有一个强有力的中央党组织，但是我们党的联邦机构只有一个全国秘书处加两个排字工人的小组。[③]

工党中央权威的不足对工党凝聚力的发挥是极为不利的，而且极易造成党组织的分裂。从历史上看，尽管工党自建立以来所经历的三次大的党内分裂都有着不同的特殊原因，但最根本的原因是一致的——工党因中央权威的不足而无法对整个党进行集中协调和统一领导。

为了解决工党州支部权力过大而党中央权威不足的问题，惠特拉姆接任工党领袖伊始便开始着手将权力向党中央进行转移。惠特拉姆的具体做法是：将工党执行委员会的人数从之前的12人扩大到了17人，其中增加了4个联邦议会党团的领袖和1个北领地的工党代表；将联邦工党代表大会的人数从之前的36人增加到了47人，其中增加4个联邦议会党团的领袖、1个北领地的工党代表，还有其他州的工党代表，另外还特别要求参加联邦工党代表大会的每个州的

① 参见韩隽：《澳大利亚工党研究》，新疆大学出版社2003年版，第298页。

② 参见 Whitlam, Birthday Boy, Proposes Major ALP Reforms. http://australianpolitics.com/2002/07/11/whitlam-proposes-major-alp-reforms.html，访问时间：2015年3月21日。

③ Ross McMullin, *The Light on the Hill: The Australian Labor Party 1891-1991*, Oxford University Press, 1991, p. 316.

州代表中必须包括各个州的工党议会领袖。[①] 如此一来，工党在参众两院的领袖、副领袖便成为工党执行委员会和全国代表大会的当然成员，各州工党在州众议院的领袖也成为工党全国代表大会的当然成员。工党全国代表大会和执行委员会的权力因此而得到一定程度的增强。

另外，为了加强中央权威，惠特拉姆在干预维多利亚州等州支部的改组时还建立起按比例的权力分享机制。[②] 此举有效地削弱了党内左派力量对工党各州支部的控制，为工党在党中央的集中统一领导下的集体“右转”创造了组织条件。

三、通过重构阶级保护主义政策协调利益矛盾

“二战”前工党的经济和社会政策以保护工人阶级的特殊利益为宗旨，但工党极具阶级保护色彩的政策主张不仅受到了党内右派的极力反对，而且在工业社会后期工人阶级衰落的社会环境下已经成为工党发展道路上的绊脚石。对此，工党反思了其传统的政策主张，并在此基础上对自身的经济和社会政策进行了调整。

（一）在福利国家理论指导下的福利政策调整

福利国家理论始创于“二战”后经济重建时期的西欧，并于 20 世纪 60～70 年代获得了全面发展。以凯恩斯为代表的福利国家理论的支持者认为：经济的发展以及由此所导致的社会分工的深化和社会资源分配的不平等，使越来越多的人陷入了失业、贫苦的困境。对此，国家必须承担起为人们提供救助和保障的职责，减少直至消除社会中的不公正现象，为人们的生活提供最基本的社会保障，提高人们的生活水平。

福利国家理论对惠特拉姆领导的工党产生了极强的吸引力。惠特拉姆在 1972 年发表的政策演讲中指出：“我们的纲领有三个目的：提高生活质量；使澳大利亚民众能够参与到国家决策的过程中来；释放澳大利亚民众的才能并提高他们的水平。”[③]这预示着工党将会在社会福利政策上有积极而重大的转变。

1972 年工党上台之后的所有执政举措中，社会福利建设是被优先考虑的。惠特拉姆工党政府福利建设的基本内容包括：第一，扩大了社会福利保障的受益

---

① 惠特拉姆改革联邦工党代表大会代表构成的具体行为参见 Ross McMullin, *The Light on the Hill: The Australian Labor Party 1891-1991*, Oxford University Press, 1991, p. 318.

② Whitlam, Birthday Boy, Proposes Major ALP Reforms. http://australianpolitics.com/2002/07/11/whitlam-proposes-major-alp-reforms.html，访问时间：2015 年 3 月 22 日。

③ It's Time: Gough Whitlam's 1972 Election Policy Speech. http://australianpolitics.com/1972/11/13/whitlam-1972-election-policy-speech.html，访问时间：2015 年 3 月 22 日。

人群。为了使社会各阶层的人都能从工党发起的改革运动中受益，工党政府实施了一项“全民健康计划”，广泛建立社区康复中心和各级地方医院，推行新的健康保险和免费医疗，并为父母不全的家庭和单身成年人建立社会福利基金，同时将空前规模的社会福利措施惠及广大土著居民。[①] 第二，提高了福利金的发放额度。惠特拉姆在1972年的政策演讲中宣布将提高各种福利金的额度，直到其能占到周工资收入的25%。1972年9月这个比例仅占19.5%，但到1975年12月这个比例就已经提高到了24.4%。[②] 第三，增加了非货币性的社会福利服务。除了传统上的现金补助，惠特拉姆政府还尤为注重提供社会服务。比如，为了给照顾老年人提供条件，惠特拉姆政府特别强调住宿制住房的建设；又比如，政府免费向退伍军人及战俘提供医疗和住院服务，免费为所有被截肢者安装假肢，等等。

可见，工党在福利国家理论的指导下所制定的社会福利政策不仅在一定程度上克服了传统社会福利政策所采取的“事后补救”这种消极方式，而且还增大了社会保障的力度和广度，淡化了传统社会福利政策以劳工阶级为利益保障目标的狭隘色彩。

（二）削减关税积极迎接国际市场的竞争

“二战”前的工党曾试图通过设置进口贸易关税壁垒的方式保护澳大利亚的制造业免受外来竞争的威胁，以此保证本国工人阶级的充分就业。如果说，在“二战”前国际分工与贸易基本上是以独立的民族国家为主导的社会环境下，工党这一保护工人阶级的方式尚具有一定可行性的话，那么工党所主张的封闭的对外贸易政策在经济全球化盛行的时代已经没有了生存的土壤。对此，工党开始向以削减关税为主要标志的开放的贸易政策理念的转变。

“惠特拉姆认为，以关税保护来帮助第一产业生产者和制造商们的政策是澳大利亚经济的一个最大负担。同时他认为，以补贴和奖励的方法保护本国产业比采用关税、进口配额和退税等方式更好，因为前者的成本更明确。如果采用后者的话，这些方式必须符合有关夕阳产业条款的规定，即只有关税能帮助受益人时，这种利益才会扩大。”[③]在具体的实践中，惠特拉姆工党政府将所有进口货物的关税降低了25%，与此同时，针对削减关税可能会影响到一些产业的雇员及厂商的利益这一问题，工党政府采取了包括进口配额、补助金、补贴、奖励金以及

---

① 参见李沙：《澳大利亚历届总理小传》，新华出版社1992年版，第297页。

② Gough Whitlam, *The Whitlam Government 1972-1975*, Melbourne, 1985, p. 353.

③ 段锡平、杨微等编著：《走向澳洲市场——澳大利亚经济概览》，上海社会科学院出版社2000年版，第16～17页。

退税等多种办法,以保护相关产业免受外来竞争的威胁。[①]

可见,20世纪70年代的工党已经不再固守封闭的贸易政策,工党向开放贸易政策的转向是工党弱化阶级保护主义的又一重要举措,是经济全球化时代条件下的必由之路。

(三)放弃"白澳"政策

"二战"前的工党为了保护白种工人的生存资源免受有色人种的争夺,不仅主张将有色人种拒之于澳大利亚的大门之外,而且在工党执政下所制定的权利法案中,也将居住在澳大利亚的土著居民、亚洲人、非洲任何太平洋岛屿上生活的黑人均排除在主流社会之外。但是,随着"二战"后人类平等意识的日渐增强,种族主义不仅成为澳大利亚同他国交往的主要障碍,也成为澳大利亚民权运动声讨的主要对象。在这样的大环境下,工党所积极推崇的"白澳"政策也逐渐成为其沉重的政治包袱。

实际上,在"二战"后种族主义意识趋于淡化的时代下,工党内部的"白澳"根基也早已发生了动摇。在1949年大选失利后,工党内的一些开明人士就提出,工党所推行的种族歧视政策是同工党的"社会主义政党"性质相违背的,主张废除工党所一直推崇的"白澳"政策。1959年,在工党联邦代表大会上,西澳大利亚支部的代表提出了一项旨在修改党纲的动议,建议以"限制性移民政策"来取代"白澳"政策这一带有强烈种族歧视色彩的提法,并建议删除涉及"白澳"政策的相关条款。但遗憾的是,该动议在传统派的反对下遭到了否决。1965年,工党成立了一个专门委员会对1959年动议进行了重新评估,评估的结果是工党内部达成了一个具有妥协性的办法,即"白澳"的提法可以从工党纲领中删除,但必须要附加上相关条件[②],最终报告提交当年的工党代表大会并获得全票通过,这标志着工党废除"白澳"政策的努力已初见成效。

工党"白澳"立场的真正变化是在1967年惠特拉姆当选为工党领袖之后。在1971年6月举行的第二十九届年会上,工党通过了制定非歧视性移民政策的决议。1972年12月,惠特拉姆领导工党上台执政,随后声明工党政府的新移民政策是"全球一致,无人种、肤色或国籍之歧视"[③],并颁布了新移民法——《澳大

① 参见段锡平、杨微等编著:《走向澳洲市场——澳大利亚经济概览》,上海社会科学院出版社2000年版,第16～17页。

② 报告添加了以下内容:"由于坚信人口的增加对澳大利亚的发展至关重要,澳大利亚工党赞成和坚持一种积极的开放性的移民计划,并本着同情、理解和宽容的原则去实施这一计划。该政策的前提是:(a)澳大利亚国家和经济的安全;(b)福利及全体公民的平等;(c)维护民主体制以及国家的平稳发展;(d)同时,避免因生活水平、传统和文化不同的各种人的涌入而造成难以解决的社会和经济问题。"

③ 杨洪贵:《澳大利亚多元文化主义研究》,西南交通大学出版社2007年版,第70页。

利亚公民法》。《澳大利亚公民法》的主要内容是:"居民可以以家庭团聚为由,申请直系亲属优先入澳,他们可以获得旅费资助;居民的旁系亲属依据其经济能力、健康状况等,经批准方可入澳;居民可担保其远亲和友人入澳;所有移民,无论属何种族,在澳大利亚居住满 3 年,即可申请入籍。"[①]

在具体的实践中,工党政府还采取了一些促进有色移民在澳大利亚定居的措施。例如简化非欧洲移民的签证手续并向其提供一定的资助;宣布所有移民享有同等的权利,取消英国移民在澳享有的特权;修改《外国人法案》,删除了其中对外国人进行监督的歧视性规定;引入了《移民(教育)法案》,加强了对非欧洲移民的语言培训并对实施移民儿童教育计划的学校提供扶持,等等。

另外,在对待土著人方面,工党政府承认土著人有权保留自身的种族特征和生活方式,承认土著文化同白人文化的同等价值并对土著文化进行保护;为土著人提供融入社会的平等机会并逐步实现土著人的民族自决权;建立了土著人法律援助机构和土著人咨询委员会;增加了在土著人事务方面的开支,等等。

1975 年,在工党的主持下,《反对种族歧视法》(Racial Discrimination Act, 1975)颁布,该法将"种族""肤色""血统"和"国籍"等方面的歧视视为非法行为。[②] 这表明在澳大利亚施行 70 余年之久的"白澳"政策已被工党政府正式废除,也表明工党已不再以阻止外来"有色"人口为手段来为澳大利亚的工人阶级换取更多的工作岗位和更高的工资。

(四)确立了工人工资的指数化调整制度

"二战"前的工党为了促使仲裁机关做出有利于工会运动的裁决而确立了强制性的工资仲裁体系。但实际上这种工资仲裁体系是特殊时代下的产物,不可能在经济全球化时代下长期存续,因为这种工资仲裁制度的存在要基于一个前提条件,那就是澳大利亚的经济要始终处于一种不受外界干扰的稳步发展状态,而且这种状态要同劳动生产率和经济效率的提升之间不存在必然的相关性。如果说这一前提条件在 20 世纪 50～60 年代的澳大利亚经济繁荣时代还具有存在的可能性的话,那么到了 20 世纪 70 年代这种可能性已一去不复返,因为进入 20 世纪 70 年代之后,世界性经济危机的到来使澳大利亚国内通货膨胀急剧加快,而强制仲裁这种不与生产效率和物价水平相挂钩的仲裁制度也因此遭到了右派保守势力和工商业界的强烈反对,他们认为这种刚性的仲裁制度是不科学的,是不利于澳大利亚生产力发展的。在这种情况下,于 1972 年上台的工党政

① 杨洪贵:《澳大利亚多元文化主义研究》,西南交通大学出版社 2007 年版,第 70 页。

② Racial Discrimination Act 1975. http://www.comlaw.gov.au/Details/C2014C00014,访问时间:2015 年 4 月 1 日。

府不得不调整传统的工资仲裁标准，提出了指数工资系统（The System of Indexing Wage），即按生活消费指数来确定工资标准的新办法。1975 年，工党领导下的调解与仲裁委员会实行了一种有条件的工资指数化制度，对工薪进行定期的调整以弥补消费价格指数的上升。[①]

惠特拉姆时期的工党政府尽管对于工人工资的强制仲裁原则未做根本性调整，但是，工会要求增加工资的要求在指数工资系统下已经无法得到轻易满足这一点是肯定的。这说明工党在通过强制仲裁保护工人利益方面的作用同“二战”前相比已经被大大弱化。

总之，从工党在 20 世纪 50～70 年代中期的社会政策变革中可以看出，尽管这一时期的工党已经开始摆脱“二战”前极具封闭性、狭隘性的政策理念，但同时也说明了这一时期的工党已经在调和左右派利益矛盾的过程中弱化了对传统工人阶级的政策保护。

四、通过调整同澳大利亚共产党的关系宣示政治立场

工党同共产党均属于澳大利亚的左翼政党，因此在澳共建立后的一段时期内两党有着密切的联合。但是，工党同澳共毕竟属于两种性质完全不同的政党，随着国际上社会主义工人国际的建立及其与共产国际关系的恶化，两党关系的裂痕也便越来越深。而 1955 年工党针对澳共问题而引发的分裂更是让工党同澳共的关系雪上加霜，即使工党党内的极端反共力量已经被清除，但保留下来的工党也并没有因此而同澳共有所接近，而是在变革中同澳共越走越远。工党同澳共的关系之所以会有如此格局，原因有三：

第一，澳共早在 1951 年修订后的纲领中指出，澳大利亚的问题只有依靠一种新的政策和纲领才能解决，即建立社会主义公有制，为绝大多数人建立政治上和经济上的真正民主，而工党的政策和活动同自由党如出一辙，只不过是自由党的一个左翼。[②] 1957 年工党民主社会主义意识形态的确立更是加重了工党同澳共之间的矛盾。从两党性质上来讲，工党和共产党毕竟属于性质不同的两类政党，尤其是 20 世纪 50 年代以来工党的右倾化变革已经使工党和澳共之间不可能在一些基本的政治观点上达成共识，工党也很难再与澳共开展任何形式的合作。

第二，20 世纪 60 年代以来，澳共在对外战略上选择的是向苏联一边倒的方

---

① 参见殷汝祥：《澳大利亚研究文集》，天津人民出版社 2000 年版，第 120 页。

② 参见郑寅达、费佩君：《澳大利亚史》，华东师范大学出版社 1991 年版，第 250 页。

针，而澳共在长期追随苏联的过程中所犯的教条主义错误使工党认识到，澳共就是苏联在澳大利亚的代言人，其僵硬的思维模式同澳大利亚劳工运动的精神是格格不入的，也同工党的政治追求是截然不同的。可见，从工党的角度上来讲，澳共过于僵化、顽固和激进，不会根据澳大利亚自身的实际解决问题，这就增大了工党同澳共之间的政治分歧。

第三，由于受到当时整个资本主义世界中反苏反共浪潮的冲击，澳共的力量和影响遭到不断削弱。1956 年，波兰"波兹南事件"和匈牙利"十月事件"的爆发极大地影响了澳共内部的稳定，澳共组织成员的数量因大量党员的退出而明显减少，到 1958 年，澳共党员人数降至 5850 人①；进入 20 世纪 60 年代之后，围绕国际共产主义运动中出现的问题，澳共内部因争斗不断，发生了多次分裂，澳共力量进一步下降。至此，澳共的力量已经不足以对工党构成任何威胁，而且澳共对于工党也已经没有太大的利用价值，工党也便没有必要再与澳共建立联系。

第四节　澳大利亚工党第一轮变革评析

20 世纪 50～70 年代中期的变革是工党自成立以来所开展的最大程度和规模的变革。总体来说，历经变革的澳大利亚工党不仅顺应了时代的发展将开放、包容等时代精神注入党的政治理念和组织肌体中，追赶上时代前进的步伐；而且有效地克服了因客观环境变化和党内分裂而带来的选举失利，终于在阔别政坛 23 年之后重登执政宝座。但工党在协调各变革要素时出现的问题也暴露出其变革能力的不成熟。主、客观环境的改变迫使工党在变革中部分放弃了传统上作为左翼政党的价值理念，但此时工党作为民主社会主义政党的政党性质还没有完全转变。

一、工党的执政党地位得以复归

澳大利亚工党在 20 世纪 50～70 年代中期围绕加强党的团结而展开的变革使其在党内左右派的调和下重新走上了新的发展道路，其中最直接的表现就是工党在 1972 年 12 月、1974 年 5 月的两次联邦大选中均取得胜利，到 1975 年 12 月联邦大选失败之前，工党共获得 3 年执政时间。

① 参见郑寅达、费佩君：《澳大利亚史》，华东师范大学出版社 1991 年版，第 250～251 页。

表 3-4　1972～1975 年澳大利亚联邦众议院选举各党所得议席数统计表

党	年份		
	1972	1974	1975
工党	67	66	36
联盟党	58	61	91
其他	0	0	0
总数	125	127	127

资料来源：澳大利亚政治和选举数据库（西澳大学），http://elections. uwa. edu. au/electionsearch. lasso，访问时间：2015 年 4 月 7 日。

在 1969 年的联邦大选中，惠特拉姆提出，工党一旦上台将首先大幅度削减军费开支，把巨额款项用在教育领域的投入和社会福利的扩大方面。① 惠特拉姆在大选中的出色表现吸引了全国各地选民的支持。1969 联邦大选的结果是：工党一举从自由—国家联盟党手中夺得了 17 个众议院议席，创下了“二战”后 26 年来联邦大选的最好成绩。② 在 1972 年 12 月的联邦大选中，工党继续在惠特拉姆的率领下提出了以反越战和进行全面的社会改革为核心内容的竞选纲领，此次大选的成绩是，工党获得了 125 个众议席中的 67 席，联盟党获得了 58 席，工党以超出 9 席的绝对优势击败了在“二战”后连续执政 23 年之久的联盟党成为执政党，惠特拉姆上任联邦总理。在 1974 年 5 月的联邦大选中，工党在惠特拉姆的带领下成功获得连任，获得了 127 个众议席中的 66 席。到 1975 年 11 月下台时为止，工党共在位 3 年。

总体来看，工党已经凭借不懈努力克服了党内分裂带来的消极影响而重新走上了团结一致的发展道路。20 世纪 50～70 年代中期工党的三年执政彰显着工党在这一时期的变革成效，意味着工党终于化解了困扰其二十余年的难题，实现了在澳大利亚的政坛回归。

二、工党没有协调好各变革要素之间的关系

各变革要素之间的相互促进、协调发展是政党变革实现有效性的基本保证。其中，工党组织作为工党变革行为的实体依托而处于支撑工党整体性变革的地位，组织自身的因循守旧，只会导致整个工党的故步自封，从而使工党无法在真

① 参见李沙：《澳大利亚历届总理小传》，新华出版社 1992 年版，第 292 页。

② 工党、自由—国家联盟党在 1966 年、1969 年联邦众议院选举中所获的议席数详见表 3-3。

正意义上将变革工作开展起来，也很难在变革中取得实质性成效。但遗憾的是工党没有及时意识到这一点。工党自 1949 年底开始在野，1955 年发生分裂，之后工党便将变革的重心放到了调整党的纲领政策上，而工党的组织变革问题在 20 世纪 50～60 年代被长期搁置，没有引起工党领导人的重视。直到 1967 年惠特拉姆担任工党领袖之后才意识到工党组织问题的严重性并开始着手工党的组织变革。

因此，20 世纪 50～60 年代的工党在变革中存在的一个严重问题是：尽管自 20 世纪 50 年代伊始工党就开始了党的纲领政策的调整，但事实上一个在组织上落后的党是无法将变革工作统一起来的，没有完善的党组织做保障，工党对纲领政策的调整也会面临重重困难；尤其是对于工党的分裂问题，本身就是工党组织的问题，不可能脱离工党的组织变革而予以解决。因此，工党在协调各变革要素上的不力决定了工党的困境不可能在短时间内得到克服，这也是工党的变革没能在短时间内取得显著效果的主要原因。

三、工党仍然具有民主社会主义政党的特征

20 世纪 50 年代至 70 年代中期，在经济利益和物质财富分配方式的吸引力下降、民众因东西方“冷战”而对社会主义产生畏惧等诸多压力下，工党为寻求自身的立足点而在变革中部分地放弃了对国有化的坚持，但工党仍然选择以凯恩斯主义为指导来制定社会福利政策，以满足传统社会主义再分配和社会公正的目标。可以说，尽管这一时期的工党在变革中表现出一定程度的右倾，但其并没有忘记身为资本主义改良党的政治使命。在澳大利亚作为资本主义社会的本性还没被彻底激发出来的情况下，工党尚对自身改良澳大利亚社会的能力抱有充足的信心，其在变革中所主张和采取的社会福利政策不仅改善了中下层民众的生活水平，而且缓和了澳大利亚社会的基本矛盾，这些都是工党坚持其改良主义道路的成果。可见，这一时期的澳大利亚工党并没有真正摆脱阶级政治的框架，社会主义承诺仍然制约着工党的行为选择，工党所具备的民主社会主义政党的特征仍比较鲜明。

从政治生态学的角度来看，澳大利亚工党之所以在这一时期仍然能够保有民主社会主义政党的诸多特征，是因为这一时期的工党尚具有彰显其作为民主社会主义政党的社会条件。一方面，尽管新中间阶层在这一时期正在崛起，传统工人阶级正在衰落，但在以农牧业、矿业为支柱产业的澳大利亚，传统工人阶级的社会地位很难在短时间内受到撼动，其仍然是支持工党的最基本的社会力量，这说明工党尚具有作为民主社会主义政党的阶级基础。在这样的社会阶级结构

条件下，工党为争取新中间阶层的支持肯定要迎合这一新生社会群体的价值观和利益需求，但也不会因此过分忽视其对工人阶级的代表性。另一方面，这一时期的澳大利亚正处于战后经济繁荣期，坚实的经济基础为工党在凯恩斯主义指导下建设以扩张性经济政策为支撑的福利国家提供了政治空间。工党在福利国家建设中奉行平均主义理念，受益最大的就是以工人阶级为主要构成的社会弱势群体，工党也因此举体现了自身性质，彰显了其作为民主社会主义政党的一个象征。

从整体来看，尽管这一时期工党作为民主社会主义政党的性质还没有发生根本性的改变，但工党已经在调和左右派矛盾的过程中明显淡化了自身的阶级特征。而从原因上考究，工党以“右转”为主旋律的变革之所以能够达成，有两个关键因素在其中发挥了重要作用：

一是党内左派表现出明显的妥协。工党的此轮变革以安抚党内右派为导向，所采取的种种变革举措直指工党左派的传统激进主张，而工党的变革之所以能够平稳有序进行，也同左派的妥协让步不无关系。当然，左派的妥协并不是出于主观上的自愿，而是工会运动衰落的客观现实迫使左派不得不做出某些退让。随着工业社会向后工业社会转型的加快，传统产业走向衰落，蓝领工人的人数逐年减少，而白领工人加入工会的热情并不高，这便直接导致了工会会员数量的逐年减少。客观环境的变化使左派认识到其必须要通过自身的去激进化，才能使工党在传统工人阶级之外找到新的支持者。因此可以说，是党内左派的妥协成就了工党的此轮变革，工党变革的顺利推进在很大程度上是党内左派做出让步的结果。

二是以惠特拉姆为首的领导集团对变革的积极推动。工党的此轮变革历时二十余年，但实际上，包括班·奇夫利（1949～1951年）、H. V. 伊瓦特（1951～1960年）、亚瑟·卡尔维尔（1960～1967年）在内的几任工党领导人在没有认清党内外形势的情况下，均对工党的变革持谨慎态度，在工党变革问题上均没有表现出应有的果敢和决心。直到1967年，富有大胆创新和勇于变革精神的惠特拉姆担任领袖之后，工党的变革才有了实质性的进展。因此，工党在此轮变革中所取得的成效离不开以惠特拉姆为首的工党领导集团对变革必要性的认识以及对变革有效性的把握，惠特拉姆无疑是推动工党此轮变革的核心人物。

第四章　澳大利亚工党的第二轮变革（1975～1996 年）

澳大利亚社会环境在 20 世纪 70 年代中期到 90 年代中期的继续变化进一步考验着工党的生存能力。1975 年惠特拉姆工党政府因经济管理能力不足而在联邦大选中的失败，给刚刚经历过 23 年在野困境的工党再次敲响了警钟。为了避免长期在野的历史重演，工党在吸取以往变革经验教训的基础上加大了对自身的变革力度。

第一节　1975～1996 年澳大利亚工党的生存环境

社会环境的变化是一个缓慢而持续的过程，如果说工业社会后期社会环境的变化已经开始使工党在传统中迷失，那么经济危机和后工业社会的到来则进一步挑战着工党的传统发展模式。

一、20 世纪 50～60 年代的经济繁荣期结束

澳大利亚的经济曾在 20 世纪 50～60 年代取得了迅速发展，但是 1974～1975 年的澳大利亚遭遇了“二战”后直至 70 年代最严重的经济危机，在之后的 1975～1983 年自由—国家联盟党执政的 7 年间，澳大利亚经济因世界经济萎靡不振、世界市场初级产品的价格持续走低、澳元本身的币值定得过高等原因而难以走出颓势。如表 4-1 所示，澳大利亚经济在 7 年间的实际年平均增长率仅为 2.2%，年平均失业率却高达 5.8%，年平均通货膨胀率也高达 10.4%。

从客观上来讲，澳大利亚在这一时期出现的经济滞胀既不是由某个临时性的经济政策所导致的，也不是靠哪个政党能够解决的，而是资本主义矛盾发展的必然结果。因此，尽管在 1975 年 11 月重新执政的自由—国家联盟党为控制通货膨胀而采取了紧缩财政支出、实行紧缩的货币政策、鼓励私人投资、控制工资增长、强化进口限制政策、鼓励发展低成本和面向出口的制造业等多种措施，但

还是没能使澳大利亚的经济滞胀问题得到解决。

表 4-1　1976～1983 年澳大利亚的经济增长、失业率和通货膨胀率　（单位：%）

年度	项目		
	实际经济增长率	失业率	通货膨胀率
1976～1977	2.9	4.7	13.8
1977～1978	1.0	5.7	9.5
1978～1979	5.6	6.2	8.2
1979～1980	2.1	5.9	10.2
1980～1981	3.5	5.9	9.4
1981～1982	2.3	5.6	10.4
1982～1983	−1.7	6.7	11.5
平均值	2.2	5.8	10.4

资料来源：黄梅波、魏嵩寿、谢琪：《澳大利亚经济》，经济科学出版社 2011 年版，第 29 页。

从澳大利亚经济自身来看，其在这一时期所出现的滞胀问题也是“二战”后几十年长期积累下来的结果。历届联邦政府都习惯性地以设置高关税壁垒的形式对澳大利亚经济进行保护，以使本国商品在同海外商品竞争时获益。但在经济全球化发展的大环境下，长期受保护的澳大利亚经济却在国际市场竞争面前变得脆弱。与此同时，在凯恩斯主义经济理论的指导下，澳大利亚历届联邦政府还习惯性地采取扩张性的经济政策，使联邦政府的财政长期处于高支出状态，高支出累积成高赤字，在财政收入长期无法弥合的状态下，经济滞胀必然会出现。

澳大利亚国家经济的发展和在国际上经济竞争力的提高均要求执政党必须要有足够强的经济管理能力，而对于善于“花钱”的工党而言，如何“赚钱”已经成为工党亟须解决的一大问题。

二、社会阶级呈现出“橄榄形”结构

新科技革命的深入发展助推着澳大利亚后工业社会的到来。后工业社会是知识经济的时代，知识经济的发展使科技和知识取代土地、资本和劳动力而成为澳大利亚的第一生产力，在此基础上，澳大利亚传统产业进一步萎缩，而以服务业为主导的第三产业则成为澳大利亚国民经济的最大部门。如表 4-2 所示，澳大利亚的服务业占澳大利亚国民经济的比重在 1977～1978 年已高达68.6%，十年后则升至 74.8%，再五年后继续升高到 76%。

表 4-2　不同时期各产业部门占澳大利亚国民经济的比重　(单位：%)

年度	项目			
	农业	矿业	制造业	服务业
1977～1978	4.8	4.5	22.1	68.6
1989～1990	3.0	7.0	15.2	74.8
1995～1996	2.9	7.9	13.3	76.0

数据来源：澳大利亚国家统计局网站：http://www.abs.gov.au/，访问时间：2015 年 4 月 16 日。

与后工业时代澳大利亚产业部门的调整相伴随，澳大利亚以蓝领从业者为主的传统工人阶级进一步萎缩，而以白领从业者为主的新中间阶层却以雨后春笋般的崛起速度迅速挤占了澳大利亚的从业者市场，成为澳大利亚劳动者人口中数量最多的一类人群。如表 4-3 所示，贾尼恩・巴克斯特(Janeen Baxter)等人根据埃里克・瑞特(Erick Wright)的阶级结构模式对澳大利亚的劳动人口数量及其比例进行了计算。从表中可以看出，在 20 世纪 90 年代初，澳大利亚的新中间阶层大体由两部分人群构成：一部分是包括专家经理、专家监工和不参加管理的专家在内的专家，其在澳大利亚劳动人口中所占的比例分别为 11%、6%、2%和 3%；另一部分是有技术的经理、有技术的监工、无技术的经理和无技术的监工，其在澳大利亚劳动人口中所占的比例分别为 10%、6%、7%和 8%。加总后可以得出，澳大利亚的新中间阶层在 20 世纪 90 年代初已经占到澳大利亚劳动人口的 44%。庞大的新中间阶层的出现，使得在当代澳大利亚社会中，位于金字塔顶端的超级富豪和身处底层的贫困者都成为社会成员中的少数。澳大利亚的社会阶级不再是工人阶级和资产阶级分化明显的“哑铃形”结构，而是呈现出“两头小，中间大”的“橄榄形”结构，澳大利亚社会越来越趋向于“中间阶层化”。

表 4-3　澳大利亚的劳动人口结构图

生产资料所有者（owners）	不拥有生产资料者（雇佣劳动者）（Non-owners/wage-labours）		
大资本家（bourgeoisie）1%	专家经理（expert managers）6%	有技术的经理（skilled managers）10%	无技术的经理（unskilled managers）7%
小资本家（small employers）4%	专家监工（expert supervisors）2%	有技术的监工（skilled supervisors）6%	无技术的监工（unskilled supervisors）8%
小资产阶级（petit bourgeoisie）9%	不参加管理的专家（expert non-managers）3%	有技术的工人（skilled workers）12%	无技术的工人（proletarians）32%

注：本表中的劳动人口排除了失业者和家庭妇女等，指的是有薪金的人。

资料来源：Janeen Baxter，M. Emmison and J. Western，*Class Analysis and Contemporary Australia*，South Melbourne：Macmillan Co. of Australia，1991，p. 67.

澳大利亚社会阶级结构向“中间阶层化”的深化发展给工党带来的一个无法逃避的事实就是：传统工人阶级的支持已远远无法满足工党在大选中的实际需要。在此情况下，能否在对中间阶层的争夺战中赢得胜利已经成为关乎工党前途命运的决定性问题。

三、后物质主义价值观开始流行

价值观念作为一种意识形态是在一定的社会基础上产生的，是社会经济基础的反映，必然会随着社会经济基础的变化而相应地发生改变。在西方资本主义国家进入后工业社会之后，长期的经济发展和物质财富积累使人们的生活水平得到了极大的提高，经济状况的改变引发了人们价值观层面的连锁反应，人们开始从注重物质满足向重视精神满足转变，具体体现为人们逐渐对与生存相关的经济利益和物质财富再分配问题不再感兴趣，开始更多地关注生态环境、教育、健康、自由这些与生活质量相关的问题。而这些与物质利益不相干的价值观被罗纳德·英格尔哈特（Ronald Inglehart）称为“后物质主义价值观”（post-materialism）。

英格尔哈特基于对马斯洛需求层次理论（Maslow's hierarchy of needs）的运用，认为一个国家公民的需求层次结构是同这个国家的经济水平、工业化程度以及人均受教育水平直接相关的。在经济欠发达的国家，生理上的需求和经济上的安全还没有得到满足，因此很少有较高层次的需求。而在西方经济发达国家，在经历过“二战”后持续的工业发展和经济繁荣之后，年轻一代的基本物质需求已经得到了充分的满足，因此开始追求更高层次的需求。针对这一现象，英格尔哈特认为后工业时代的西方国家正在发生着一场影响深远的价值观代际转型。[①]

基于这样的认识，英格尔哈特在 20 世纪 80 年代对以欧盟成员国为代表的西方国家进行了世界价值观念的调查。如表 4-4 所示，英格尔哈特在世界价值观念的调查中设计了三组问题，每组问题包括 4 项价值观指数，其中，每组的 4 项指标中有 2 项代表的是物质主义的价值目标，2 项代表后物质主义的价值目标。英格尔哈特要求世界各国受访者从每组 4 项指标中选出最重要的和第二重要的两项，最后对收集上来的结果进行编码分析，以此来衡量世界各国民众对于不同价值目标的优先考虑。1988 年，英格尔哈特按照这一方法对澳大利亚进行的调查结果是：27％的澳大利亚人是“纯粹的”物质主义者，13％的澳大利亚人是“纯粹的”非物质主义者，其余 61％的人一般会在问题的四个选项中选择一项物质主义指标和一项后物质主义指标，是兼具物质主义价值观和后物质主义价值观的一类人群。[②] 这说明，虽然持有极端后物质主义价值观的人在澳大利亚只占少数，但大部分澳大利亚人已经具备了后物质主义价值观，后物质主义价值观在 20 世纪 80 年代的澳大利亚已经非常流行。

从政治特征上来讲，后物质主义价值观同物质主义价值观相比，其最大的不同就是“去阶级化”。在后工业时代，澳大利亚选民的价值观向后物质主义的转变，实际就是从传统上关注阶级冲突以及与之相关的经济利益和物质财富分配的“旧政治”价值观向与阶级利益无关的“新政治”价值观进行的转变，他们对社会的认识以及所关注的政治议题都不再受阶级意识形态的束缚，后物质主义价值观重新支配着人们的思维方式和行为模式，阶级身份在投票行为中的作用力越来越小，阶级意识和阶级归属感逐渐消失。这便意味着以工党、自由党为代表的澳大利亚传统左右翼政党所持有的带有强烈意识形态色彩的政治理念已经不合时宜，如何在变化了的社会价值观中重新树立起自身的意识形态并提高自身的社会动员能力是 20 世纪八九十年代的澳大利亚工党、自由党共同面临的重大难题。

---

① 参见[美]罗纳德·英格尔哈特：《发达工业社会的文化转型》，社会科学文献出版社 2013 年版，第 15 页。

② Clive Bean, Elim Papadakis, “Polarized Priorities or Elexible Alternatives? Dimensionality in Inglehart' s Materialism-Postmateriallism Scale,” *International Journal of Public Opinion Research*, 1994, Vol. 6, No. 3.

表 4-4　英格尔哈特在世界价值观念调查中的三组问题

问题	选项
第一组问题： 近日，很多人都在讨论这个国家未来十年的目标。本卡中列举了不同人会定为首选的一些目标。请选出您认为最重要的一项。	1. 保持高经济增长率
	2. 确保这个国家有强大的国防力量
	3. 人们在他们的工作和社区事务中有更多的发言权
	4. 努力使我们的城市和乡村更加美丽
第二组问题： 在卡中所列各项中，您认为哪一项是您最想要的？	1. 维持国家秩序
	2. 在政府重要决策中给予人民更多的发言权
	3. 抑制物价上涨
	4. 保护言论自由*
第三组问题： 在下列选项中，您认为哪一项最重要？	1. 保持经济稳定
	2. 建设更有人情味、更人性化的社会*
	3. 打击犯罪
	4. 建设理想高于金钱的社会*

注：加 * 的为后物质主义价值目标。

资料来源：[美]罗纳德·英格尔哈特：《发达工业社会的文化转型》，社会科学文献出版社 2013 年版，第 137 页。

四、以绿党为代表的新兴政党在“选举市场”中异军突起

20 世纪 70 年代以来，肇始于西欧并迅速风靡整个资本主义世界的绿色运动波及澳大利亚，并迅速成为澳大利亚影响最大、参加人数最多的一类社会运动。澳大利亚的绿色运动主要是基于人类对环境问题的关注而产生，并由一些特殊人群、绿色压力集团、绿党等构成和推进的一种新社会运动，其对资本主义的批判以及在环境、和平、民主、社会发展模式等诸多问题上的新主张吸引了社会各阶层选民尤其是来自新中间阶层的积极分子的参加。

绿色运动的崛起，已经在一定程度上动摇了澳大利亚传统的政治分野和政党认同。早在 20 世纪 70 年代初，塔斯马尼亚州成立的塔斯马尼亚统一组织就参加了竞选。20 世纪 80 年代初，关于是否修建塔斯马尼亚弗兰克林大坝而引

发的全国性争论，推动了绿色运动的迅猛发展，各种各样的绿色环保组织和动物保护组织如雨后春笋般建立起来并逐渐地加入了澳大利亚大选的行列。建立于1984年的澳大利亚核裁军党(Nuclear Disarmament Party of Australia)在成立当年的大选中就获得了50万张选票和1个参议席。[①]

到了20世纪80年代中后期，越来越多来自绿党和生态组织的独立候选人参与到联邦和州大选中。在1989年5月举行的塔斯马尼亚州大选中，来自当地环保组织的5位独立候选人全部当选为州众议员，不仅开创了绿色组织代表入选州或联邦众议院的先例，而且成为左右众议院力量平衡的第三支政治力量；“冷战”结束后，绿色政治力量在数量、规模和政治参与程度上进一步发展，在1990年的联邦大选中，以绿党名义报名参加竞选的政党有10个，在1993年的联邦大选中有16个，1996年为15个。[②] 1990年的联邦众议员选举，在竞争148个众议席的782名候选人中，登记为工党、自由党、国家党等传统政党的候选人的仅为328人。[③]

可以说，传统左右翼政党对新的社会议题的重视不足为绿党等新兴政党留下了广阔的生存和发展余地，使得以绿党为代表的新兴政党迅速崛起并逐渐挤占了自由党、工党两大主流政党的生存空间，这也预示着两大政党必将会为争取新社会运动以及新兴政党的合作和支持而展开激烈的竞争。

五、电视媒体成为主要信息传播平台

早在20世纪20年代，澳大利亚就开始其电视发射装置的试验，1934年5月，在昆士兰州的布里斯班建起了一座较为正规的实验性电视发送装置，但由于随后澳大利亚卷入第二次世界大战，电视业的发展因此跌宕了好多年。1953年，澳大利亚的电视体制由国家垄断转向市场自由竞争，电视业的发展速度加快。1956年9月悉尼的TCN9频道开播，开始播放比较正规的电视节目。之后，电视网从悉尼、墨尔本扩大到了其他州的首府，并逐渐延伸到了堪培拉及其他城镇。

到了20世纪80～90年代，随着电子技术和通信技术在后工业时代的迅猛发展，电视的媒体之王地位也便在澳大利亚得到了确立。到1986年，拥有电视

---

① 简·梅尔泽等原工党著名人士的加入，以及核裁军党明确的环保主张，吸引了大批对工党不满的原工党选民的支持。

② 参见韩隽：《澳大利亚工党绿色战略评析》，《国际政治研究》1999年第4期。

③ 参见韩锋、刘樊德：《当代澳大利亚：社会变迁与政治经济的新发展》，世界知识出版社2004年版，第161页。

的家庭数量已经占到了澳大利亚家庭总数的98.11%,20世纪90年代以来这个数字一直保持在94%以上。[①] 1975年,澳大利亚开始生产彩色电视。[②] 1985年以来,澳大利亚发射了覆盖全国的三颗广播通信卫星。[③] 从此,在澳大利亚的任何地方均可以直接收到卫星传送的广播和电视节目。截止到1993年上半年,澳大利亚的商业电视台共有44家,全国免费收看的电视频道有澳大利亚广播公司国家台,SBS民族台,商业台的7、9、10频道这5个频道。其中,澳大利亚广播公司国家台的节目较为严肃正统,除日常政治新闻,还有诸如社会热点问题剖析、人物专访等针砭时弊的节目,节目水准较高,收看人群多,社会影响力大。[④] 另外,随着电视的高度普及,收看电视节目已经成为绝大多数澳大利亚人的一种重要的生活方式和生活习惯,占据了人们大部分的空余时间。1994年的统计数字显示,澳大利亚人看电视的时间是平均每周22个小时。[⑤]

电视传播速度快,覆盖面广,直观易懂,其对政党发展的影响是巨大的。尤其是对于选举党来说,电视的广泛使用在很大程度上拓宽了选民了解政党的渠道,提供给了选民更多选择政党的依据。从另一个角度来讲,电视业的发展也无疑对政党的媒体运用能力提出了严峻挑战。这对于一向不善于运用媒体的工党而言,如何将媒体充分且准确地利用起来,无疑将是一项重大考验。

第二节 澳大利亚工党因执政能力不足而陷入信任危机

工党的第一轮变革历时二十余年,却只换来了三年短暂的执政时间。究其原因,是由于1972年上台执政的惠特拉姆政府对经济环境变化缺乏敏感性而在经济管理中出现了重大的决策失误,民众对工党的执政能力提出了质疑,工党也因此失去了民众的信任。

一、工党执政能力不足的主要表现

致力于福利国家建设是惠特拉姆工党时期调整其政治战略的关键举措。生

---

① 数据来源 http://www. nationmaster. com/country-info/profiles/Australia/Media,访问时间:2015年5月8日。

② 参见韩锋、刘樊德:《当代澳大利亚:社会变迁与政治经济的新发展》,世界知识出版社2004年版,第296页。

③ 参见幸锡林:《澳大利亚三种不同类型的广播电视台》,《中国广播电视学刊》1990年第2期。

④ 参见沈永兴、张秋生、高国荣:《列国志——澳大利亚》,社会科学文献出版社2010年版,第383页。

⑤ 参见张威、邓天颖:《澳大利亚传媒》,北京大学出版社2002年版,第79页。

存于资本主义制度框架内的澳大利亚工党长期以来一直困惑于如何在“社会主义”目标与现实的政治需求之间进行调和，而20世纪60～70年代的工党发现，其可以从流行于西方国家的凯恩斯主义政策理念和福利国家理论中找到“社会主义”的“实现”途径。惠特拉姆政府所推行的社会改革功绩显著，各方舆论称赞不断。但是惠特拉姆在1975年被联邦总督解职，成为澳大利亚历史上首位被总督解职的联邦总理，在紧接着11月的联邦大选中，工党更是一败涂地，仅获得了42.8%的选票和127个众议席中的36席。[①] 究其原因，是因为惠特拉姆政府在经济管理中出现了重大的决策失误。

进入20世纪70年代，随着世界性经济危机的到来，澳大利亚战后的经济景气也不复存在，新上任的工党政府对此有所察觉，但“我们并没有把经济衰退当作反对改革的借口”[②]。为了在来之不易的任期内做出一番业绩，工党政府在澳大利亚经济危机到来的前期却推出了历史上耗资最大的社会改良计划，不得不说这是惠特拉姆工党政府的一次决策性失误。因为高工资、高福利是必须以经济的高速增长为前提条件的，在经济衰退之时，当务之急是削减公共开支，抑制通货膨胀，但新上任的工党政府选择了继续在凯恩斯经济学理论的指导下进行扩张性财政预算，盲目扩大公共开支，致力于福利国家建设，这只会导致国民经济的收入和支出之间严重失衡，支撑澳大利亚经济发展的物质基础被削弱，从而使澳大利亚的经济状况进一步恶化。

据有关资料统计，在1973～1974年度，工党政府用于社会保障和福利的开支为24.862亿美元，占总支出的28.39%；在1975～1976年度为37.034亿美元，占总支出的30.49%，两年之内工党政府在这方面的开支增加了91.94%；此外，在1973～1975两年间，联邦政府用于医疗保健方面的开支增加了193.2%，用于住房、城市基础设施建设以及地区开发的支出则增长了124.6%。[③] 另据统计，1973～1974年度联邦政府的财政支出较上一年度扩大了19.4%，1975～1976年度又分别增加45.9%和22.5%，创下了战后最高价纪录；1974～1975年度的预算赤字比上一年度增大了7.8倍，1975～1976年度又增大40%，也创下了最高纪录。[④] 至此，工党政府的财政支出已经大大超出了同期的财政收入，为

---

① 数据来源澳大利亚政治和选举数据库（西澳大学），http://elections. uwa. edu. au/electionsearch. lasso，访问时间：2015年5月17日。

② [澳]杰弗里·博尔顿著，李尧译：《澳大利亚历史（1942～1988）》，北京出版社1993年版，第244页。

③ Ronald Mendelsohn, *The Condition of the People: Social Welfare in Australian*. Allen & Unwin, 1979, p. 185.

④ 参见陈国庆：《战后澳大利亚经济》，天津人民出版社1984年版，第9页。

了缩小差值，工党政府开始加印钞票、增加公债、扩大信贷，从而引发了新一轮的通货膨胀。正所谓："头一次，澳大利亚工党开始推广一种更加扩张的、普救主义的和具有西欧民主社会主义的福利国家战略物资的社会工资。具有讽刺意味的是，工党在事后才意识到，在20世纪60年代中期，当运气开始消失的时候，它寻求的那种通过给所有的市民提供获得幸运国家的好运气来实现公正的政策之路是行不通的。"①

二、1975～1983年工党8年在野

从客观上来讲，澳大利亚在20世纪70年代中期所发生的严重经济危机是由多种原因造成的。因中东石油危机而引发的世界经济的不景气，因国际金融市场的投机而导致的澳元汇率下降，以及澳大利亚经济本身存在的痼疾和先天不足等，都是导致澳大利亚在这一时期发生经济危机的重要原因。但作为对经济发展起主导作用的执政党，惠特拉姆工党政府在经济管理上的失误很容易被反对势力有意扩大，让民众误以为澳大利亚的经济危机就是因惠特拉姆工党政府在经济管理上出现的失误而导致的，从而引发了选民对工党的强烈不满。

工党执政能力不足带来的直接后果就是工党在1975年的下野，之后直至1983年与执政无缘。如表4-5所示，在1975年的联邦大选中，工党仅获得了众议院127席中的36席，占议席总数的28.34%。在1977年的联邦大选中，工党仍然没能挽回大选颓势，仅获得了124个众议席中的38席，占总议席数的30.64%。在1980年的联邦大选中，时任工党领袖的比尔·海登（Bill Hayden）在施政报告中讲道："我不会声称海登工党政府会在一夜之间采取一些神奇的举措用以克服工党在1975年以来所犯的所有错误、面临的所有困难和所有的不团结问题，我们能够承诺和做的，是建设一个比过去五年更加平等、更加公正、更加美好的澳大利亚社会。"②但1980年大选的结果是工党获得了125个众议席中的51席，占总议席数的40.80%，尽管相较1975年和1977年工党的大选成绩已经有所起色，但仍未过半。至此，工党连续三次大选均以失败告终，直到1983年重新执政，这期间整整8年处于在野状态。

---

① ［澳］弗朗西斯·卡斯尔斯：《澳大利亚的公共政策和经济的脆弱性》，艾伦和昂温出版公司1988年版，第21页。

② Bill Hayden Delivered the ALP's 1980 Federal Election Policy Speech at the Greek Community Centre in South Brisbane on October 1, 1980. http://australianpolitics.com/1980/10/01/bill-hayden-alp-policy-speech.html，访问时间：2015年5月20日。

表 4-5　1975～1983 年澳大利亚联邦众议院选举各党所得议席数统计表

党	年份			
	1975	1977	1980	1983
工党	36	38	51	75
联盟党	91	86	74	50
其他	0	0	0	0
总数	127	124	125	125

资料来源：澳大利亚政治和选举数据库(西澳大学)，http://elections. uwa. edu. au/electionsearch. lasso，访问时间：2015 年 5 月 12 日。

第三节　以执政能力建设为主题的澳大利亚工党变革

后工业社会的来临使澳大利亚进入了新的发展时代，而此时的工党却在仅仅执政三年后再次面临被边缘化的危机。在野期间的工党在反思中认识到，工党之所以会再次深陷在野困境，是因为工党在经济管理中的失误导致了其失去了选民的信任；而工党之所以会在经济管理中出现严重失误，又源于自身执政能力的不足。因此，认清澳大利亚在后工业社会初期的经济、社会形势，提升执政能力，尤其是提升经济管理能力以重新赢得选民的信任，是工党化解信任危机的唯一出路。

一、民主社会主义意识形态的新自由主义化

以 1973 年的石油危机为标志，西方资本主义国家陷入了以低经济增长率、高失业率和高通货膨胀率为标志的经济滞胀困境，同时也宣告了长达 30 年的凯恩斯主义时代的结束。在西方各国急于寻找治疗经济危机的良方之时，主张“小政府、低税收、低福利”的新自由主义因英国撒切尔夫人和美国里根的大力推行及其所产生的卓越成效而对西方国家产生了极强的吸引力，新自由主义在短时间内受到广泛推崇，并迅速成为 20 世纪 80～90 年代流行于资本主义世界的主流意识形态。

新自由主义是资本主义经济滞胀时代的产物，其兴极一时也便意味着工党长期奉行的以主张“大政府、高税收、高福利”而流行一时的凯恩斯主义在新的经济形势下已经失去效力，福利国家的建设已经难以为继。凯恩斯主义的衰落“使

工党可以摆脱在主流经济学和国家干预之间作选择的困境"[①]。因此，伴随着20世纪80～90年代西方世界的普遍新自由主义化，急于上台执政的工党除了接受这一学说将别无选择。

另外，新中间阶层所具有的独特个性决定着他们对"工会主义""国有化"等彰显工党身份特征的意识形态要素均不感兴趣，他们关注的只是工党解决具体社会问题的政策方案。因此，随着传统产业工人在20世纪80～90年代的进一步衰落和新中间阶层的一跃而起，工党社会主义意识形态的吸引力已基本上消失殆尽。在此情况下，工党也不得不在新自由主义的指导下进一步淡化其社会主义意识形态。

虽然工党并不是对新自由主义全盘接受，但不可否认的是，工党在意识形态中的确吸纳了诸多新自由主义的价值要素，其中最典型表现有两个：

（一）更加关注经济效率问题

长期以来，工党一直将创造一个更加公平、更加平等的社会当作自身的使命，致力于将资本主义人道化，并坚信资本主义社会的产品是用于造福整个社会的。但是，面对澳大利亚在20世纪80年代所面临的经济困境，工党的这种使命被其对经济重建的热切追求所模糊了。霍克领导下的工党在上任伊始便开始着手制订经济改革计划，提出了全新的经济改革目标。其中，"恢复澳大利亚经济活力，有效地控制通货膨胀，实现持续的经济增长和就业的增加"[②]是霍克工党政府确立的近期目标。但同以往不同的是，霍克工党政府认为充分的就业要以经济的恢复和发展为基本前提，基于此，霍克提出："政府将首先关注经济的增长，而不仅仅是平均的分配那块越来越小的蛋糕。"[③]

毫无疑问，对于大多数工党成员而言，这是一个全新的提法。它预示着尽管工党仍然以公平、平等为核心价值理念，但是从此工党不再将实现社会公平置于优先考虑的地位，而是将对经济效率问题给予更多的关注。

（二）对"国有化"理念的放弃及对"私有化""市场化"理念的推崇

重构意识形态的努力与工党对国有化的态度和选择密切相关。尽管早在惠特拉姆时期工党就已经在事实上放弃了对国有化的实践，但经济纲领中的相关条款并没有被删除。进入20世纪80年代以后，在澳大利亚国有企业普遍经营不善、生产效率低下、竞争力不强的状况面前，改革国有企业的呼声越来越高。对此，尽管工党非常清楚国有化是实现社会主义的必要手段，但上台执政的迫切

---

① ［澳］阿什利·拉韦勒著，朱昔群摘译：《社会民主党转向新自由主义的根本原因——澳大利亚工党的个案研究》，《国外理论动态》2006年第3期。

② 向文华：《冷战后社会党研究》，中央编译出版社2006年版，第173页。

③ 向文华：《冷战后社会党研究》，中央编译出版社2006年版，第171页。

愿望已经压倒了工党对任何原则的坚持。就这样,在党内右翼力量的主导下,工党从现实主义的立场出发对坚持了近60年的“国有化条款”进行了彻底修正。

在1982年的工党代表大会上,工党对长期以来所坚持的社会主义目标进行了自1921年以来最为根本的修订。新纲领明确规定:澳大利亚工党是民主社会主义政党,其目标是工业、生产、分配和交换的民主社会主义化,实行至消除这些领域中的剥削及其他反社会现象所需要的程度,同时强调要实现这一目标所包含的平等、民主、自由与社会合作的政治与社会价值。① 另外,作为实现新目标的途径,工党宣布部分国有企业要保留,但会大力扶植非垄断性私营企业的发展,同时在公共部门推行市场化,强调市场经济的主体作用。②

由于工党的新目标是在党内左右翼激烈斗争下做出的,因而表现出明显的温和性和折中性,具体体现为尽管工党将新的目标设定为民主社会主义,仍然保留了社会主义成分,但工党的新纲领中已经将“国有化”完全移除,工党传统纲领中所具有的社会主义色彩已经被明显淡化。

二、为党的政治实践提供组织上的支持

经历了1975年和1977年大选失败后,工党专门成立了一个调查委员会。该委员会的职责是专门调查工党如何才能在最大限度地扩大党员参与、最大限度地让党员满意以及最大限度地让澳大利亚人了解工党的政策和理想等问题上发挥更大的作用。该委员会经过广泛咨询、组织研讨、发表讨论后的文件、考虑了由数百个单位和个人提供的意见之后,在1979年3月向联邦执委会提交了最后的报告。该报告直截了当地指出:“工党的改革至关重要,因为工党是所有西方国家中大选成绩最差的社会民主党之一,导致这个结果的原因包括党员数量过少、资金不足、没有很好地融入整个社会制度框架、很多工党领袖的狭隘视野等。”③为了使工党成为一个能够在澳大利亚长期占主导地位的政治力量,委员会给出了广泛的建议。在这一报告的指导下,工党主要从以下几个方面着手对党组织体系进行了调整。

(一)一批经济专家型的官员被充实到工党的高层

工党在1975年大选失利之后的反思中认识到,惠特拉姆政府时期之所以会

---

① Dean Jaensch, *The Australian Politics Guide*, Melbourne: Macmillan Education Australia, 1996, p. 400.

② 参见向文华:《冷战后社会党研究》,中央编译出版社2006年版,第181页。

③ Ross McMullin, *The Light on the Hill: The Australian Labor Party 1891 ~ 1991*, Oxford University Press, 1991, pp. 387~388.

在经济管理中出现严重失误,同自身缺乏善于经济管理的高层不无关系。于是,工党在1975年之后便倾向于推选具有经济管理专业技能的官员充实到党的领导队伍中,以塑造工党重视经济管理、善于经济建设的良好形象。这批被充实进来的官员中以鲍勃·霍克(Bob Hawke)和保罗·基廷(Paul Keating)最具代表性。

霍克毕业于西澳大学,获得法律和经济学双学位,后又到英国牛津大学进修,进修期间选择了“澳大利亚的劳资关系和工资问题”作为研究课题并写成了7万字的论文,这为他今后的事业发展奠定了基础。回国后,霍克在澳大利亚国立大学继续从事澳大利亚劳资关系特别是工资问题的研究。1958年始,霍克开始在澳大利亚工会理事会中担任专职律师和研究员。在此期间,霍克主要负责处理澳大利亚工会理事会的劳资纠纷和工资仲裁方面的分析工作。1970年,霍克出任澳大利亚工会理事会主席,此后连任达10年之久。1980年10月,霍克当选联邦众议院议员,之后成为工党决策委员会成员。1983年临近大选之时,霍克取代比尔·海登成为工党联邦议会党团的新领袖。① 霍克的教育背景和工作经历赢得了工党对于其经济管理能力的信赖,其在专业领域的突出贡献使其成为当时澳大利亚最著名的劳资问题专家之一,这也是工党选择霍克担任工党领袖的主要原因。

另一位被充实到工党高层的经济问题专家是基廷。基廷在1969年年仅25岁之时便当选为澳大利亚联邦众议院议员,之后于1975年在惠特拉姆工党政府中担任澳北区部长,1979年担任新南威尔士州工党主席。与此同时,基廷依靠自身努力而成为当时澳大利亚评论农业、矿产、能源和国库等问题的著名政治家和财经问题专家。1983年工党在霍克的领导下赢得大选上台执政后,基廷被任命为内阁财政部长,后在党内资深人士的支持下于1991年取代霍克继任工党联邦政府总理。②

霍克和基廷两人都主张采取务实的眼光看待经济问题,十分崇尚当时风靡欧美的新自由主义经济理论。可以说,工党通过高层人事变动,为这一时期工党更新、调整自己的经济纲领和政策理念奠定了人才基础。

(二)确立了同工会的新型关系模式

在20世纪60～70年代,工党因工会运动的持续衰落而在处理同工会关系的过程中表现出了明显的消极态度,以致在惠特拉姆时期出现工党同工会关系恶化的局面。进入20世纪80年代,工党越来越感受到,尽管同工会关系的拉开

---

① 参见于杭、林青:《鲍勃·霍克——从工会领袖到政府总理》,《瞭望周刊》1984年第6期。

② 参见莫利兹、陈无忌:《澳大利亚总理基廷小传》,《国外社会科学文摘》1994年第5期。

在一定程度上有利于清除挡在工党纲领政策变革之路上的组织障碍，但同时工党同工会关系的交恶也为工党政敌从中谋取政治利益提供了可能。

20世纪80年代，工党同工会关系的现实状况是，一方面随着工会势力在80年代后的持续衰落[①]，工党要争取其他阶层选民的支持，必须要拉开同工会的距离；但另一方面，工党同工会关系的过度疏远已经危害到了工党的大选利益。实际上，工党同工会的历史渊源决定着无论是从历史的角度还是从现实情况出发，工党都不可能割断同工会运动的特殊关系，工党无论是从财政经费上还是从党员构成上，均要依赖工会的支持。另外，尽管澳大利亚工会面临着影响力下降的现实困境，但在澳大利亚这样以羊毛、采矿等初级产品为支柱产业的国家，工会的特殊地位仍旧是坚不可摧的。鉴于此，工党认为，党的日后发展需要在更大程度上摆脱工会对党组织的权力控制，但也必须积极寻求修复同工会友谊的新途径。

1986年工党联邦代表大会通过的新党纲在开篇中提到：澳大利亚工党起源于工会运动对工人阶级在反对资本主义过多占有、非正义和不平等的斗争中必须在反对政治上拥有发言权的认识。[②] 落实到行动中，工党内部经过激烈争论并对其中存在的利弊进行权衡之后，最终达成了工党在公开场合不再把自己标榜为一个“劳工党”，但在日常事务中要加强同工会的合作与沟通，尤其是加强高层之间的合作与沟通，尽力争取工会在财政和成员上的支持这一共识。这种颇具现实意义的调整使得工党同工会在霍克—基廷时期实现了密切合作。[③]

(三)对党组织结构的进一步调整

政党的组织结构不仅决定着政党组织内部的活动方式，而且决定着政党内部的权力运作机制，因而会直接影响政党的执政能力。因此，构建合理的组织结构是澳大利亚工党为提升执政能力而采取的基本举措。

第一，进一步加强中央权威。维护中央权威是政党执政能力建设的内在要求。20世纪80～90年代的澳大利亚工党为了提高执政的有效性，主要从两个方面着力于加强党的中央权威。首先，进一步增加了工党全国代表大会的代表

---

① 80年代后，澳大利亚工会组织的力量仍然在缓慢下降。从工会组织的数量上来看，1982年全澳工会大约有322个，1993年则减少到188个，到1995年则只剩156个。从工会会员的数量上来看，工会总人数从1984年的303万降至1995年的不足150万。

② 参见中共中央对外联系部资料编辑中心：《社会党国际和社会党重要文件选编》，中共中央党校出版社1993年版，第536页。

③ 其中最典型的案例是：1983年大选前，工党就曾同工会理事会达成协议：如果工党能够执政，工会将以统一尽量维持现有的工资水平为代价，换取工党废除《反工会法》的承诺。1983年工党大选获胜后，霍克政府就同工会理事会正式签订了《物价和工资协议》(The Price and Incomes Accord)。该协议的签订使工党同工会之间形成了默契配合，并因此创造了澳大利亚历史上前所未有的劳资和平时期。

人数。在1981年召开的工党全国特别会议上将全国代表大会的人数扩大到了99位，这99位成员中包括4位联邦议会党团的领袖、1位行政委员会代表、1位北领地的工党代表、1位青年劳工组织的代表，剩下的90位代表根据每个州的选民数量按比例进行分配。① 随着选民数量的增长，全国代表大会的人数之后又在1990年进一步扩大到了101位。② 其次，为了进一步削弱党的地方势力，这一时期的工党继续整顿了昆士兰州等几个具有强烈地方主义倾向的州支部，进一步扩大了党的议会内党组织的自主权和主导权。③

第二，继续扩大党内右翼的权限。这一时期的工党建立了一种权力分享机制，用于取代长期存在于党内的“胜者全得”原则，此举进一步削弱了在工党州支部中长期占据领导地位的工会派别和左派保守力量，给予主张用更加灵活、实用的方式实现政治目标的右派以更大的权限。④ 工党此举的目的在于使右派在党内决策中发挥更大的作用。

第三，将工党组织向全社会开放。为了将新中间阶层吸收到党组织中，工党宣称，要将自身的阶级基础跃出工人阶级的范围而扩展为更加广泛、更加多样的社会集团和阶层，同时宣布，工党不再仅仅是工会利益的代言人，而是一个多元化的党，工党向所有接受其民主社会主义目标并与其他政党没有联系的澳大利亚公民开放。⑤

三、在进一步弱化阶级保护主义政策的同时开始关注新的政策议题

惠特拉姆时期的澳大利亚工党已经努力弱化了对传统工人阶级的政策保护，但是，工党政策主张中所残留的阶级保护主义色彩使工党在寻求政治突破的过程中受到了阻碍。与此同时，以绿党为代表的新兴政党对工党选举资源的抢占也给工党带来了巨大的生存压力。对此，20世纪80～90年代的工党不仅在弱化阶级保护主义政策的道路上越走越远，并且开始针对绿色环保等新的社会议题积极建言献策。

---

① Ross McMullin, *The Light on the Hill: The Australian Labor Party 1891-1991*, Oxford University Press, 1991, p. 399.

② 参见刘丽君、邓子钦、张立中：《澳大利亚文化史稿》，汕头大学出版社1998年版，第149页。

③ 参见向文华：《冷战后社会党研究》，中央编译出版社2006年版，第191页。

④ 参见向文华：《冷战后社会党研究》，中央编译出版社2006年版，第191页。

⑤ 参见何宝骥：《世界社会主义思想通鉴》，人民出版社1996年版，第639页。

(一)通过政策调整进一步弱化对工人阶级的政策保护

20 世纪 80～90 年代的澳大利亚，传统产业工人阶级持续衰落，与此相对应的是工党为保护传统产业工人利益而制定的社会政策的受益人群不断减少，同时，工党的保护主义政策也受到占劳动力人口绝大多数的新中间阶层的强烈排斥。在此情况下，霍克—基廷时期的工党进一步弱化了对传统工人阶级的政策保护。

第一，在新自由主义理念下的福利政策调整。惠特拉姆工党政府曾经因在经济危机来临之时极力践行福利国家理论而加深了澳大利亚的经济危机，下台后的工党在反思中认识到社会福利建设的前提是经济的稳步增长，工党所树立的包括社会福利建设在内的社会改良抱负必须要等到经济环境有所改善后才能进行。另外，随着后物质主义价值观的逐渐兴起，以新中间阶层为主体的选民已经对传统福利国家建设中所强调的平均主义失去了兴趣。对此，工党也意识到，要争取新中间阶层选民的支持就必须迎合他们崇尚个人竞争、反对平均主义的价值观念，而这种迎合必定会在 20 世纪 80 年代之后工党所主张的社会福利政策中有所体现。

霍克—基廷时期工党对新自由主义理论的吸纳预示着工党对传统福利国家理念和社会福利政策的根本性调整，这种调整在理论上体现为工党对传统福利国家的核心价值理念做了新自由主义生态下的重新阐释和内涵延伸。比如，工党强调平等并不意味着完全排除个体差异的机械式的平均主义，平等并不是指财富分配上的平等，只是意味着给不同的人提供平等的竞争机会，强调应通过培养个人能力和创造工作机会这种间接形式来进行社会救助。工党认为，新的社会福利保障体系将用于事前预防，而不是事后补救；新的社会福利保障体系将敦促人们主动进取，而不是让人被动接受恩惠。在新的政策理念的指导下，霍克—基廷时期的工党政府相较惠特拉姆时期大大削减了在社会福利上的开支。[①] 在具体的实践中，工党政府一是减少了在收入补助上的资金投入，通过在全国范围内实行最低收入保障计划，将有限的资金用于残疾人、老人、长期失业者等所谓“最需要帮助的人”；二是加强了对社会福利津贴发放的管控，通过对福利津贴的领取资格进行严格审查，以及对津贴使用行为进行严格监督，来控制福利津贴领取人数的增长；三是进一步削减了直接用于公共福利的开支，强调把更多的财力投放到帮助个人增强自救能力上，例如技能培训等。可见，20 世纪 70 年代中期到 90 年代中期的工党在社会福利政策上已经大大后退，同时这也意味着工党在

---

① 在 1975～1976 年度，工党政府用于社会保障和福利的开支占总支出的 30.49%，而在 1991～1992 年度，这一数字仅为 25%。

提高经济效率和实现社会公平之间选择了前者。

第二，积极推动贸易自由化的发展。20世纪80年代后，随着国际市场的进一步开放，工党为了提高工业经济效率而将贸易政策的重点进行了转移，强调工业发展的战略必须由自给自足的内向型转变为外向型，要充分发挥澳大利亚的资源和技术优势，通过工业品的出口带动整个国民经济的发展。霍克工党政府在1988年5月的经济报告中提出了贸易自由化的方案，大幅度降低了对本国工业的保护水平。报告的内容主要包括以下几个方面：稳步削减关税；减少对一些农业部门的保护；减少一些阻碍电讯业竞争的障碍；终止航空协议，放松对航空业的管制；放松对政府商业企业的行政限制；改变企业税收以公平税负。①

第三，对多元文化政策的确立和推行。尽管工党在惠特拉姆时期并没有制定出明确的多元文化政策，但工党在处理少数民族事务上的多元文化原则已经得到了确立，尤其是在澳大利亚的民族种类日渐庞杂的形势下，工党认为应以更加积极的态度推行多元文化主义，以此来换取各少数民族群体在大选中的支持。1983年，再度上台执政的霍克工党政府明确表示会实行鼓励多元文化发展的政策，“立志为建设一个多元文化的新澳大利亚而奋斗”②。1986年，工党召开全国代表大会，明确将多元文化的概念写进大会的决议中。工党宣布：“承认澳大利亚社会目前存在着多种文化和多种生活方式这一事实，尤其在土著人和少数民族社区。”③1989年工党政府制定了《关于多元文化的澳大利亚国家议程》（*National Agenda for a Multicultural Australia*），正式将多元文化上升到了国家政策的层面。《关于多元文化的澳大利亚国家议程》是围绕非英语国家的移民在澳大利亚的不平等遭遇而提出来的，主要关注的是非英语移民的需要，以促进他们在澳大利亚享有平等待遇。④ 1995年，工党政府将“与土著民族的和解”也纳入到多元文化政策的框架之内。⑤ 至此，为排斥“有色”人种抢占劳工市场而制定的“白澳”政策在惠特拉姆时期被废除之后，澳大利亚的多元文化政策在霍克—基廷工党政府的努力下又得到了新发展。

第四，从根本上打破了工人工资的强制仲裁制度。1983年霍克工党政府上台后，经济形势的恶化使劳资纠纷不断，在此情况下，新上任的工党政府很快就

---

① 参见段锡平、杨微等编著：《走向澳洲市场——澳大利亚经济概览》，上海社会科学院出版社2000年版，第17页。

② ［澳］鲍勃·霍克著，张晓立等译：《霍克自传》，贵州人民出版社1997年版，第76页。

③ 参见《社会党国际和社会党重要文件选编》，中共中央党校出版社1993年版，第540～541页。

④ James Jupp, *The Challenge of Diversity: Policy Options for a Multicultural Australia*, Canberra: Australian Government Publishing Service, 1993, p. 4.

⑤ 参见杨洪贵：《1989年以来澳大利亚多元文化政策的发展评析》，《重庆文理学院学报(社会科学版)》2006年第5期。

恢复了曾经被自由党在1981年取消了的工资指数化调整制度,并恢复了仲裁委员会的权力。根据新规定,调解与仲裁委员会对工资要求的裁决原则是,每隔6个月随着前两个季度消费价格指数的变动进行调整,到了1987年,这种方法又被“双层固定工资制度”取代。在这一制度中,第一层规定是全体雇员的周薪一律增加10澳元,第二层规定是通过雇员和雇主双方的谈判来确定工资增加的幅度,最大增幅限定在4%。[①] 可见,霍克工党政府对仲裁政策的改革十分缓和,并没有从根本上触动强制性的仲裁制度。但是,进入20世纪90年代后,同市场经济原则相违背的强制性的劳资仲裁制度已经严重阻碍了澳大利亚经济复苏的步伐。为了使工党确立的经济重建计划得到顺利实行,1991年10月,产业关系委员会决定放弃制定工资标准及提薪幅度的权力,承认企业集体谈判。1993年10月,《产业关系法修正案》在议会获得通过。《产业关系法修正案》对《产业关系法》的改动主要有两个方面:“一是改传统的行业集体谈判、集体协议为企业集体谈判、集体协议。并规定企业的非工会会员雇员可以组织起来与雇主谈判,签订《企业内独自协议》,以推进企业集体谈判。这样,没有工会组织的企业便拥有了适合本企业的劳资协议;二是把由产业关系委员会裁定确立劳动标准的制度改为由企业集体谈判来决定,而产业关系委员会的裁定则作为劳动标准的最低保障。”[②]很显然,《产业关系法修正案》所做出的最根本性的修正是:政府开始允许企业根据自身实际决定工资的提高程度,经产业关系委员会批准后在企业内部进行落实,企业的这一行为是完全独立的,跟其他企业没有任何关系。新法案的目的在于提高企业的自主性,减少政府对劳资谈判的干预力度,建立一种与企业效益和市场规律相挂钩的、富有弹性的、灵活的利益分配机制与劳资合作模式。至此,工党传统的以阶级保护主义为指导的强制仲裁制度被彻底打破。

(二)以积极的环保政策争取绿色政治力量的合作

20世纪80年代崛起的绿色政治力量对工党产生了巨大的威胁,因为绿色政治力量的支持者虽然来自社会的各个阶层,但是作为一支新兴的左翼政治力量,其在大选中更多是分享了工党的选票。换言之,绿色政治力量的崛起带来的是澳大利亚左翼政治力量的重新分化和集结,其对工党的威胁要甚于对自由—国家联盟党的威胁。因此,在处理同绿色政治力量的关系上,工党表现出比联盟党更为积极的态度,其中最主要的表现就是工党通过“绿色战略”的实施拉开了其同联盟党在环境保护问题上的距离。

“绿色战略”是工党为争取来自环保主义者的选票而在环保政策的制定过程

---

① 参见殷汝祥、衣维明:《澳大利亚市场经济体制》,兰州大学出版社1994年版,第52页。

② 李燕妮:《国外就业培训鉴定情况概览》,上海交通大学出版社2009年版,第49页。

中做出让步的行为，是工党同环保运动的主流派之间进行“交易”的一种实用主义战略。“绿色战略”的酝酿和初步实施是在 1983 年联邦大选之前，当时的工党候选人霍克就曾经为了争取绿色组织的第二优选票而向自然保护基金会和野生动物保护社团承诺，如果工党当选，将会借助“联邦外部事务权”去干预由自由党执政的塔斯马尼亚州政府欲在富兰克林河（Franklin River）上修建大坝的行为，以保护附近的野生动物保护区，作为交换条件，由这些组织组成的南部竞选联盟要把手中的第二优选票投给工党。工党的“绿色战略”在双方均兑现承诺的良好合作中第一次成功实施。从此，工党与绿色环保组织之间的政治结盟关系逐步确立。

到了 20 世纪 80 年代中后期，绿色政治力量的影响力进一步扩大，工党也随之加大了对“绿色战略”的实施力度。在 1987 年大选前，工党再次向绿色组织承诺：在批准塔斯马尼亚州国有森林的砍伐计划前，未来的工党政府将优先考虑那里的环保需要；致力于保护昆士兰北部的雨林，并将其列入联邦的世界遗产申报计划；确定卡卡杜国家公园的第三期边界等。这些承诺使得工党在大选中继续得到绿色组织的鼎力相助。经过又一次成功的合作，工党对自身所推出的“绿色战略”更加认可。1987 年联邦大选后，工党政府的环境部部长理查森明确提出了“绿色战略”这一概念，在肯定了此前践行成果的基础上呼吁全党要进一步加强对“绿色战略”的实践。

霍克在 1989 年 6 月所发表的题为“我们的国家，我们的未来”的讲话中进一步明确了工党关注水土流失、关注环境治理的坚定态度。在随后的 10 月，工党政府推出了工党历史上最为激进的环保政策——将完全禁止在卡卡杜国家公园中的采矿行为，并扩大公园第三期的边界。这一政策的推出成为工党在 1990 年 3 月大选中获胜的关键。因为为了回报工党的卡卡杜计划，以自然保护基金会为首的环保组织公开要求它们的选民在大选中把手中的第二优选票投给为环保事业做出突出贡献的工党。大选的结果是：工党在众议院中获 78 席，联盟党获 69 席，工党仅以 9 席的优势险胜联盟党，其中工党从环境保护组织和绿党等小党获得的议席就达到了 7～8 席。[①] 可见，此次工党大选获胜的关键是获得了来自环保运动支持者的大量第二优选票。

客观上来讲，工党所推行的“绿色战略”在短期内的确给工党带来了可观的政治收益，但随着时间的推移，“绿色战略”所带来的负面影响也逐渐显现。首先，工党“绿色战略”的实施因在一定程度上损害了澳大利亚的经济利益而再次

① 数据来源于澳大利亚政治和选举数据库（西澳大学），http://elections. uwa. edu. au/electionsearch. lasso，访问时间：2015 年 6 月 28 日。

引起了工商界对工党经济管理能力的怀疑。① 其次，对于工党自身来说，其内部团结也因在“绿色战略”问题上的严重分歧而遭到了损害。② 另外，工党“绿色战略”的推行使就职于工矿业部门的蓝领工人大量失业，这引起了工会运动的强烈不满。工党在1990年联邦大选中的成绩引起了工党的警惕。工党的此次大选成绩表明，尽管工党争取到绿色政治力量的支持，却失去了大量的传统支持者。工党在反思中也意识到“绿色战略”的过度推行已经危及工党的大选利益。因此，进入20世纪90年代后，随着人们关注的问题重新回归到利率、通货膨胀、就业率等方面，工党也趁机放弃了“绿色战略”。但对“绿色战略”的放弃并不意味着工党同绿色力量合作的终结，20世纪90年代的工党同自由—国家联盟党相比，仍然表现出更为积极地同绿色力量合作的态度。

四、借助电视平台展示执政能力

随着电视在公民生活中的逐渐普及，越来越多的澳大利亚民众倾向于通过电视来接收和了解政党的相关信息，政党在电视中所塑造的形象和所宣传的主张已经成为澳大利亚民众在大选中投票的主要依据。对此，工党分析认为，随着电视这种新式传媒工具的广泛应用，党的领导人在电视上展现自己能力的水平成为决定一个党大选胜负的关键因素。电视这种传媒工具的重要性对于政党，尤其是对于一个像工党这样致力于改革的政党来说是尤为重要的，因为媒体关注于带有个性的、琐碎性的、争论性的问题，而不注重实质性的问题。③

为了加强自身的宣传工作，工党自20世纪60年代以来便将电视引入到了党的日常运作中。工党开始雇佣政策分析专家、市场调查人员、形象设计师、媒体顾问等为自己策划新闻事件、设计竞选纲领和包装候选人形象，工党的高层领导人开始经常在电视上抛头露面，以各种形式宣传工党的政策主张，为工党的竞

---

① 工商界坚持经济的发展应该优先于环境的保护，认为对于像澳大利亚这样一个发达国家中的发展中国家来说是负担不起保护环境的成本的，而是每年都需要开发新的项目以弥补破纪录的财政赤字。他们认为工党的自私在于其为了自身的大选利益而置澳大利亚的民族利益于不顾。尤其是工党在1989年所推行的保护卡卡杜国家公园的计划一经提出便遭到工商界的严重指责，工商界也因此对工党的经济管理能力再次提出了严重质疑。

② 工党内部对经济发展和环境保护哪一个更重要的问题是存在严重分歧的。负责管理经济事务的部长威尔士、道金斯、凯恩和负责外部事务的伊文斯等人认为理查森的“绿色战略”只是为了工党的短期利益，这将严重损害工党好不容易才重新建立起来的“善于管理经济的党”的形象，因此他们坚决反对工党推行“绿色战略”。以他们为代表，工党的内阁中逐渐形成了一个反对霍克和理查森的团体。

③ Ross McMullin, *The Light on the Hill: The Australian Labor Party 1891～1991*, Oxford University Press, 1991, p. 323.

选呐喊助威。到了 20 世纪 80 年代，运用电视平台进行自我宣传已经成为工党的主要营销手段。

（一）通过电视辩论让选民了解工党的执政理念

电视辩论对每个政党的候选人来说都是一大挑战，其要求辩论者不仅要有敏捷的思维，而且要有严谨的逻辑；不仅能以犀利的言辞直击对方政治要害，而且能在激烈的对抗中保持应有的风度。澳大利亚联邦选举自 1984 年引入了候选领导人电视辩论以来，除了在 1987 年的联邦选举中霍克拒绝与自由党领袖约翰·温斯顿·霍华德（John Winston Howard）进行辩论，其他的历届联邦大选候选领导人都会进行电视辩论。[①] 从表 4-6 所示的《1990～1996 年联邦选举中电视辩论情况统计表》中我们可以看出，在澳大利亚，每次联邦大选之前都会举行一至三次的电视辩论。

表 4-6　1990～1996 年联邦选举中电视辩论情况统计表

辩论年	辩论日期	选举日期	辩论时离选举的天数
1990 年	2 月 25 日	3 月 24 日	27 天
1993 年	2 月 14 日	3 月 3 日	27 天
	2 月 18 日	3 月 13 日	23 天
	3 月 7 日	3 月 13 日	6 天
1996 年	2 月 11 日	3 月 2 日	27 天
	2 月 15 日	3 月 2 日	27 天

资料来源：Philip Senior, "Electoral Impact of Televised Leader's Debates on Australian Federal Elections," *Australian Journal of Political Science*, 2008, Vol. 43, No. 1.

电视辩论是政党采取的一种政治营销方式，在辩论中，各候选人都会就自己的竞选政策、竞选承诺做出阐释，并以质疑对方的形式对对方进行责难。辩论不仅可以使政党候选人更为便捷地表达和宣传自身的纲领政策，还可以使选民更直观地认识和了解候选人，为选民提供选择某位候选人的现实依据。所以，电视辩论在政党选举中的影响力是很大的，有时甚至是决定性的。

1990 年的电视辩论是在选举前四周举行的。澳大利亚选举研究（The Australian Election Study）的调查结果显示，通过此次电视辩论，有 46％的选民认为工党领袖霍克会获胜，而只有 15％的人认为自由党领袖安德鲁·夏普·皮

① Philip Senior, "Electoral Impact of Televised Leader's Debates on Australian Federal Elections," *Australian Journal of Political Science*, 2008, Vol. 43, No. 1.

科克(Andrew Sharp Peacock)会获胜,四周后霍克在大选中的胜利证明了此次电视辩论预测结果的正确性。1993 年的联邦大选前共举行了两场正式辩论和一场非正式辩论,选民普遍认为辩论的结果是自由党领袖约翰·华生(John Hewson)赢得了第一场辩论,而工党领袖基廷赢得了第二场和第三场辩论。澳大利亚选举研究提供的数据显示,经过电视辩论,有 43%的选民支持基廷,而只有 22%的人支持约翰·华生。1993 年联邦大选中基廷的胜利再次证明了大选结果同电视辩论调查结果的不谋而合。①

可见,电视辩论基本能够决定最终投票的结果。20 世纪 80 年代中期以来的工党为了提高自身在电视辩论中的支持率而更加倾向于挑选形象气质好、能言善辩的领导人。电视辩论的开展增加了选民对于工党执政理念和政策取向的了解,而对于工党而言,领导人的作用无疑将更加突出。

(二)运用电视专题片或电视广告进行政治宣传

电视专题片内容形象、丰富,可以让选民通过一种轻松娱乐的方式更深入地了解政党,也更为容易刺激到政党的目标选民。因此,针对某个工党候选人或者针对工党的某项主张制作的电视专题片便成为工党自 20 世纪 80 年代中后期以来进行政治营销的一种惯用方式。1992 年 9 月,在澳大利亚电台的 9 频道上播出了一个关于基廷的 60 分钟的专题片。专题片分为两部分,一部分是关于基廷及其家人的专题,第二部分是对基廷的政治访谈。在专题片中,基廷声明这是他为数不多的允许媒体拍摄他的家人,而且在访谈中,基廷直指反对党领袖约翰·华生(John Hewson)。②

另外,工党也越来越熟练地运用电视广告扩大自身的政治影响力。比如,1987 年的联邦大选,工党用"让我们团结在一起"(Let's Stick Together)的竞选口号凝聚人心,而且还拍摄了大量的竞选广告用于自身的政治宣传,其中不仅有著名的"Whinging Wendy"广告,而且还给政府参议院领袖约翰·巴顿(John Button)、参议员玛格丽特·雷诺兹(Margaret Reynolds)以及伊登-蒙埃罗(Eden-Monaro)选区议员吉姆·斯诺(Jim Snow)等做了专题广告。③

总之,电视媒体是展示政党执政能力的重要渠道,通过对电视媒介资源的充分运用,澳大利亚工党的执政理念和执政思维得到了传播,工党也逐渐构建起以

---

① Philip Senior, "Electoral Impact of Televised Leader's Debates on Australian Federal Elections," *Australian Journal of Political Science*, 2008, Vol. 43, No. 1.

② 参见 Paul Keating: 60 Minutes Profile. http://australianpolitics. com/1992/02/23/paul-keating-60-minutes-profile. html,访问时间:2015 年 7 月 6 日。

③ 参见 1987 Federal Election: ALP TV Advertisements. http://australianpolitics. com/1987/07/10/alp-federal-election-tv-advertisements. html,访问时间:2015 年 7 月 6 日。

电视媒介为平台的新型政治体系。

第四节　澳大利亚工党第二轮变革评析

20世纪70年代中期到90年代中期的澳大利亚社会，价值观念更加多元，整体环境更加包容，媒体时代也已经悄悄到来，在这样的社会环境中谋求生存，工党已经自觉或不自觉地在包括意识形态、组织体系、政策主张、活动方式在内的各方面中都融入了更多的开放、多元、包容、信息等时代元素。可以说，澳大利亚工党在1975～1996年间进行的第二轮变革开创了澳大利亚工党在后工业时代发展的新局面。从变革效果上来看，这一时期的变革换来了工党13年的长期执政，但同时工党也因意识形态的右转而没有处理好经济效率与社会公平的关系。另外，这一时期变革的深化已经使工党发生了质变，具体体现为变革中的工党已经具备了社会民主主义政党的性质。

一、工党获得了13年连续执政时间

1982年下半年，西方经济危机对澳大利亚经济的影响仍在持续，而自由—国家联盟党也因没有能够带领澳大利亚走出经济困境而大失民心。在1982年年底，工党的核心领导层已经感觉到大选时机对工党有利，并果断地将具备经济管理技能的霍克推上了工党领袖的位置以增加胜算的砝码。弗雷泽政府在预想到霍克担任工党领袖后会对工党比较有利的形势之后，本想赶在工党替换政党领袖前进行大选，结果却酿成了澳大利亚政坛中极具戏剧性的一幕：1983年2月3日上午海登宣布辞去工党领袖职务，下午弗雷泽宣布将在3月5日提前进行大选。①

弗雷泽政府本想选择一个有利于自己的选举时机，结果却促成了工党的好事。在1983年3月5日举行的联邦选举中，打出“和解”“复兴”“重建”(Reconciliation Recovery Reconstruction)旗帜的工党获得空前胜利，一举获得了125个众议席中的75席，霍克上任联邦总理。霍克上台伊始就立即把主要精力用于解决经济问题，截至1984年底，通货膨胀率降为5.1%，失业率下降到8.4%，财政预算赤字减少12亿美元，成绩显著，深得人心，霍克领导下的工党也因此在1984年的大选中蝉联执政党宝座②，获得了148个众议席中的82席。

---

① 参见于航、林青：《鲍勃霍克——从工会领袖到政府总理》，《瞭望周刊》1984年第6期。

② 参见李沙：《澳大利亚历届总理小传》，新华出版社1992年版，第334、336页。

1987 年 7 月，霍克带领工党以 86∶62(工党与联盟党所获得的众议席数量之比)的显著优势再次问鼎执政宝座。1990 年 3 月，年届六十的霍克又一次折桂，但此次大选成绩较前三次大选已经有了明显退步，仅获得了 148 个众议席中的 78 席，而客观事实也的确是自 1987 年开始，霍克就已经因国内经济下滑而深感力不从心。1991 年 12 月，因霍克没有很好地解决澳大利亚经济衰退的问题，基廷在工党领袖选举中战胜了霍克继任工党的新领袖并担任联邦总理，基廷上任后又带领工党在 1993 年的大选中获胜，获得了 147 个众议席中的 80 席，直至在 1996 年 3 月的大选中落败为止，工党已连续五届执政，共在位 13 年。从工党在 20 世纪 50～90 年代执政的整体情况来看，不得不说这是工党在“二战”后的第一个执政黄金期。

表 4-7　1983～1996 年澳大利亚联邦众议院选举各党所得议席数统计表

党	年份					
	1983	1984	1987	1990	1993	1996
工党	75	82	86	78	80	49
联盟党	50	66	62	69	65	94
其他	0	0	0	1	2	5
总数	125	148	148	148	147	148

资料来源：澳大利亚政治和选举数据库(西澳大学)，http://elections. uwa. edu. au/electionsearch. lasso，访问时间：2015 年 7 月 7 日。

工党在 1983～1996 年间的连续执政表明，经过变革的工党已经通过执政能力的提升而赢得了更多的社会认同，工党凭借不懈努力已经在“二战”后变化了的社会环境中重新找到了自身的政治立足点，20 世纪 80 年代至 90 年代中期的澳大利亚工党因此被称为当时“世界上最成功的中左翼政党”。

二、工党没有处理好经济效率与社会公平的关系

澳大利亚工党在 20 世纪 70 年代中期到 90 年代中期的变革是工党在后工业时代围绕执政能力建设问题对自身进行的全面调整。从工党在 1983～1996 年执政期间的政绩来看，工党在新自由主义理念指导下推行的经济社会重建计划带来了澳大利亚经济的迅猛发展，并一跃成为 20 世纪 80～90 年代经合组织国家中经济增长最快的国家。从表 4-8 中的澳大利亚 GDP 增长率统计数据中我们可以计算出，1975～1983 年弗雷泽自由党政府时期的澳大利亚 GDP 平均

年增长率为2.6%,而1983～1996年霍克—基廷工党政府时期的澳大利亚GDP平均年增长率为3.5%,霍克—基廷政府时期的澳大利亚GDP出现了很明显的增长。但是,在霍克—基廷时期,热衷于新自由主义经济重建的工党实际已经放弃了民主社会主义者传统上所惯用的经济分配手段,并带来了新的社会不公正,其中最引人注目的一点就是工党政府未能有效地解决澳大利亚在20世纪80～90年代的失业问题。

表4-8 1975～1996年澳大利亚的GDP增长率和失业率

年	经济指标	
	GDP增长率(%)	失业率(%)
1975	2.6	4.9
1976	3.6	4.8
1977	0.9	5.7
1978	4.1	6.4
1979	3.1	6.3
1980	3.4	6.1
1981	3.3	5.8
1982	−2.2	7.2
1983	4.6	10.0
1984	5.2	9.0
1985	4.1	8.3
1986	2.6	8.1
1987	5.8	8.1
1988	3.9	7.2
1989	3.5	6.2
1990	−0.4	6.9
1991	0.4	9.6
1992	4.0	10.7
1993	4.0	10.9
1994	3.9	9.7
1995	3.9	8.5
1996	3.9	8.5

资料来源:经济合作与发展组织(OECD)统计网 http://stats.oecd.org/,访问时间:2015年7月8日。

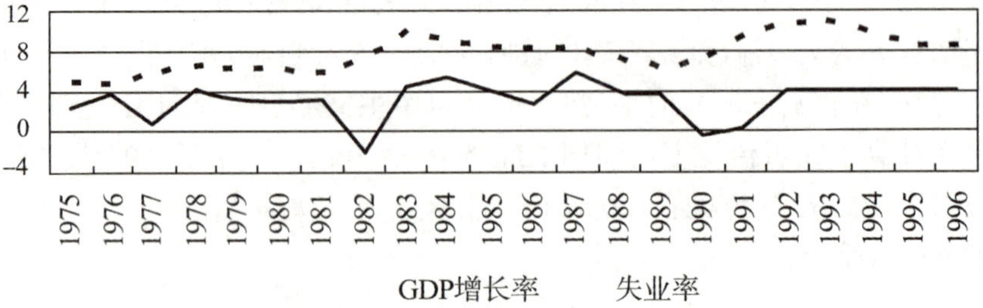

图 4-1　1975～1996 年澳大利亚的 GDP 增长率和失业率走势图(单位:%)

从表 4-8 中的澳大利亚失业率统计数据中我们可以计算出,在 1975～1983 年弗雷泽自由党政府时期,澳大利亚的平均失业率为 6.6%,而在 1983～1996 年霍克—基廷工党政府时期,澳大利亚的平均失业率上升到 8.7%。这说明,霍克—基廷工党政府时期的澳大利亚经济效率的提高没有伴随社会公平的发展,这一时期澳大利亚的经济发展是以牺牲社会公平为代价的。

另外,从图 4-1 显示的 1975～1996 年澳大利亚的 GDP 增长率和失业率走势中,我们可以很明显地观察到澳大利亚在 20 世纪 80～90 年代的经济效率和社会公平的发展状况。如果说 20 世纪 80 年代的工党政府还能够将澳大利亚的 GDP 增长率和失业率维持在一个相对平衡的状态,那么到了 20 世纪 90 年代,两者却逐渐失衡,甚至在 1990～1994 年出现了严重失衡的情况,这说明霍克—基廷时期的工党政府并没有处理好经济效率和社会公平之间的关系,澳大利亚的经济效率和社会公平在工党执政期间出现了严重失调。

可见,尽管 20 世纪 80～90 年代的工党始终将自己标榜为澳大利亚唯一一个能将经济效率和社会公平相统一的党,极力想使民众知道工党以牺牲社会公平为代价的经济重建是为了确保澳大利亚民众在未来享有更好的生活,尤其是为了劳工阶层在未来能够获得更有保障的经济安全,但是,执政的工党越是强调自由经济的重要性,越是会损害其曾经所极力维护的社会中下层劳动者的利益,并在事实上违背了其最初的改良主义理想。

三、工党从民主社会主义政党向社会民主主义政党的性质蜕变

从工党的性质上来讲,尽管这一时期的工党在党纲中仍然以民主社会主

义政党自居，仍然在党纲中保留了社会主义的成分，但这一时期的工党对新自由主义的接纳则意味着：尽管工党没有明确提出放弃“通过改良资本主义制度来实现社会主义制度”的政治抱负，但其实工党已经在实质上走上了以“维护资本主义制度”为政治目标的社会民主主义道路，已经具备了社会民主主义政党的性质。

工党在20世纪50～60年代所坚持的改良主义道路是以繁荣的经济为支撑的，20世纪70年代澳大利亚经济的不景气使工党在深知政府没有能力和条件承担其耗资巨大的社会改良计划的情况下，不得不放弃了以实现社会主义制度为目标的传统改良主义道路，转而向运行中的资本主义制度做出了妥协。在1977年举行的工党全国会议上，惠特拉姆就曾指出：“工党改良主义政策必须等到经济环境有所改善后才能进行。”[①]海登在1979年工党全国会议上再次指出，“现在已经不是推行早先那些不切实际的改良主义计划的年代了”“改良只能要么通过增加税收来实行，要么把它限制在经济增长时期，而在不久的将来这种可能性会很小”。[②] 工党对传统改良主义道路的放弃是以工党向新自由主义的转向为标志的。面对经济下滑、通货膨胀、失业率上升的压力，工党在寻求解决经济问题之策的过程中滑向了新自由主义的泥潭，但新自由主义因提倡自由放任的市场经济、反对国家干预、主张私有化、主张紧缩性的财政政策而使得工党的改良计划落空了，因为工党放弃国有化、解除市场管制、削减福利开支的行为说明工党已经丧失了改良澳大利亚资本主义制度的手段和武器，工党同自由党之间已经没有实质性的差别。

不可否认的是，工党并没有完全放弃对新自由主义的批判，面临意识形态困境的工党只是在理论上谨慎地、部分地接受了新自由主义，但在澳大利亚经济不景气、工党急需靠恢复经济来重建自身的管理者形象的形势下，工党还是在实践中表现出了明显的右转。可见，工党虽有社会民主主义政党之名，但行的是新自由主义之实，其行为不仅强化了新自由主义及资本主义在澳大利亚的力量，而且助推了工党从民主社会主义政党向社会民主主义政党的性质蜕变。

---

① [澳]阿什利·拉韦勒著，朱昔群摘译：《社会民主党转向新自由主义的根本原因——澳大利亚工党的个案研究》，《国外理论动态》2006年第3期。

② [澳]阿什利·拉韦勒著，朱昔群摘译：《社会民主党转向新自由主义的根本原因——澳大利亚工党的个案研究》，《国外理论动态》2006年第3期。

从根本原因来讲,工党之所以会转向社会民主主义道路,是因为工党已经不具备在民主社会主义道路上继续行进的社会条件。澳大利亚工党的民主社会主义道路建立在三根基本支柱之上,第一根支柱是具有一个数量庞大的工人阶级且人数在不断增长,工人群体具有强烈的阶级归属意识且这种归属意识也在不断增强;第二根支柱是凯恩斯主义经济学能够在指导资本主义的经济建设中发挥有效作用;第三根支柱是澳大利亚社会中仍然大量存有对社会主义的美好信仰。但是,从 20 世纪 50 年代开始,产业结构的调整已经使澳大利亚的传统工人阶级在数量上急剧萎缩,也就是说支撑工党民主社会主义道路的第一根支柱在 20 世纪 60 年代就已经倒塌了。而澳大利亚在 20 世纪 70 年代所遭遇的经济危机则宣告了支撑工党维持民主社会主义政党身份的第二根支柱的倒塌。1989 年的东欧剧变及其所引发的澳大利亚国内反社会主义运动的兴起则进一步宣告了支撑工党追求社会主义理想的第三根支柱的倒塌。可以说,由民主社会主义政党向社会民主主义政党的转变是澳大利亚工党身处资本主义社会环境下的必然结果,反映了像澳大利亚工党这样的社会民主党在西方资本主义制度框架内所受到的束缚。

第五章　澳大利亚工党的第三轮变革（1996 年至今）

澳大利亚工党在历经近半个世纪的变革中经历了跌宕起伏，但面对主客观环境的深刻变化，工党已经能够越来越灵活、冷静和成熟地加以应对。20 世纪 90 年代中期以来，面临新环境和新困难的工党将继续在变革中寻找发展之路。

第一节　1996 年以来澳大利亚工党的生存环境

20 世纪 90 年代以来，因东欧剧变引起的世界政党体系的大调整、因“冷战”结束引起的经济全球化的加速发展、因互联网发展引起的人们生活方式的大转变等，在深刻地改变着澳大利亚社会的同时，也在深层次上引导着澳大利亚工党的未来发展。

一、新自由主义政策导致社会矛盾激化

“冷战”的结束使社会主义与资本主义两种不同的社会制度之间的抗争就此完结，资本主义的经济扩张本性得到重新释放，从而推动着经济全球化的加速发展。经济全球化进程的加快带来了各民族国家之间利益竞争的进一步加剧，这迫使包括澳大利亚在内的各民族国家不得不将注意力集中到“经济效率”上面。但事实证明，仅靠新自由主义的经济重建并不能使澳大利亚完全应对经济全球化带来的挑战，过度强调市场竞争和经济自由化已经使澳大利亚社会发生了严重分裂，并导致了许多新的社会问题的出现。

第一，贫富差距加大。20 世纪 70 年代中期以来澳大利亚政府所进行的新自由化改革虽然一度带来了澳大利亚的经济发展，但也因收入不均等而招致了社会贫富差距的扩大。尽管澳大利亚的公共福利制度能够在一定程度上缓解贫困压力，但是，这种有限的财富再分配完全没能够遏制住收入的不平等。根据堪培拉大学“全国社会经济模式研究中心”在 2001 年 9 月底于珀斯西澳州立大学

经济学家会议上公布的一份调查报告显示，大多数澳大利亚人正在变得越来越富有，但与此同时，贫困家庭的数量也在与日俱增。[①] 另据 2002 年 9 月国家社会经济发展模式研究中心（NATSEM）对澳大利亚平均财富组合值进行统计的结果显示，20％的最富人群为 77.2 万澳元，20％的最穷阶层为 1.8 万澳元，全国 55％的财富为 20％的人口占有，只有 8％掌握在 40％的低收入家庭手中。[②] 另外，《澳大利亚人报》在 2000 年 6 月针对“缩小贫富差距”还是“尽快增加国家总财富”这一问题进行的问卷调查中，有 70％的人选择了前者，只有 28％的人选择了后者。[③] 可见，贫富差距加大已经成为澳大利亚社会存在的一个严重问题。

第二，劳资关系恶化。为了降低劳动成本，促进经济增长，于 1996 年上台执政的自由—国家联盟党加大了对澳大利亚劳动力市场的自由化改革，大力推行自由劳资谈判制度，允许雇主签订个人合同，赋予了雇主更大的用工自由。霍华德政府大力推行劳动力市场自由化的做法的确对经济的发展有促进作用，但同时也会严重削弱雇工的就业安全保障，使普通雇工陷入不公正的弱势境地。2006 年 4 月，澳大利亚政府从提交到就业援助办公室的 6263 份劳动合同中随机抽取了 250 份进行调查，调查的结果显示，所有样本都至少减少了 1 项以往受到保护的裁定劳动条件。其中，16％的合同剔除了除澳大利亚政府规定的 5 项劳动条件以外所有以往受保护的裁定劳动条件，64％的劳动合同取消了休假规定，63％的合同取消了非正常时间工作的惩罚性补贴，52％的合同取消了关于轮班工作的规定，40％的合同剔除了关于公众假期的规定，20％以上的合同规定在合同期间工资不予增长，22％的被调查者实际工资收入下降。[④] 工人受欺压的现实带来了劳动者对工作和生活状况的不满，劳资关系进一步恶化。

第三，因气候条件恶化而引发的抗议活动白热化。澳大利亚的经济结构本身就决定了澳大利亚是名副其实的碳排放大国。而 1997 年以来霍华德政府为追求经济效率而对气候变化的消极应对无疑加深了气候恶化的程度。[⑤] 据统计，在 1997～2007 年期间，澳大利亚化石燃料排放的气体增加了 10％。[⑥] 澳大利亚也因此深受气候变暖的影响，最高气温屡创历史新高，农村旱情严重，农作

---

① 参见韩锋、刘樊德：《当代澳大利亚——社会变迁与政治经济的新发展》，世界知识出版社 2004 年版，第 268 页。

② 参见赵家琎、方爱伦：《当代澳大利亚社会与文化》，上海外语教育出版社 2004 年版，第 149 页。

③ 参见韩锋、刘樊德：《当代澳大利亚——社会变迁与政治经济的新发展》，世界知识出版社 2004 年版，第 267 页。

④ 参见竺淑琴：《澳大利亚劳动关系改革探析》，《瞭望》2006 年第 11 期。

⑤ 在应对气候变化问题上，霍华德政府更多考虑的是产业界和商业界的承受力，认为过分限制碳排放量会危及澳大利亚经济的发展。

⑥ 参见丁斗：《2007 年以来的澳大利亚气候政治》，《国际政治研究》2011 年第 3 期。

物大幅减产，城市因供水不足而影响了普通民众的日常生活。尤其是墨尔本的高温炎热以及莫雷达林地区的持续干旱这两大气候灾难的发生，更是引起了澳大利亚民众对气候条件的不满。自20世纪90年代中期以来，澳大利亚民众为引起政府对气候变化问题的重视而举行的抗议活动已经达到了白热化的程度。

因过分追求经济效率而导致的各类社会问题的层出不穷使澳大利亚的各大政党都面临着前所未有的挑战。社会问题关乎民众切身利益，社会问题的解决程度是民众判断一个政党能否担当执政重任的主要指标。因此，寻找解决社会问题的有效途径、树立善于治理社会的政党形象对于20世纪90年代中期以来的澳大利亚工党来说至关重要。

二、新中间阶层力量继续壮大

20世纪90年代中期以来，随着知识经济浪潮的向前推进，信息服务、金融、通信、互联网、咨询等与生产服务较密切的行业不仅呈现出全方位发展的新格局，而且在国民经济中也是独占鳌头。据澳大利亚官方统计，2006～2007年度澳大利亚各产业的产值为：服务业7826亿澳元、制造业979.8亿澳元、采矿业487.5亿澳元、农业233.7亿澳元，服务业的产值已经占到澳大利亚GDP的82.1%。[①]

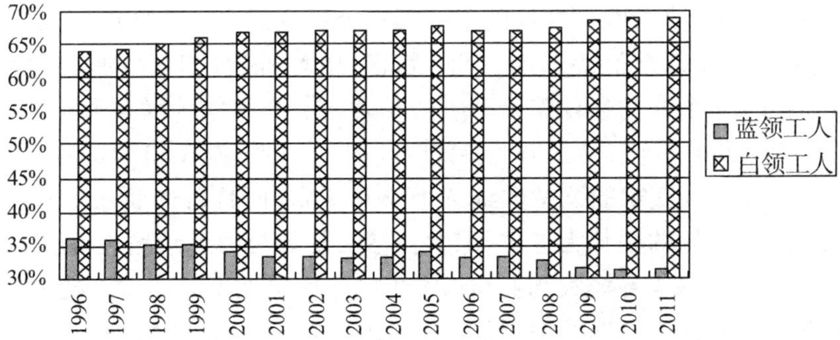

图5-1　1996～2011年澳大利亚总就业人数中蓝领职业者和白领职业者的人数比例[②]

与产业结构的变化相对应的是从事服务行业的白领工人数量的增多，如图

① 参见沈永兴、张秋生、高国荣：《列国志——澳大利亚》，社会科学文献出版社2010年版，第251页。

② 资料来源：50 Years of Labor Force Statistics Now and Then . http://www. abs. gov. au/AUSSTATS/abs@. nsf/Lookup/4102. 0Main＋Features30Dec＋2011，访问时间：2015年7月22日。

5-1 所示，自 20 世纪 90 年代中期以来，白领工人在澳大利亚总就业人数中的比例呈逐渐递增趋势，在 1996 年为 63.8%，到 2000 年的这个比例已经达到了 66.7%，到 2011 年这个比例更是达到 68.7%。统计数据说明，在澳大利亚，以白领工人为主体的新中间阶层队伍在 20 世纪 90 年代以来在继续壮大，这也引导着活跃于澳大利亚政坛的各大政党必将为争夺这一群体的支持而展开更加猛烈的角逐。

三、绿党等新兴政党的吸引力有增无减

20 世纪 90 年代中期以来，澳大利亚民众对工党和联盟党这两大传统政党的认同程度正在下降。从图 5-2 可以看出，选民对工党和自由—国家联盟党的政党认同在 1990 年为 89%，1993 年为 86%，1996 和 1998 年为 78%，2001 和 2004 年为 77%，呈现的是逐渐走低的态势。相对而言，各种单一问题集团、新党、独立候选人对选民的吸引力正在增强。

以澳大利亚绿党为例，从大选成绩上来看，澳大利亚绿党在联邦议会尤其是在参议院选举①中所获得的议席数呈现出明显增长态势。在 1996 年的联邦大选中，来自塔斯马尼亚州的绿党领导人鲍勃·布朗(Bob Brown)当选为澳大利亚绿党历史上的首位联邦参议员；在 2001 年联邦大选中，鲍勃·布朗成功连任；2002 年，来自新南威尔士州的迈克尔·奥加恩（Michael Organ）在补选中成功补入联邦众议院，成为联邦众议院中的第一个绿党成员；在 2004 年的联邦大选中，绿党从所有联邦众议院选区和州（特区）中均推选出自己的议会两院候选人，并获得了 76 个联邦参议院议席中的 4 席；在 2007 年的联邦大选中，尽管工党仍然没有获得众议院议席，但在参议院获得了 5 席；在 2010 年的联邦大选中，绿党不仅在参议院获得的议席数继续增长到 9 席，而且首次斩获了众议院的 1 个席位；在 2013 年的联邦大选中，绿党在参议院的势力继续增长，获得了 10 个参议席。② 另外，绿党在澳大利亚州选举中的实力更加不容小觑。比如，在 2010 年的塔斯马尼亚州议会选举中，绿党一举拿下了 25 个众议席中的 5 个席位。③再从党员数量上来看，绿党党员的人数在 2000 年为 2200 人，到 2007 年则上升

---

① 在参议院席位的计票中，澳大利亚工党采取的是比例代表制，即每个选区按照各政党候选人名单获得票数的比例，在参加选举的各党中分配议席。

② 资料来源于澳大利亚政治和选举数据库（西澳大学），http://elections. uwa. edu. au/electionsearch. lasso，访问时间：2015 年 7 月 23 日。

③ 数据来源于澳大利亚政治和选举数据库（西澳大学），http://elections. uwa. edu. au/electionsearch. lasso，访问时间：2015 年 7 月 23 日。

为9000人,七年间增长了4倍多。[①] 在2011年,绿党的人数进一步上升到10000人。[②]

新兴政党势力的上升虽然没有打破澳大利亚传统的政党政治格局,但在更大程度上分割了澳大利亚传统政党,尤其是工党的选举市场份额,20世纪90年代中期以来的工党因此面临着更大的生存压力。

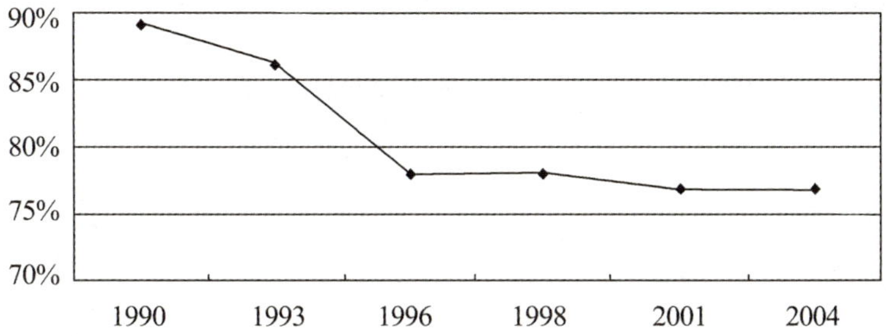

资料来源:Philip Senior, "Re-examing Leader Effects: Have Leader Effects Grown in Australian Federal Elections 1990~2004?" *Australian Journal of Political Science*, 2008, Vol. 43, No. 2.

图5-2 1990~2004年澳大利亚联邦选举中对传统政党的认同走势图

四、网络新媒体为政治沟通提供了新平台

20世纪90年代以来,持续进行的新技术革命带来了以电脑和互联网为代表的电子技术和通信技术的迅猛发展。在澳大利亚,随着电脑在20世纪90年代后的逐渐普及,澳大利亚的个人电脑拥有率也开始呈逐年递增态势,如图5-3所示,在1988年到2004年不足20年间,澳大利亚的个人电脑拥有率便增加了58%。

与个人电脑拥有率的增长相伴随的是澳大利亚网民数量的增长,如图5-4所示,1997年澳大利亚的网民数量仅有160万人,到2003年已经达到了1290万人,到2012年更是达到了1708万人。

① Tom Bramble, Rick Kuhn, *Labor's Conflict: Big Business, Workers and the Politics of Class*, Cambridge University Press, 2010, p. 188.

② Bob Brown Outlines Greens Plans for Senate Power. http://www.abc.net.au/pm/content/2011/s3256735.htm,访问时间:2015年7月24日。

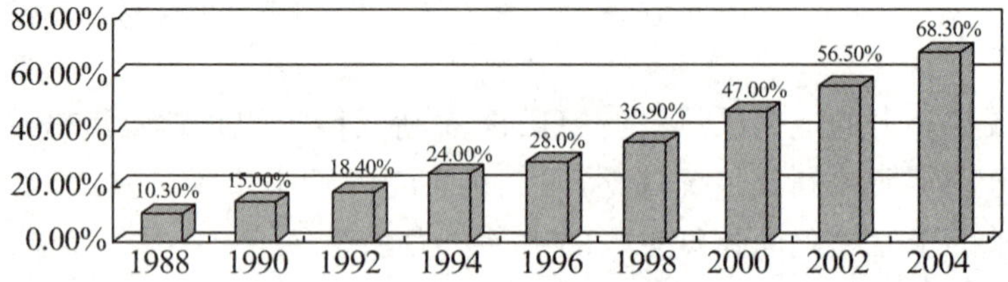

资料来源：各国统计数据网，http://www. nationmaster. com/country-info/profiles/Australia/Media，访问时间：2015 年 7 月 25 日。

图 5-3　1996～2004 年澳大利亚个人电脑拥有率

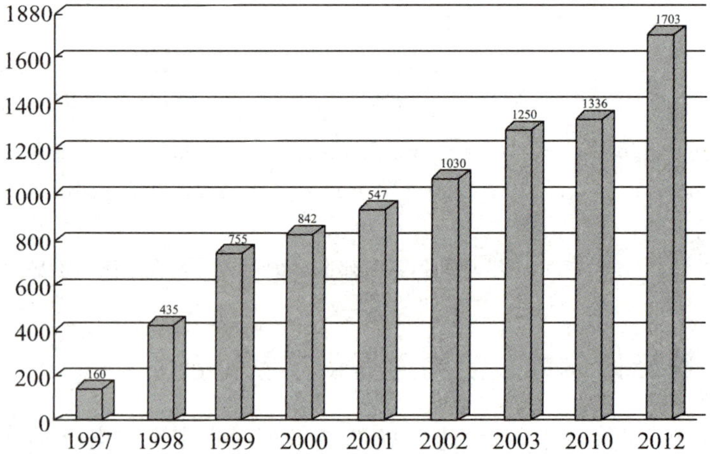

资料来源：中华人民共和国驻澳大利亚大使馆，http://au. china-embassy. org/chn/；各国统计数据网，http://www. nationmaster. com/country-info/profiles/Australia/Media。访问时间：2015 年 7 月 25 日。

图 5-4　澳大利亚网民数量增长情况（单位：万人）

以互联网为核心的信息技术的普及，使社会信息的传播不仅突破了传统的时空限制，而且速度不断提高。互联网所具有的开放性和互动性正深刻地改变着澳大利亚政治领域的传统运作方式，越来越多的澳大利亚民众开始更多地倾向于采用互联网平台来获得政治信息、表达愿望、提出诉求、行使权利。而对于澳大利亚工党来讲，网络信息时代的到来对其传统的金字塔式的组织结构以及信息获取和传递方式均提出了严峻挑战，如何掌握互联网应用技巧并将其熟练、充分地利用到党的日常活动中，将成为互联网时代澳大利亚工党需要开拓的一项重要工作。

第二节 澳大利亚工党因意识形态“右转”而陷入身份危机

新南威尔士州前州长赖恩（Neville Wran）曾说过，霍克政府已经证明了其不仅是一个致力于改革的伟大政府，而且将工党改革的优良传统发挥到了制高点。[①] 澳大利亚工党在霍克—基廷的改造下已经参与到新的政治进程中，但是，接受新自由主义理念的澳大利亚工党也必然会面临因政治的右倾化发展而带来的“身份认同”这一新的时代难题。

一、工党身份特征的丧失

“二战”后澳大利亚社会环境发生深刻改变的根源就是受到来自经济全球化的洗礼。工党无论是作为执政党还是作为谋取执政的党，其在无力阻止经济全球化进程的情况下，就必须顺应经济全球化发展的要求，参与国际经济竞争，强调经济效率，重视市场作用，压缩社会福利开支。为了给经济手段的变化创造条件，霍克—基廷时期的澳大利亚工党进行了大规模的右倾化变革。具体体现为，工党为了顺应社会环境的变化而将实用主义作为行动指南，在理论和实践中进一步淡化社会主义意识形态，疏远同工会的组织关系，增大对新社会阶层党员的吸收力度，放弃对工人阶级的政策保护。从短期来看，工党的这种实用主义做法产生了一定的大选效应，但从长远来看，工党在变革中的急功近利行为将会对其未来发展产生巨大的负面作用，其中最突出的一个表现就是随着变革的向前推进，工党越来越发现其在争取选举胜利的同时已经丧失了传统上作为工人阶级代表的身份特征。

在过去相当长的一段时间内，高福利政策作为澳大利亚工党的政策标志，曾经为工党争取执政机会和扩大社会基础起了重要的作用。但工党在20世纪80～90年代对福利国家建设的放弃，等于放弃了工党作为左翼政党的身份标志，等于放弃了工党致力于维护社会公平正义的政党价值符号，并最终导致工党身份定位的模糊化。工党因身份特征模糊化而遭受的危害非常巨大，工党所采取的新自由主义变革措施意味着工党牺牲了传统工人阶级利益的同时也没有彻底维护好新生社会阶层的利益，意味着工党在破坏了传统阶级基础的同时也没有建立起新的稳固的社会基础，这对于一个议会制度下的选举党来说无疑是致命的。

---

① Tom Bramble, Rick Kuhn, *Labor's Conflict: Big Business, Workers and the Politics of Class*, Cambridge University Press, 2010, p. 104.

但是，工党已经不可能重塑过去的形象，因为从工党自身来讲，工党在强烈实用主义指导下进行的右倾化变革已经部分“摧毁”了工党过去所赖以生存的旧框架，党内传统的左右共识已经遭到了根本性的破坏。与此同时，工党意识形态右转所带来的影响不是单方面的，其还会使工党传统的生存环境在工党的执政作用下发生改变，而生存环境的改变又会从客观上进一步左右着工党的变革行为，使工党更加无法主观地控制自身未来的变革方向。而这一切所必然导致的一个后果就是工党在变革中逐渐迷失而深陷“身份危机”（identity crisis）的泥潭。

二、1996～2007年工党11年在野

1990年末，昆士兰州工党政府总理戈斯曾经警告说：工党正在丢掉它自己的身份[①]，而到了1996年，工党便已经无法承受因丧失身份特征而带来的生存之重，在当年的联邦大选中下台后直至2007年的11年间连选连败。

在1996年的联邦大选中，选民中已经弥漫着对工党执政时间过久的厌倦情绪，很多选民积极响应自由—国家联盟党提出的“够了就是够了”的竞选口号，纷纷将选票投给了联盟党。如表5-1所示，工党在1996年的联邦大选中仅获得了148个众议席中的49席，自由—国家联盟党以绝对优势获胜。

到了1998年，时任澳大利亚总理的联盟党领袖霍华德为了给联盟党争取选举的有利时机而宣布提前举行大选。针对联盟党执政两年半来没有改善澳大利亚就业状况的问题[②]，工党顺势提出了“工作机会和就业安全感”这一大选主题，承诺一旦赢得大选，将把失业率降到5%。[③] 此次联邦大选的成绩尽管相较1996年有了显著提高，获得了148个众议席中的67席，但工党仍然没有夺取执政地位。

2001年，金姆·比兹利（Kim Beazley）率领工党打响了大选之战，此次大选工党打出了“改善就业和削减消费税”的大旗，但工党仍然没能扭转大选失败的局面，只获得了150个众议席中的65席。

2004年，马克·莱瑟姆（Mark Latham）在大选演讲中针对医疗保险、教育和税收等问题提出了颇具吸引力的政策，但遗憾的是，相较自由—国家联盟党而言，工党提出的竞选纲领缺乏全局性和可操作性，外加联盟党充分利用了莱瑟姆

① 参见黄宗良、林勋健：《冷战后的世界社会主义运动》，北京大学出版社2003年版，第356页。

② 两年半来，霍华德虽然自诩创造了30万个就业岗位，但澳的失业率仍保持在8%以上，而青年失业率则几近30%。

③ 参见李学江：《澳大利亚为何提前大选（新闻分析）》，《人民日报》1998年9月2日。

过于年轻、缺乏执政能力的劣势成功分化了工党的选民阵营，致使工党继续在大选中遭受重创，仅获得了 150 个众议席中的 60 席，无缘执政。直到 2007 年底工党重登执政舞台，这期间工党连续 11 年身处在野状态。

表 5-1　1996～2007 年澳大利亚联邦众议院选举各党所得议席数统计表

党	年份				
	1996	1998	2001	2004	2007
工党	49	67	65	60	83
联盟党	94	80	82	87	65
其他	5	1	3	3	2
总数	148	148	150	150	150

资料来源：澳大利亚政治和选举数据库（西澳大学），http://elections. uwa. edu. au/electionsearch. lasso，访问时间 2015 年 8 月 3 日。

第三节　以塑造身份特征为主题的澳大利亚工党变革

20 世纪 90 年代中期的澳大利亚工党已经走上了成熟的发展道路，但 11 年长期在野的现实也警示着工党：必须要树立起明显异于自由党的身份特征才能在澳大利亚政坛上独树一帜。因此，如何在新的社会形势下塑造起一个全新的政党形象，便成为工党在 20 世纪 90 年代中期以来一直在思考和探索的重大问题。

一、确立了“第三条道路”的指导思想

从 20 世纪 90 年代中期的政治形势上来讲，此时的澳大利亚工党除了面临着要标新立异的问题，还有另外两个问题需要解决：一是随着澳大利亚社会不和谐因素的明显增多，工党认识到，无论是左翼政党还是右翼政党都不能很好地解决资本主义在经济全球化深入发展时代下所存在的种种经济和社会问题，因此必须要寻求自身发挥作用的政治渠道；二是苏联的解体以及东欧社会主义阵营的垮台使工党所使用的传统政治语言因政治敏感性问题而存在转变的必要性。实际上，澳大利亚工党所面临的这三个问题有一个共同的解决办法，那就是创新党的意识形态，使这一意识形态不仅可以突破以往左右翼政党的政治局限，而且可以通过政治语言的转换巧妙地树立起工党政治理念和政治身份的特殊性。在

此情况下,20 世纪 90 年代中期以来的澳大利亚工党在摸索中走上了“第三条道路”。

尽管澳大利亚工党明确提出以“第三条道路”为指导思想是在 2006 年凯文·陆克文(Kevin Rudd)担任工党领袖之后,但对“第三条道路”的探索实际从基廷时期就已开始。基廷上台时正值“冷战”刚刚结束之时,为应对东欧剧变带来的负面影响,以及在变革中所面临的进退两难的尴尬处境,基廷开始考虑工党的未来之路。“在 1993 年的大选中,基廷向选民标榜工党是处在一个居中的政治立场,在它的左边是传统派,在它的右边是坚决主张经济自由化的两党联盟。”“基廷将自己描绘成了一个坚定的、折中式的经济进步与社会公正相结合的中间道路的拥护者。”[①]不过,此时的工党对于如何走中间道路尚处于茫然状态,糟糕的执政成绩带来了工党在 1996 年大选中的失败。失败后的工党开始更加深入地思考如何解决因过分采纳新自由主义理念而带来的诸多社会不公正这一现实问题。工党认为,要解决经济效率与社会公正之间的矛盾冲突,还是需要国家对经济和社会发展进行适度干预。工党重提国家适度干预的重要性,预示着未来的工党政府将会在经济和社会的发展中发挥更大的作用。

1998 年工党的新党纲提出把“向所有的澳大利亚人提供安全和创造机会”当作自己的优先奋斗目标,并指出所谓“安全”,包括工作保障、收入保障、个人生活环境的安全保障,以及国家的安全;所谓“机会”,包括个人实现自己潜能的机会,提高生活水平和生活质量的机会,获得工作、接受教育、拥有健康和福利服务的机会等。[②] 2000 年工党的新纲领进一步指出:在新世纪,工党应该坚持自身的传统价值观,经济进步只是实现社会目标的手段,建设一个好的社会的最可靠的办法是满足大部分人的需求,以及提供给每一个人充分发挥潜能的机会。[③]

澳大利亚工党对“中间道路”的尝试是世界中左翼政党在 20 世纪 90 年代中后期意识形态探索的一部分。其中,英国新工党凭借“第三条道路”在 1997 年大选中获得胜利是这一探索领域中最成功的案例。在英国新工党的示范作用下,“第三条道路”成为“冷战”后中左翼政党为克服意识形态危机而纷纷信奉和追随的对象。西蒙·克林(Simon Crean)在 2001 年就职工党领袖之前所著的《使全球资本文明化:澳大利亚工党的新思维》(*Civilizing Global Capital*: *New Thinking for Australian Labor*)一书中,既否定了传统的自由放任市场,也否定了国家对市场的过度干预,表达出要同传统的左右政治分野划清界限的态度,

---

① 韩隽:《澳大利亚工党研究》,新疆大学出版社 2005 年版,第 309、310 页。

② 参见黄宗良、林勋建:《冷战后的世界社会主义运动》,北京大学出版社 2003 年版,第 360 页。

③ 参见 ALP's National Platform 2000. p. 1-2. http://www. alp. org. au/, 访问时间:2015 年 8 月 4 日。

实际上是对“第三条道路”的认可和接纳。2006 年陆克文担任工党新领袖后明确宣称，他不曾也不会成为“社会主义者”，而是一位“社会民主主义者”，他认为要想把工党“建设成为现代化、进步和民主的党”，就必须走兼顾公平与自由竞争的“第三条道路”。①

2008 年以来，在席卷全球的金融危机的冲击下，澳大利亚经济发展缓慢，失业率上升。2009 年 2 月，陆克文在《全球金融危机》一文中指出：“本次危机正是过去 30 年来自由市场理论主宰经济政策的最终恶果。”②同年 2 月，陆克文在其撰写的另一篇名为《“第三条道路”的使命》的文章中强调，要防止极左或极右的极端反应占据优势，要通过走“第三条道路”完美地解决新自由主义遗留下来的挑战。③ 可见，陆克文时期的工党已经将“第三条道路”确立为新的指导思想。陆克文对“第三条道路”的解释是：“社会民主党人不仅要从凯恩斯学派中汲取养分，也要结合国际形势的现状作出创新。社会民主派应当同新自由派的极端主义断绝关系，建立社会民主主义国家，既维护合理管制的竞争性市场的生产能力，又确保政府作为规则制定者、资金提供者和公共产品供应者，缓解市场所导致的不平衡，维护社会公平。当然，社会民主主义不是社会主义，而是介于国家社会主义和自由市场主义之间的中间路线。”④

从政治原理上分析，工党之所以会选择走“第三条道路”，是为了弥合民主社会主义和新自由主义各自的弊端，发挥两者的集中优势，意在将市场与社会福利、自由主义与反贫困斗争、经济效率和社会公平加以协调和兼顾。不过，澳大利亚工党并没有像英国工党和德国社民党那样对“第三条道路”这一思想加以深入说明，其对“第三条道路”的阐释只是为了给其在经济社会政策上的变革提供解释。

二、以开放、民主为价值导向的组织建设

工党的组织建设要体现时代性，将开放、民主等时代元素吸收进组织肌体同样是工党塑造身份特征的重要方面。2002 年 8 月，特别调查委员会向联邦执行委员会提交的调查报告（National committee of review）就扩大党内民主、优化党

① 参见海之灵：《陆克文：“中国通”成为澳大利亚工党新船长》，《当代世界》2007 年第 4 期。

② 陆克文、周硕：《全球金融危机的根源与变革》，《中国金融》2009 年第 6 期。

③ 参见陆克文：《“第三条道路”的使命》，《财经》2009 年第 4 期。

④ 陆克文：《新自由主义是全球金融危机祸首》，李慎明：《世界在反思之二　批判新自由主义观点全球扫描》，社会科学文献出版社 2012 年版，第 103 页。

员结构、重构同工会之间的关系模式等组织建设问题提出了诸多建议。[①] 在2011年12月举行的第四十六届工党全国代表大会上，关于党的组织变革问题，大会共提出了13条规划。[②] 2014年4月22日，比尔·肖腾(Bill Shorten)在其发表的题为"重建工党——朝向一个现代化的工党迈进"的演讲中宣布："今天是开启重建澳大利亚工党之日，现在我们有了更多的成员，我们的成员有了更多的发言权，所以我们可以建设一个更加强壮的工党。"[③]在具体的实践中，20世纪90年代中期以来的澳大利亚工党以开放、民主为价值导向，对党组织进行了更为深入的调整。

(一)调整工党与社会利益集团的组织关系

调整与社会利益团体的关系是工党为扩大党的利益代表性而进行的持续性探索。随着20世纪90年代以来各种社会利益团体力量的进一步变化，工党也在积极地探索同各社会利益团体进行合作的新途径。

第一，在进一步拉开同工会的组织关系的基础上加强了同工会的社会联系。具体做法包括：一是工党进一步减小了工会代表在全国和州代表大会中的比例。在2002年惠特拉姆86岁寿辰之日，工党指出澳大利亚媒体关于工党改革的争论主要集中在60∶40规则——州会议成员由60％的工会代表和40％的州分支的独立代表构成，而且媒体正在达成"工党的主要问题在于派别的权力和刚性过大"的共识。[④] 为了解决这一问题，2003年，时任工党领袖的西蒙·克林将代表大会中联系工会代表与个体党员代表的配额比例由之前的60∶40改为了50∶50。[⑤] 在2011年召开的第四十六届全国代表大会所修订的党纲中，工党强调50∶50的代表比例一定要保持。[⑥] 时至今日，工党仍然在强调这一比例。二是工党加强了同工会的社会联系。鉴于工会在澳大利亚仍然具有相当大的号召力，其仍然是构成和支持工党的最基本力量，工党在1996年大选失利后重新加

① 参见 Bob Hawke, Neville Wran, "National Committee of Review—Report August 2002," http://australianpolitics. com/downloads/alp/02-08-09_hawke-wran-review. pdf，访问时间：2015年8月10日。

② 参见"What Happened At The ALP National Conference?" http://australianpolitics. com/2011/12/09/what-happened-at-the-alp-national-conference. html，访问时间：2015年8月11日。

③ Bill Shorten, "Towards a Modern Labor Party", http://www. alp. org. au/rebuild_labor，访问时间：2014年8月10日。

④ 参见"Whitlam, Birthday Boy, Proposes Major ALP Reforms," http://australianpolitics. com/2002/07/11/whitlam-proposes-major-alp-reforms. html，访问时间：2015年8月11日。

⑤ 参见"Trade Unions Affiliated to the Victorian ALP," http://australianpolitics. com/political-parties/alp/trade-unions-affiliated-to-victorian-alp，访问时间：2015年8月11日。

⑥ 参见 *ALP's National Platform* 2011, p. 265. http://www. alp. org. au/，访问时间：2014年7月16日。

强了与工会的联系,在2000年的党纲中,工党明确表示无论工党与工会之间的传统关系出现过什么问题,这种联系都已经被历史证明是必不可少的,同时也是可以持久的。[①] 对此,工党对工会咨询委员会进行了更新,以使其在为工党提供政策咨询方面发挥更大的作用。

第二,建立新的外围组织。为了加强对各专业技术群体和选民的渗透,在工会这一传统外围组织之外,工党还建立起各种面向中产阶级乃至企业家的俱乐部、协会等新的外围组织。同时,工党还宣布所有同工党建立制度化联系的"支持者团体",都会在党内决策中享有同联系工会同等的权利。

(二)进一步调整党员结构

在工会集体党员人数因工会势力衰落而不断减少的趋势下,为了壮大党员队伍,工党加大了对个人党员的吸收力度。具体体现为为了吸引个人入党,工党采取了多种措施,比如将党的入党登记表挂在网上,以方便那些认同党的政策主张的民众随时办理入党手续或申请为志愿者[②];通过将"属地支部"改建为"环境支部""教育支部""维护小企业主利益支部"等"主题支部"的方式增加工党的吸引力。[③] 肖腾在2014年4月发表的演讲中,宣布工党将于2014年7月开始实施"一键式"网上入党申请、设立全国统一的低价党费,另外他还建议某些州应删除民众想要加入工党必须要先加入某个工会的条款。[④] 另外,在吸收个人党员的过程中,工党还采取了诸多措施专门用于增加对女性党员、土著党员、年轻党员的吸引力。

表5-2 2002年澳大利亚工党的女性国会议员占议员总数的比例(单位:%)[⑤]

议会	女性
联邦	27
新南威尔士州	21
维多利亚州	32
昆士兰州	41

① 参见*ALP's National Platform* 2000, http://www.alp.org.au/,访问时间:2015年8月15日。

② 参见柴尚金:《变革中政党:国内外政党建设的经验与教训》,经济科学出版社2013年版,第63页。

③ 参见姜跃:《国外政党执政面临的几个共同问题及其应对》,《中共中央党校学报》2008年第6期。

④ 参见Bill Shorten, "Towards a Modern Labor Party", http://www.alp.org.au/rebuild_labor,访问时间:2014年8月10日。

⑤ 资料来源:*CanberraTimes*, April 29, 2002. http://australianpolitics.com/2002/04/29/alp-women-equal-representation.html,访问时间:2015年8月23日。

续表

议会	女性
西澳大利亚州	25
南澳大利亚州	48
塔斯马尼亚州	29
首都领地	35
北方领地	31

在吸引女性入党方面，一是建立了全国劳动妇女组织用于鼓励妇女加入工党、制定并推广一些劳动妇女的技术培训计划、组织会议、促进工党与社区妇女组织的交流、确保妇女参与政策制定过程、向妇女论坛提名代表等党务工作[①]；二是重视提高党内女性党员、议员和高级干部的比例。如表 5-2 所示，2002 年的工党已经基本实现了“2002 年联邦选举和州选举中应有 35％的席位由妇女赢得”[②]的目标，但是，鉴于不是所有州的女性成员的比例都达到了预定目标，尤其是在新南威尔士州，女性成员的比例是最低的，2002 年 4 月召开的工党妇女大会（ALP Women's Conference）又确立了“使各层党组织、党掌管的公职职位中有同等数量的男性成员和女性成员”[③]的目标。之后，工党确立了一个全新的性别分配模式：40∶40∶20。[④] 也就是说，在相关公职职位中至少有 40％的女性和 40％的男性，其余 20％可以由任一性别的候选人当选。在工党第四十八届全国代表大会修订的党纲中，确立了到 2025 年，要实现妇女担任高级公职的比例达到 50％的目标。[⑤]

在吸引土著人入党方面，工党建立了由各州的劳工网络联合而成的全国土著劳工网络体系，该网络体系旨在吸引、帮助工党中的土著成员，增加土著居民在工党各层的参与度，增加认同感，培训、支持土著候选人，提高全工党对土著问题的意识，承诺全党党员在更大程度上代表土著居民利益，鼓励土著居民在党的

---

① 参见 *ALP's National Platform* 2011，p. 241. http://www.alp.org.au/，访问时间：2014 年 7 月 16 日。

② 全国妇联妇女研究所信息中心：《世界各国性别平等意识与公共政策现状一瞥》，《中国妇运》2004 年第 7 期。

③ “ALP Women Continue Fight For Equal Representation,” http://australianpolitics.com/2002/04/29/alp-women-equal-representation.html，访问时间：2015 年 8 月 23 日。

④ 参见 *ALP's National Platform* 2011，p. 239. http://www.alp.org.au/，访问时间：2014 年 7 月 16 日。

⑤ 参见 *ALP's National Platform* 2018，p. 212. http://www.alp.org.au/，访问时间：2019 年 1 月 10 日。

职位上就业。[1]

在吸引年轻人入党方面，工党也采取了多种办法，比如，设立网络党支部，在工作场所、大学校园中建立党的组织，允许不到法定选民年龄的青年人参加党内投票活动，等等。

(三)改革党内决策体制

澳大利亚工党传统的决策体制是，只有州支部、澳大利亚青年工党、联邦议会工党以及其州分会与过半数州的澳大利亚工党有关系的工会才有权向联邦执行委员会提交议题，在某些特别议题由过半数支部提出且这些议题确实具有全国意义时，召开特别全国代表会议（表决）。[2] 工党的这种决策体制存在的最大问题就是，基层党员基本没有机会参与到党内决策中来。

在扩大基层党员决策参与权的改革中，工党的做法是首先通过提高党员代表中个体党员代表的构成比例[3]，增加个人党员在党内决策中的话语权。其次，为了给基层党员参与到党内决策中搭建平台，工党还建立起工党全国政策论坛以及各州、领地支部政策论坛。全国政策论坛以促进联邦议会工党、党员及分支机构之间关于政策的讨论、发展为主要目标，由来自党的各个部分的提名代表组成，每三年改选一次，负责审核政党纲领、组织政策委员会、领导党内的辩论、就政策问题向全国代表大会和全国执行处提供建议，全国政策论坛每年至少开会三次，且至少在首都之外的城市开会一次。[4] 为了使全体党员能够最大限度地参与到决策过程中来，在全国执委会的指导下，各州、领地支部都效仿全国政策论坛的形式在省会城市及主要区域中心设立了中心政策支部或论坛，用以向全国政策委员会提供建议，所有党员都有资格参加各个州、领地政策委员会会议，探讨相关政策议题。[5] 各州支部、澳大利亚青年劳工组织、联邦选举理事会、劳工运动策略委员会，以及附属于党的工会组织等机构，都有权向全国政策论坛提交议案，作为反馈，全国政策论坛会以书面形式把对议案的审阅意见告知这些机构。[6]

---

① 参见 *ALP's National Platform* 2011, p. 235. http://www. alp. org. au/，访问时间：2014年7月16日。

② 参见金太军：《当代各国政治体制——澳大利亚》，兰州大学出版社1998年版，第123页。

③ 上文提到的将代表大会中联系工会代表与个体党员代表的配额比例由之前的60∶40改为50∶50。

④ 参见 *ALP's National Platform* 2011, p. 243. http://www. alp. org. au/，访问时间：2014年7月16日。

⑤ 参见 *ALP's National Platform* 2011, p. 254. http://www. alp. org. au/，访问时间：2014年7月16日。

⑥ 参见 *ALP's National Platform* 2011, p. 236. http://www. alp. org. au/，访问时间：2014年7月16日。

这样一来,"二战"前工党所实行的决策结构得到了根本改变。新体制保留了工党代表大会对党的政策的最终决定权,而全国政策论坛和各州、领地政策论坛的建立和运行,既为工党的中央权力机构与地区党组织之间的直接对话提供了可能,也为广大基层党员直接参与党的决策提供了平台。同时,新的决策机制使得工党中央在决策中的协调性和统一性得到进一步增强,州一级的权力得到了弱化,而广大党员与中央之间的直接联系得到了加强。

(四)扩大基层党员的直接选举权

在扩大基层党员选举权的改革中,工党除了鼓励和支持各州、领地对全国代表大会的代表进行直接选举外①,还在工党的领导层选举中引入了直接选举的办法。工党在由党主席、副主席、书记组成的"组织领袖"②的选举中引入直接选举的时间是在 2003 年③,而在党的"政治领袖"④的选举中引入"部分"直接选举则是在 2013 年 7 月才进行的改革。⑤

尽管工党政治领袖的直选改革时间最晚,但其对工党的影响是最为深刻的。因为自工党建立以来,党的各级政治领袖按照往常惯例都是由各级议会的议会党团表决产生和罢免,如果被罢免的领袖时任总理(州长),该领袖应立即辞去政府首脑职位。⑥ 因此,澳大利亚工党一直存在党领袖选举频繁、议会党团成员垄断党领袖选举权、普通党员在党领袖人选上缺乏话语权、工党能够在执政期间以党内程序更换"民选"总理等不民主的问题。⑦ 2013 年 7 月,重新出任联邦总理的陆克文提出了改革工党联邦党魁的任免方案。根据该方案,联邦党魁由普通党员与国会议员各占 50%的选票共同选举产生;如果党魁带领工党赢得了大选,则可在其任期结束之前一直担任党魁;如果工党在大选中失败,则会自动转入更换党魁的投票程序;工党执政时,如果出现现任党魁辞职或提出重选要求,

---

① 参见 *ALP's National Platform* 2011, p. 264. http://www. alp. org. au/,访问时间:2014 年 7 月 16 日。

② 工党的党组织由全国执行委员会领导,各州级党部有州级执行委员会。全国执委会的首脑是工党主席,下设两个副主席、一个书记。此外,各州级党部有州级主席和州级总书记。党主席、副主席的实际职责主要在党组织方面,并负责调停内部纠纷。全国书记和各州级总书记是各级党部的实际负责人,负责党内纪律,竞选时担任竞选主任。变革前工党的组织领袖由全国代表大会选出。

③ 参见 ALP's National Platform 2011, p. 239. http://www. alp. org. au/,访问时间:2014 年 7 月 16 日。

④ 政治领袖,也称"党魁"或"党首",是工党在相应层级的实际领导者,因此一般所称的"工党领袖"指的是政治领袖,不是主席或书记。工党执政时,政治领袖出任总理或州长,在野时则担任反对党领袖。变革前工党的各级政治领袖由各级议会的议会党团表决产生和罢免。

⑤ 参见"Caucus Votes to Support New Rules," http://www. sbs. com. au/news/article/2013/07/22/caucus-votes-support-new-rules,访问时间:2014 年 8 月 9 日。

⑥ 参见 http://zh. wikipedia. org/wiki/澳大利亚工党,访问时间:2014 年 8 月 9 日。

⑦ 参见陈健:《陆克文隐退,澳大利亚工党何去何从?》,《当代世界》2013 年第 12 期。

以及有超过75%的议会党团议员联名上书要求改选党魁的情况，也可重新进行党魁选举；工党在野时，如果有超过60%的议会党团议员联名上书要求改选党魁，即进行党魁选举。①

在2013年9月7日举行的联邦大选中，工党败北，刚刚于2013年6月重新上任工党领袖的陆克文宣布辞职。2013年10月，工党进行了新一轮党首选举，党首选举采取了陆克文新确立的党首选举制度，即党首经过普通党员与党团成员各占50%的权重进行表决。竞选的结果是，前教育部长肖腾获得了63.95%的党团成员票以及40%的普通党员票，并最终以52%的总得票率击败了前副总理安东尼·阿尔贝尼斯(Anthony Albanese)，成功当选新一届工党主席。② 上任后的肖腾肯定了陆克文关于工党领袖直选的改革，并鼓励各州及领地分部在选举党领袖的时候要像联邦工党一样，采取工党决策委员会和基层党员的意见各占一半的办法。③

（五）拓宽党内信息沟通渠道

互联网的兴起和发展为澳大利亚工党拓宽党内信息沟通渠道、增加党内信息沟通方式提供了可能，20世纪90年代以来的工党顺势把几乎所有的工作转移到网络空间来开展，除了运用网络平台在大选中进行宣传动员，工党还将网络信息技术运用到党内事务管理和党内信息沟通中。比如，工党通过创建门户网站(http://www.alp.org.au)在网上吸收党员、吸收捐款、发布党内信息、公布党的新闻动态、组织问卷调查等④；通过创设全国范围的基层网络党支部，并在网上公布各级党支部的机构设置及联系方式，来方便基层党员与党组织的日常沟通⑤；通过电子邮件(labor@australianlaborparty.emailnb.com)向海内外党员发布党的信息和指示。除此，随着21世纪以来信息沟通平台的进一步发展，工党领导人还通过私人邮箱、Facebook、Twitter等新兴网络沟通平台，就党的内部建设、政策主张和未来发展等问题同普通党员进行交流。⑥

工党通过使用以互联网技术为支撑的信息沟通方式有效地实现了"上情下

---

① 参见"Caucus Votes to Support New Rules," http://www.sbs.com.au/news/article/2013/07/22/caucus-votes-support-new-rules，访问时间：2014年8月9日。

② 参见李佳彬：《澳工党进入"后陆克文时代"》，《光明日报》2013年10月17日第8版。

③ 参见 Bill Shorten, "Towards a Modern Labor Party," http://www.alp.org.au/rebuild_labor，访问时间：2014年8月10日。

④ 2010年7月15日，吉拉德宣布工党进入互联网时代。参见 ALP Entering a Brave New Internet World. http://australianpolitics.com/2010/07/16/alp-entering-a-brave-new-internet-world.html，访问时间：2015年9月2日。

⑤ 参见张光平：《西方发达国家政党运用互联网推进电子党务》，《当代世界》2007年第5期。

⑥ 工党领导人的私人联系方式在工党官网 http://www.alp.org.au 上均有相关链接。

达”“下情上达”以及领袖和党员的双向互动，这不仅使工党融入了高度网络化的信息社会，有效提高了日常工作质量和工作效率；而且为党员及时掌握党内信息、直接参与到党内活动中拓宽了渠道，进一步实现了党员的民主权利。

三、以平衡效率与公平为基本原则的政策调整

20 世纪 90 年代中期以来的澳大利亚工党对参与经济全球化持积极态度，但是，工党又谨慎地对待经济全球化所带来的负面影响，努力在资本主义制度中注入社会民主主义的政策元素，积极探索在资本主义制度下实现社会公平正义的有效办法。

（一）对社会福利政策的“折中”调整

在 1996 年的大选中下台后，工党深刻反省了霍克—基廷工党政府在新自由主义指导下所进行的社会福利建设中的不足。在工党于新千年到来之时发表的《劳动大军 2000》(*Workforce 2000*)的报告中，工党提出了一个旨在帮助提高澳大利亚国民教育和技术水平的详细计划。工党认为：“增强劳动者的技能和教育水平是增强个人抵御经济全球化给个人以及工作场所的冲击的最佳途径，同时也是实现‘安全和机会’的根本途径。”[①]

事实上，工党在 1996 年以来所主张的社会福利政策是在“第三条道路”的指导下，在新自由主义分配标准和平均主义分配标准之间选择的一条折中路线，以求在处理效率与公平之间的关系问题上找到一个平衡点。这不仅是为了重新突出工党的“公平”理念，更是为了挽回曾对工党的福利措施感到失望的那部分选民的支持。因此，在具体的实践中，工党强调其与自由—国家联盟党在社会福利建设上的最大区别在于：联盟党致力于“削减”，而工党致力于“投入”。强调工党要比联盟党更善于协调社会利益。

在新的社会福利理念的指导下，于 2007 年上台的陆克文工党政府主张加大对社会福利的投入力度，具体做法除了在技能培训、国民教育等方面增加专项投资这种间接福利手段，工党还致力于通过直接救济的方式改善澳大利亚人的生活水平。比如，陆克文政府推出了减免税政策，中低收入者从 2008 年 7 月起可以获得每年 1000 澳元的减税。[②] 另外，工党政府还增大了现金福利发放的力度。比如，为了促进养老金领取人群和低收入家庭的支出，工党政府从 2008 年

---

① 黄宗良、林勋健：《冷战后的世界社会主义运动》，北京大学出版社 2003 年版，第 362 页。

② 澳大利亚财政部文件显示，年收入少于 5 万澳元的人群将成为政府减税政策的最大获益者。工资为 4 万澳元的人每周税金将减少 20 澳元，是以前联邦政府平均每年减税的 3 倍。年收入 5 万澳元的中等收入者将获得每周 15 澳元的减税账单。

12月8日起，分别向领取恤金的寡居者和老人一次性每人发放福利金1400澳元，老人夫妇2100澳元，需护理的特殊群体每人1000澳元，儿童每人1000澳元，凡符合“家庭税务福利A”以及符合条件领取“青年补贴”、助学金或“退伍军人子女教育计划”的家庭均可获此福利发放。① 据统计，在2008～2009年，工党政府的社会福利开支大约为136.6亿美元，其中现金支付占总支出的69%，社会服务占31%。②

2010年6月，接替陆克文担任工党领袖和联邦总理的朱莉娅·吉拉德(Julia Gillard)继续推进福利改革，针对“澳大利亚普通公民即便不工作，也能领到确保衣食无忧的社会救济”这种被描述为“腐蚀性”的福利效应，吉拉德适当减少了用于社会福利的开支，但相对于霍克—基廷时期，陆克文—吉拉德工党政府时期的社会福利政策仍然表现出明显的广泛性和深入性。

不过需要明确的是，在放弃了福利国家理念之后，工党所主张的社会福利政策已不可能再重新回到惠特拉姆时期的那种激进状态。工党在扩大社会基础的过程中，社会福利政策的制定也会以惠及最大多数选民为目标追求，并因此会越来越理性地处理最为关乎民生的社会福利问题。

(二)在反贸易保护主义前提下的政策补偿

“二战”后的澳大利亚工党一改“二战”前以设置高关税壁垒为手段来保护本国工人阶级利益的传统做法，转而通过降低关税、增加进口的方式增加澳大利亚物资市场和劳动力市场的竞争力。但是，同自由党相比，工党还是在贸易政策上表现出更为谨慎的态度。2004年8月，在野的工党对联盟党政府的美澳自由贸易协议表示支持，但条件是追加三条修订条款以保护部分消费药品的政府补贴。时任工党领袖的马克·莱瑟姆(Mark Latham)表示这样做的目的是为了确保澳大利亚民众能够买到低廉药品。

2009年7月，工会发起了“购买国货运动”，高声呼吁购买国货、保护就业。但对此陆克文政府并没有给予回应。陆克文指出：“这种保护主义将导致类似上世纪30年代的大萧条。”澳洲的大部分利益取决于其对出口的依赖，“我们需要避免任何形式的保护主义措施，否则将引起世界各国的报复性保护措施”“30年代大萧条的错误就是，最初人们认为出路在于封闭经济，使他们自己与外界隔绝。结果怎么样呢？全球经济萎缩。我们不会重复那些错误。”③

---

① 参见沈永兴、张秋生、高国荣：《列国志——澳大利亚》，社会科学文献出版社2010年版，第130页。

② 参见张海龙：《新世纪澳大利亚工党联邦政府社会福利政策评析》，新疆大学2012年硕士学位论文。

③ 本报驻堪培拉记者陈小方：《陆克文政府反对保护主义》，《光明日报》2008年7月31日。

不过，工党并没有完全无视“购买国货运动”下隐藏的工会所要争取的实际利益，作为对工会的补偿，澳大利亚工业部部长金·卡尔（Kim Carr）在2009年7月28日宣布：“政府将启动一项耗资1900万澳元的计划，帮助本土企业参与竞投政府和私营领域的合同。”①对此，澳大利亚制造业工会负责人奥利弗（Dave Oliver）表示支持，“因为这将支撑着130万名制造业工人的未来”②。

可见，这一时期的澳大利亚工党尽管仍然反对贸易保护主义，但也没有对贸易自由化采取放任态度，而是在反对贸易保护主义的前提下采取了适当的弥合措施。

（三）在自主协商基础上的劳资权利平衡

尽管工党自“二战”结束以来一直试图改革过于机械的仲裁制度，也希望通过建立灵活的劳动力市场来促进澳大利亚经济的发展，但破坏劳资合作并危及工人阶级利益的过度改革不会被工党接受。1996年上台的霍华德联盟党政府为了提高澳大利亚经济的竞争力而出台了《工作选择法》，取代了工党政府时期的《产业关系法》。《工作选择法》片面强调经济效率的提高和劳动力市场的自由化发展，以推行解雇自由、个人谈判、削弱工会作用为主要手段，在极力扩大雇主权利的同时，严重削弱了广大工人的就业安全保障。工党和全国工会理事会对霍华德联盟党政府时期的劳资关系改革厉声反对，认为霍华德政府对劳资关系的改革是对澳大利亚工人阶层的挑战，不仅破坏了劳资之间的合作主义理念，而且无利于经济效率与社会公平的平衡发展。

2007年陆克文工党政府上台后，立即着手制定平衡劳资关系的新法案。2008年11月，在工党主持下制定的《公平工作法》正式取代了霍华德政府时期的《工作选择法》。《公平工作法》保留了《工作选择法》中诸如不干预基于诚意基础上的谈判、用一个全国统一的劳资关系体系取代联邦和各州的劳资关系体系等合理成分，但《公平工作法》以平衡劳资关系为目的，对《工作选择法》做出了根本性的改变：第一，《公平工作法》废除了个人工作场所协议，而把劳资谈判作为雇员和雇主达成协议的主要手段，规定如果大部分雇员都要求谈判，雇主必须和雇员进行基于诚意的谈判；第二，《公平工作法》仍然规定雇员在会见雇主前须提前24小时向雇主提交通知，且雇主只能于休息期间在工作场所会晤员工，但工会无须再征得雇主同意，只需取得澳洲公平工作委员会的准许即可进入工作场

① 本报驻堪培拉记者陈小方：《陆克文政府反对保护主义》，《光明日报》2008年7月31日。

② 本报驻堪培拉记者陈小方：《陆克文政府反对保护主义》，《光明日报》2008年7月31日。

所；第三，《公平工作法》废除了只有 100 位员工以上的大公司的雇员有申诉遭不公平解雇的权利的规定，恢复了雇员自认“遭无情或不公平”解雇而提出申诉的权利，为所有雇员提供了免受不合理开除的保护；第四，《公平工作法》废除了《工作选择法》制定的仅适用于签署工作场所个别协议的员工的 5 项最低工作标准，重新制定了 10 项工作条件，以保障雇员的每周工时、最低工资、超时工作津贴、年薪、公众假期、假期津贴、公积金、遣散费等不被剥夺。①

可见，在兼顾效率与公平这一理念的指导下，尽管工党仍然主张劳资关系趋向自主协商的方向发展，但 20 世纪 90 年代中期以来的工党对劳动力市场自由化的变革步伐有所放缓。

（四）为促进种族平等对多元文化政策进行了强化

随着非欧洲移民数量的继续攀升，以及土著人维权意识和社会地位的不断提高，非欧洲移民和土著人在大选中发挥着越来越重要的作用。为了争取“有色”选民的支持，澳大利亚工党进一步强调了“第三条道路”所倡导的平等的价值观念，强化了其在多元文化政策上的坚定立场。

1996 年后，工党在历届全国会议上一再强调，多元文化主义的社会效益不仅在于能够推动澳大利亚成为一个公正、宽容、和谐的国家，而且有助于提升澳大利亚的国际形象。在 1998 年工党联邦大会的决议中，工党明确表示了其消除歧视、建立一个多元文化社会的决心。在 2007 年工党全国会议通过的决议中，工党做出了建立一个相互尊重的多元文化社会、实现与土著人和托雷斯海峡岛民真正和解的承诺。在 2011 年工党全国代表大会所修订的党纲中，工党继续鼓励澳大利亚社会文化和生活方式的多元化发展。2007～2013 年期间，陆克文—吉拉德工党政府对多元文化政策的实践主要包括：

第一，在对待土著人的问题上。2008 年 2 月 14 日，新上任的陆克文工党政府兑现了其在大选前的承诺，代表政府正式向土著居民尤其是“被偷的一代”（The Stolen Generations）②在百年来所遭受的不公正待遇进行道歉。③ 在进行

---

① 参见秦德占：《塑造与变革：澳大利亚工党社会政策研究》，河南人民出版社 2009 年版，第 206～207 页。

② 1910 年，澳大利亚联邦政府以改善土著儿童生活为由实施了一项旨在同化土著的政策。该政策规定，澳大利亚当局可以随意将土著家庭中的土著儿童带到土著儿童养育院集中生活，而一些肤色较浅的混血土著儿童则可以随意被白人家庭领养。据统计，到 1979 年该项政策被废除为止，大约有 10 万的土著儿童被以暴力或胁迫手段强行从土著家庭带走，史称“被偷走的一代”。

③ 参见 Kevin Rudd's Speech on the Apology to the Stolen Generations. http://australianpolitics.com/2008/02/13/rudd-stolen-generations-apology-speech.html，访问时间：2015 年 9 月 17 日。

政治道歉的同时，陆克文政府还加大了对土著人地区的帮扶和资金投入力度。[①]吉拉德上任后对陆克文政府期间制定的土著政策进行了沿用，并在推动民族和解问题上做出了进一步努力，具体表现为吉拉德政府开展了一系列针对土著人土地权益、教育和文化权利的相关立法。[②]

第二，在对待外来移民的问题上。工党政府继续致力于培养澳大利亚人对外来移民尤其是非英语移民的宽容精神。不仅对难民取消了临时庇护签证制度，规定凡符合安全及道德要求的难民将会获得永久居留，而且还给予了他们就读移民英文班及就业等援助，同时规定他们可以享有同其他永居签证人士同等的福利待遇。

陆克文—吉拉德工党政府在多元文化建设中的举措受到了国内外的普遍赞誉，尤其是陆克文的政治道歉行为在土著居民中引起了强烈的反响，受到了澳大利亚民众尤其是土著居民的广泛支持。

(五)在公平理念的指导下积极制定环保政策

随着人们对生活质量重视程度的提高，环境的治理问题始终备受民众关注。面对大气污染所导致的气候变化，一向积极投身环保事业的澳大利亚工党选择继续坚持其“改良”的执政方式和(代际间)“公平”的价值理念，以利用其在气候变化问题上同自由—国家联盟党截然不同的立场来塑造工党与时俱进的良好形象。

陆克文在2007年就任澳总理的当天，就正式签署了曾被联盟党拒签的《联合国气候变化框架公约的京都议定书》(简称《京都议定书》)，宣称要在2050年前将澳大利亚的温室气体排放量减少60%。[③] 2009年4月，陆克文政府推出了“碳污染削减计划”(Carbon Pollution Reduction Scheme，简称CPRS法案)，但在参议院遭到了否决，陆克文本人也因在气候变化议题上的无所作为而令绿色环保人士失望。祸不单行的是，陆克文政府在2010年5月提出的“征收资源超

---

① 2008年，工党政府对土著地区的投资已经超过35亿澳元，创历史新高。投资的项目包括土著人的教育、就业、生育和健康等诸多方面。

② 其中最引人注目的是2013年2月13日，在陆克文向土著人公开道歉5周年纪念日当天，澳大利亚联邦众议院通过了一项新法案，官方正式承认了澳大利亚土著人和托雷斯海域岛民为澳大利亚的第一代居民，从此，澳洲土著人的身份得到了认同。澳大利亚工党为土著人争取权益的努力顺应了民主、平等的社会价值观，并因此得到澳大利亚人民尤其是土著人的高度认可。

③ 参见 Rudd Government Ratifies Kyoto Protocol: First Official Decision. http://australianpolitics.com/2007/12/03/rudd-government-ratifies-kyoto-protocol.html，访问时间：2015年9月18日。

额利润税”（RSPT）[①]计划又遭到了矿产行业人士的强烈反对，陆克文及其领导下的澳工党因此而失去了大量的民意支持。

为了挽回工党在 2010 年大选中的失败局势，陆克文于 2010 年 6 月 24 日被迫辞职。接任工党领袖和联邦总理的吉拉德为平息部分选民对工党的抵触情绪而在气候政策上做出了调整，最引人注目的做法是吉拉德改变了陆克文一步到位引入碳排放交易机制的做法，首先提出了固定碳排放税制度。即：“从 2012 年 7 月 1 日开始对澳大利亚 500 家重污染企业征收碳排放税，具体征税标准为 2012 年 7 月 1 日至 2013 年 6 月 30 日，每吨二氧化碳征收碳排放税 23 澳元，之后两个年度逐年提高 2.5%，直到 2015 年实施一个长期的碳排放交易机制为止。”[②]

吉拉德政府提出和实施的碳排放税制度实际是陆克文时期资源附加税的延续。按照澳大利亚煤炭协会首席执行官拉尔夫·希尔曼（Ralph Hillman）的观点，吉拉德时期的碳排放税制度实际比陆克文时期的减排方案更为苛刻。[③] 但是，吉拉德政府的固定碳排放税制度也因此在很大程度上伤及了澳大利亚能源产业的利益，增加了澳大利亚制造业的负担并关联性地提高了物价水平而遭到相关人群的反对。2013 年 7 月，重新取代吉拉德而再次担任工党领袖和联邦总理的陆克文无奈在环境问题上有所后退，宣布以浮动的碳排放交易机制取代固定碳排放税。尽管如此，工党所制定的环境保护政策还是在改善澳大利亚的气候条件中起了非常积极的推动作用。

四、互联网在竞选活动中的充分运用

20 世纪 90 年代中期以来的澳大利亚工党除了将网络信息技术应用到党内民主建设中，还在大选期间积极利用互联网平台来解读党的纲领政策、宣传党的领袖和公职候选人、了解选民意向、对选民进行动员，等等。从表 5-3 所示的 2007 年联邦大选中各政党的媒介报道率中可以看出，各政党在大选中主要利用的传播媒介有报刊、电台、电视以及因特网。其中，工党在大选中的因特网报道率已经达到了 34.3%，而自由—国家联盟党凭借雄厚的资金支持在各种媒介报

① 要求矿业企业须将其开采不可再生资源所获利润的 40%缴为税收。

② 丁斗：《2007 年以来的澳大利亚气候政治》，《国际政治研究》2011 年第 3 期。

③ 参见曹扬、陈南：《澳大利亚将征收碳排放税，吉拉德食言》，《新华每日电讯》2011 年 7 月 11 日。

到率中都占上风。其中，因特网的报道率更是超过了报刊、电台、电视，达到了63.6%。报刊、电台、电视三种传统媒介的报道固然重要，但是，随着网络信息技术的高度发展和逐渐普及，因特网必将是工党与自由—国家联盟党争夺的最重要阵地。

表 5-3　2007 年联邦大选中各政党媒介报道率（单位：%）

党	媒介			
	报刊	电台	电视	因特网
联盟党	58.3	58.2	56.9	63.6
工党	38.9	39.5	41.8	34.3
绿党	1.6	1.3	0.8	1.6
民主党	0.8	0.5	0.2	0.3
其他	0.6	0.4	0.2	0.3

资料来源：Murray Goot. Is the news on the Internet different ? Leaders, frontbenchers and other candidates in the 2007 Australian election, *Australian Journal of Political Science*, 2008, Vol. 43(1).

除了利用互联网平台来增加党的报道率，为了吸引选民尤其是年轻选民的支持，工党还充分利用了 Facebook、Bebo、My Space、GetUp-Action for Australia，以及视频分享网站 Youtube 等社交平台同网民展开互动，并为自身做宣传。比如，陆克文作为网络信息时代下的工党领袖，其极为重视也非常会利用网络社交手段来扩大自身和工党的影响力。陆克文在社交网站上非常活跃，他不仅会针对时下流行的音乐作品和影视节目发表自己的评价，还会拍摄活色生香的宣传视频为自己打广告。陆克文在 Facebook 上的“好友”曾因超过 5000 人的最高限而不得不被重新分组。陆克文在 My Space 上的好友也一度达到了 20000 人。陆克文所采用的新的宣传手段很受年轻人欢迎。在 2007 年的大选中，新增的参与投票的澳大利亚年轻人达到了 100 万（选民总数为 1360 万），而年轻人选票的绝大部分都被陆克文夺走了。[①]

① 参见沈永兴、张秋生、高国荣：《列国志——澳大利亚》，社会科学文献出版社 2010 年版，第 189 页。

第四节　澳大利亚工党第三轮变革评析

从对澳大利亚工党在 20 世纪 90 年代中期以来的变革考察中可以看出，工党在第三轮变革中重新出现了“左转”的迹象。工党所走的“第三条道路”，不仅是针对澳大利亚出现的经济危机、社会问题而提出的解决之策，更是为重塑工党的个性特征而谋求的变革之路，代表着工党在澳大利亚资本主义制度环境下的美好追求。20 世纪 90 年代中期以来的变革换来了工党在 2007～2013 年的连续执政，但工党将“第三条道路”作为指导思想，意味着工党仍然没有准确定义自己的政治属性。

一、工党获得了 6 年连续执政时间

工党自 1996 年大选失败后的 11 年间持续在野，这期间虽更换过比兹利、西蒙·克林、马克·莱瑟姆三位工党领袖，但由于他们均没有在工党变革中有大的建树，也没有提出“超越”自由党的政治纲领，因此均没有为工党争取到执政机会。直到陆克文在 2006 年 8 月出任工党领袖，他极具魄力地对工党进行的大调整终于迎合了澳大利亚社会发展的需要和多数选民的利益需求，使得工党在 2007 年 11 月举行的第四十二届联邦选举中成功逆转。如表 5-4 所示，在 2007 年 11 月的澳大利亚联邦众议院选举中，工党一举获得了 150 个众议席中的 83 席，自由—国家联盟党获得了 65 席，工党以绝对优势赢得了组阁机会，终于在阔别政坛 11 年后重新执掌政权。

表 5-4　2007～2013 年澳大利亚联邦众议院选举各党所得议席数统计表

党	年份		
	2007	2010	2013
工党	83	72	55
联盟党	65	72	90
其他	2	6	5
总数	150	150	150

数据来源：澳大利亚政治和选举数据库（西澳大学），http://elections.uwa.edu.au/electionsearch.lasso，访问时间：2015 年 9 月 22 日。

2010年6月，吉拉德取代陆克文成为工党领袖并担任联邦政府总理职位。在2010年8月21日举行的第四十三届澳大利亚联邦大选中，由吉拉德总理领导的工党和由托尼·艾伯特(Tony Abbott)领导的自由—国家联盟党均获得了150个众议席中的72席，两党所得议席数都没有过半，都没有达到组阁要求，但工党努力争取到来自3位独立议员和1位绿党议员的支持，并最终以76∶74的微弱优势组成了澳大利亚70年来的第一个少数派政府，在议席未过半的情况下保住了工党的执政权，再次获得了3年的执政时间。至此，工党在陆克文、吉拉德的带领下共获得了6年的执政时间。

遗憾的是，工党在2013年9月7日的大选中仅获得了150个众议席中的55席，远远落后于自由—国家联盟党的90席。工党的落败标志着工党正式进入了“后陆克文时代”[①]。尽管“陆克文时代”结束了，但其在变革中所蓄积的巨大能量为肖腾领导下的工党续写自身的变革历史打下了坚实基础。在党首选举中获胜之后，肖腾表示会继续审视工党的变革问题，不会放弃为工党的重生而努力。

二、工党在“第三条道路”上彷徨

“冷战”结束以来，工党在澳大利亚政坛上的影响力经历了6年的短暂高涨之后又再次转入低潮，说明工党并没有走出“冷战”结束后的政治危机。究其原因，这与工党所走的“第三条道路”的局限性有关。工党在20世纪90年代中期以来的变革中极力渲染其“中间立场”，力求在理想和现实之间建立一种平衡，并为工党自身的发展谋求一条出路。但是，工党为争取新中间阶层的支持而在政治上向中间靠拢的行为，既受到来自工党内部左翼人士和工会运动的攻击，又受到来自右翼自由党的挑战。

工党的这一尴尬处境所反映出来的实质问题是工党没能在党的个性和政治现实之间找到平衡点。工党的长远发展要求工党必须要有自己的身份特征，因此工党乐于接受“第三条道路”来作为新的政治旗帜，但在政治现实面前，问题便产生了。工党为了突出其对民生问题的关注，在财政上可谓“坐吃山空，入不敷出”。2007年自由党下野时，曾留下198亿澳元的财政盈余，但工党执政后所采取的扩张性的财政和货币政策，致使工党执政时期的财政赤字始终处于高位，2009～2010财年竟高达545亿澳元。[②] 尽管这一时期的高赤字是世界金融危机冲击下的必然结果，但同工党为了彰显自身的“第三条道路”特色而进行的“高投

① 参见李佳彬：《澳工党进入“后陆克文时代”》，《光明日报》2013年10月17日。

② 参见李佳彬、陈小方：《执政六年　澳工党缘何落败》，《光明日报》2013年9月8日。

入”变革也不无关系,此举无疑会加重工党的执政风险。

而且,工党以“第三条道路”为指南而在大选中提出的政策主张和做出的政治承诺在 2008 年国际金融危机影响下大多是没有条件兑现的。比如工党政府因资金不足而放弃了建立 222 个儿童保育中心的计划;为房屋没有绝缘层的住户加装绝缘层的计划也因资金缺乏而半途而废;实施碳交易的计划因能源产业的人士反对而进行了推迟,等等。[①] 尽管工党在兑现承诺上的确面临着诸多现实困难,但工党的这种“口惠而实不至,务虚多于务实,造势多于行动”的行为还是令很多选民倍感失望,也对工党的诚信提出了严重质疑。另外,从实际成效来看,工党的“第三条道路”的确没能有效地扭转国际金融危机冲击下澳大利亚财政紧缩、失业人数上升的逆境,很多人因此开始对工党的“第三条道路”进行质疑,认为工党政府的改革“换汤不换药”,依旧是为效率而牺牲了公平。

当然,工党凭借“第三条道路”的口号在短期内吸引了选民的眼球,但就“第三条道路”这个概念本身来说,实际是表面形式大于实际内容,工党更多的是想借助“第三条道路”这一新标签来引起选民的关注,随着好奇感和新鲜感的逐渐逝去,最主要的是随着“第三条道路”在解决社会问题中的实际效果的逐渐暴露,选民也就对“第三条道路”失去了兴趣。

在此形势下,尽管工党没有放弃“第三条道路”,但肖腾领导下的工党已经将意识形态束之高阁,基本不再提及这一口号,而只是在社会政策问题上积极地表明自身的态度。2015 年 7 月,在野期间的工党举办了第四十七届全国代表大会,大会修订的党纲是根据工党全国政策论坛制定的新框架修订而成的第一个党纲,是工党为推进澳大利亚的发展而为工党的成员、工党的支持者和社会团体提供的一个有关工党信仰和价值观的声明,概述了工党未来政策的主要着力点,表示工党将致力于提高民众生活条件、保障国家安全,并为民众提供更多的发展机会,永远不会接受根深蒂固的社会不公正。[②] 对此,工党推出了一系列积极的经济和社会政策。比如,为推动社会公平的发展,工党提出将投资学校和高等教育,增加基础设施支出,开创一个清洁能源的未来,建设全民医疗保健系统,等等;与此同时,为了弥补巨大的经济支出,工党要采取的措施有征收跨国公司应缴纳的税费,减少对百万富翁养老金税收优惠的让步,提高烟草消费税,不再成立减排基金,也不再继续发放自由党政府时期的新生儿补贴。[③]

可见,未来的工党仍然在为平衡经济效率和社会公平之间的关系而努力。

---

① 参见李景卫:《澳大利亚大选年预算出台》,《人民日报》2010 年 5 月 13 日。

② ALP's National Platform 2015, p. 2. http://www. alp. org. au/, 访问时间:2015 年 9 月 22 日。

③ Positive Plan to Help Housing Affordability. http://www. alp. org. au/negativegearing, 访问时间:2016 年 2 月 27 日。

上升到意识形态的高度就是，尽管现如今的工党选择对“第三条道路”避而不谈，但工党并不会放弃，也不可能放弃“第三条道路”。原因有二：一是随着后工业社会的深入发展，澳大利亚的社会阶级结构会进一步趋向中间化，工党想重返激进左翼的老路，想重新回头依靠传统工人阶级的支持显然是不可能的；二是工党也不可能完全接受新自由主义的主张，因为工党要树立身份特征就不能彻底放弃其作为左翼政党的传统价值理念和行动方案。

因此，尽管目前工党已经很少使用“第三条道路”的表述，但工党仍然坚持着“第三条道路”的核心理念，其政策主张仍然属于“第三条道路”的范畴。可是，我们也应看到，包括澳大利亚工党在内的世界范围内的社会民主党在目前遭遇的身份危机是极其严峻的。新自由主义的盛行、福利国家的危机本身就模糊了澳大利亚工党的身份，而此时又恰逢全球性的金融危机，通货膨胀、物价上涨、大量失业等社会问题的出现在破坏了选民对于“第三条道路”的美好期望的同时，又进一步加剧了工党已经存在的身份危机。不过，这并不代表着工党所走的“第三条道路”的失败，毕竟工党在“第三条道路”上摸索的时间并不长，工党能否借助“第三条道路”重塑自身的身份特征还需要时间来检验。

三、工党的社会民主主义政党性质得到了强化

“第三条道路”既是 20 世纪 90 年代中期以来的澳大利亚工党为克服因意识形态右转带来的身份危机以重塑不同于自由党的身份特征而进行的理论和实践创新，也是澳大利亚工党为克服传统民主社会主义和新自由主义的政治危机以寻找解决经济社会问题的新方案而进行的策略选择。至少从理论上说明澳大利亚工党跨越了传统的意识形态障碍，突破了传统的思维定式，反映着澳大利亚工党在新的历史条件下的变革努力。

从价值理念上来讲，由于澳大利亚工党所主张的“第三条道路”是中和传统民主社会主义和新自由主义的产物，因此不可避免地沾染了诸多新自由主义的色彩，但澳大利亚工党始终坚持社会正义这一社会主义核心价值观，并对自由、平等等“普世主义”价值有着自身的不同理解。比如，关于“自由”，相对自由党强调个人的自由发展，工党侧重于强调的是个人的自由发展与其他人的自由发展相互协调；再比如，关于“平等”，相对自由党强调个人在机会上的平等，工党所强调的平等所涉及的范围要更为广泛，包括个人在政治地位、经济条件、社会竞争等各方面的平等。也正因为工党仍然有着区别于右翼自由党的价值主张，工党才得以在澳大利亚政坛中占有一席之地。

另外，我们还应该认识到，20 世纪 90 年代以来澳大利亚工党所走的“第三

条道路”本质上仍然属于社会民主主义的范畴，但是是一种“现代化的社会民主主义”①。因为工党所主张的“第三条道路”已经明确不再将社会主义视为一种比资本主义优越的社会制度，而仅仅视为一种仅有伦理特征的社会价值，工党的政治目标已经彻底转变为“在资本主义制度内实现社会主义价值”；同工党的传统社会民主主义相比，“第三条道路”更强调实现平等、民主、人权等“永不过时”的中左价值观；此外，相对于目标本身而言，“第三条道路”更强调的是实现目标的手段。因此，工党所主张的“第三条道路”的现代化意义就在于它是一种务实性更强的社会民主主义，是工党传统社会民主主义在新的历史条件下的应用和发展，是一种新改良主义。

总之，工党所主张的“第三条道路”是工党面对全球化、信息社会等新的社会条件而对传统改良主义道路进行的调整，其政治目的是通过将右翼主张的市场机制与左翼强调的社会公正相结合，从政治、经济、社会、文化价值等诸多领域入手找到一个全面解决资本主义经济和社会问题的有效方案，是为资本主义在澳大利亚的发展创造尽可能有利的经济和政治条件，象征着澳大利亚的资本主义制度在工党的推动下正进入一个新的发展时期。因此可以说，“第三条道路”的提出标志着工党传统民主社会主义意识形态的彻底终结和社会民主主义意识形态的最终确立，工党也因此而在实践“第三条道路”的过程中强化了其作为社会民主主义政党的性质。

---

① 英国前首相布莱尔认为英国工党的“第三条道路”代表了一种现代化的社会民主主义，热情致力于其社会公正和中左政治目标，却是以灵活、创新和富有远见的方式来实现它们。这里我们借用布莱尔的观点来解释澳大利亚工党的“第三条道路”。

第六章　对"二战"后澳大利亚工党变革的思考

从整体上看,经过半个多世纪全面而深入的变革,澳大利亚工党在组织形态上已经发生了转变。"二战"前的澳大利亚工党始终受工会的控制,党员以工会集体党员为主,在财政上也依赖工会的支持;在指导思想上坚持民主社会主义,各项政策以指导思想为基础制定,代表的是劳工阶层的利益,在大选中可以得到劳工阶层的稳定支持。从组织形态上来看,"二战"前的澳大利亚工党是典型的"大众型政党"。但是"二战"后的澳大利亚工党不再固守工人阶级代言人的身份,不仅在组织上弱化了工会的决定性影响,而且开始淡化意识形态,并有意识地制定为绝大多数选民利益服务的纲领;以现代传媒技术为依托,工党领袖开始通过电视、互联网平台对选民进行直接动员,不再依靠党的选区组织开展竞选工作,普通党员的作用不断下降;与此同时,为了扩大自身的社会基础和寻求更多的资金来源,工党开始努力建立同除工会以外的其他利益集团的联系与合作。种种迹象表明,"二战"后的澳大利亚工党已经逐渐演变成一个"全方位政党"。从"大众型政党"向"全方位政党"的转型是"二战"后澳大利亚工党变革的基本路径,工党在变革过程中所彰显出的特征、取得的结果、体现出的基本规律等都是值得我们深入思考的问题。

第一节　澳大利亚工党变革的特征

作为澳大利亚工党个体因素和澳大利亚社会环境因素交互作用下的行为表现,澳大利亚工党在"二战"后的变革中彰显着鲜明的行为特征,其中的内在逻辑是我们探寻"二战"后澳大利亚工党发展机制的重要线索。

一、工党的变革是在野困境下的被动行为

统观"二战"后澳大利亚工党的三轮变革,我们发现,工党在不同历史时期存在的主要问题有所不同,但问题带来的直接后果都是工党的下台,工党变革的直接压力都来源于工党在野的现实。可以说,工党在"二战"后进行的三轮变革都

是工党在遭遇大选挫折时才做出的反应。当然，工党的屡次变革均启动于在野时期并非偶然，而是主、客观原因共同作用下的结果。

第一，从主观因素上来看，工党的变革之所以启动于在野时期是工党自身穷则思变的结果。在野时期的工党面临着巨大的上台压力，为了能够恢复实力以重返执政舞台，工党必定会反思自身在野的原因并考虑如何通过变革来弥补自身存在的不足这一现实而紧迫的问题。在具体实践中，工党每逢下台都会成立一个专门用于调查大选失败原因的调查委员会，并根据委员会的调查报告来规划工党未来的变革之路。根据调查报告的指导意见，工党会重新定位其在某一历史时期的政治理念、修改和完善党的政治纲领和组织纲领并围绕其所追求的价值目标推出新的政策，目的都是在下一轮变革中重新赢回执政地位。因此，工党在二战后的三轮变革均启动于在野时期在很大程度上是工党无力扭转大选局势下的无奈之举，是工党在主观上感受到在野压力时所采取的行为举措。

第二，从客观因素上来看，工党的变革之所以启动于在野时期是因为在野时期的变革环境相对宽松。工党身处在野之时不存在执政压力，党内的各种声音会竞相迸发，这种情况很容易产生变革的思路和冲动。相对而言，工党在执政时期所处的相对优越的政治地位会使党内的各种声音克制很多，因为为了实现党的顺利执政，工党一切会以“稳”字当先，不可能突兀地推行涉及意识形态的重大变革，只会在具体政策的制定和实施方面做些小动作。工党在执政期间做出的看似重大的调整，不过是其在野时期所开启的变革的延续或者在实践上的反应而已。比如，惠特拉姆政府时期所制定的社会福利政策，实际是工党在野时期将福利国家理论确立为政策理念的行为延续；又比如霍克—基廷政府时期所进行的国有企业的私有化改革和对福利国家建设的放缓，实际是工党在野时期放弃注重“公平”的凯恩斯主义的理论指导，而将注重“效率”的新自由主义融入意识形态的实践体现。

总而言之，工党在“二战”后所进行的三轮变革均始于在野时期既是主观因素使然也由客观因素决定，但工党的变革因此而被打上深深的被动烙印。

二、工党的变革是选举利益驱使下的实用主义行为

作为一个议会民主体制下的改良主义政党，工党在澳大利亚政党政治的框架下是作为选举党而存在的，这就意味着工党要想实现自身的政治抱负，就必须赢得大选上台执政。因此，如何最大限度地争取选民以赢得选举的胜利从来都是工党变革的核心问题。但是，在“二战”后澳大利亚传统工人阶级衰落的社会形势下，仅工人阶级的选票已不足以构成工党在选举中所需要的稳定多数，对此

工党清楚地意识到，只有改变自身所固守的只满足传统工人阶级利益的政治取向，采取迎合新中间阶层价值观的变革举措，才能扩大自身的社会基础，赢得更为广泛的社会认同。鉴于此，为了尽可能地争取以新中间阶层为主体的不同社会阶级、阶层、集团和群体的支持，工党在20世纪80年代初便确立了"一切为了大选"的实用主义原则。实用主义忠于事实，将实际需要置于首要位置，在这一原则的指导下，工党往往为满足客观政治需求而违背自身的传统政治理念，具体体现为"二战"后的工党已经逐渐从一个以原则主义为指导的"劳工党"转变为一个以实用主义为指导的"全民党"。

从因果逻辑上来讲，工党以工人阶级代言人的身份走上澳大利亚政治舞台，工党的角色性质决定着其从一开始就面临着难以调和的深刻矛盾：一方面，工党作为工人阶级政党，必须把维护工人阶级的利益放在一切工作的首位；但另一方面，在议会民主制条件下，工党为工人阶级争取利益的最好方式就是尽量迎合绝大多数选民的利益要求，以赢得选票上台执政成为"执政党"。因此，是坚持党的阶级性质以维护工人阶级的利益，还是淡化党的阶级性质以争取广大选民的支持，本身就是工党作为工人阶级政党在资本主义议会民主制度下所面临的选择。只不过，在"二战"前澳大利亚阶级分化比较明显、工人运动力量较强的情况下，这一问题还没有如此突出，但在"二战"后传统工人阶级衰落而新中间阶层迅猛崛起的新形势下，这一问题便醒目地摆在了工党的面前。"二战"后的工党所面临的客观现实是：要想赢得选举成为"执政党"，就不得不考虑澳大利亚"全体"选民的愿望，使自己成为一个"全民党"。

另外，当工党赢得选举之后，工党所担任的执政党角色往往使其不能按照既定的政策纲领来施政，不能只考虑工人阶级的利益，而是必须作为一个代表整个国家公民利益的"全民党"来施政。国家的整体利益与工人阶级的利益之间是有冲突的，但要想成为一个合格的执政党，工党就必须从国家的整体利益出发，甚至有时不得不牺牲工人阶级的某些利益。工党执政的历史教训是，在传统工人阶级衰落的社会形势下，工党一味地从传统工人阶级利益出发进行施政的结果就是工党在后来大选中遭到失败，而选举失利的工党不得已又只能重回"全民党"角色的塑造上来。

总之，在"二战"后澳大利亚社会阶级结构的巨大变化下，单靠传统工人阶级的力量已不足以把工党送上执政宝座，所以工党要成为执政党，就必须先将自己塑造成"全民党"；而工党如愿成为执政党后，那就必须要干一个"全民党"该干的事情。因此，在议会民主制之下，"阶级党"与"执政党"双重角色相互作用的结果就是工党逐渐演变成为一个充满实用主义色彩的"全民党"。

三、工党的变革是充满温和色彩的渐进行为

澳大利亚工党在“二战”后的变革从20世纪50年代开启至今，是一个历时半个多世纪的长期过程，是根据澳大利亚社会环境的变化和工党自身生存发展的需要而进行的有序调适，在变革方式上属于渐进型变革。另外，尽管工党在探索变革的道路上经历了起伏跌宕，党内也因在变革问题上的观点不同而产生了诸多派别，但派别间并没有激烈的对抗，工党也没有在某些变革问题上持有过于极端的观点或采取过于极端的行动。总体来看，工党的整个变革过程平稳有序，较为温和。当然，工党之所以会在“二战”后的变革中彰显出温和色彩，是有着特殊原因的。

首先，从客观上来看，是因为工党受到澳大利亚民族温和文化传统的熏陶浸染。澳大利亚由英国殖民地独立而来，是完全以和平方式立国并走向现代化的资本主义国家。在英国殖民者到达澳洲大陆之前，澳洲还保持着原始的生存状态，既不存在统治澳洲大陆的贵族阶级，也没有需要推翻的封建主义社会制度，仅有少量土著居民在此休养生息，这便为澳大利亚的和平建国创造了条件。1901年澳大利亚建立起代议制政府之后，无论是政治发展还是社会建设都一直以平稳、和谐、渐进的模式向前推进，在澳大利亚的历史上从未发生过任何形式的暴力革命，这种政治社会的平稳过渡使澳大利亚的文化传统具有较高的温和性。温和的文化传统不仅带来了澳大利亚国家的安定团结，而且塑造起包括工党在内的诸多政治团体的温和性格。在这种性格的决定下，工党总是能够理性和冷静地处理党内存在的矛盾和斗争，工党也因此成为世界社会民主党队伍中较为温和的一支力量。

其次，从主观上来看，是因为工党天生具有作为社会民主党的温和性情。“澳大利亚远离欧洲工人运动的中心，工人群众较少受到马克思主义理论的熏陶，工人领袖大多受到工联主义和费边社理论的影响。”[①]因此，工党从一开始所期望的就不是马克思或者列宁式的社会主义革命，而是主张通过对资本主义进行渐进改良来实现自身的“社会主义”理想。所以，澳大利亚工党并没有像东欧社会民主党那样经历过由“革命党”到“改良党”的身份突变，也没有经历过因政党性质急剧变化而带来的强烈动荡。这不仅决定着澳大利亚工党天生就具有作为社会民主党的温和脾性，而且在深层次上决定着其所施行的变革战略的温和性。

① 郑寅达、费佩君：《澳大利亚史》，华东师范大学出版社1991年版，第140页。

第二节　澳大利亚工党变革的结果

“二战”后澳大利亚工党的变革道路是曲折的，而工党总是能以积极的姿态回应现实挑战，并以其顽强的生命力不断冲破生存限制，工党在每一历史阶段的变革都孕育着工党生命的延续。不过，“二战”后澳大利亚工党的变革也是一把双刃剑。工党变革的目的在于能够在变化了的社会环境中生存下来，并发挥其应有的政治作用和政治影响，但政党变革的复杂性决定了任何政党在变革中都不可能做到面面俱到，这也决定了工党的变革往往会在顾此失彼中给自身的未来发展带来一些新的问题。

一、工党的首要目标间或得到实现，但“社会主义”目标渐行渐远

“二战”后的澳大利亚工党以赢得大选为首要目标，本身就是在追求执政党地位的动力驱使下产生变革要求的，也是在寻找同选民之间的“政治信任”结合点的过程中进行变革实践的。

工党在“二战”后每一个历史阶段的大选成绩彰显着工党的变革成效，具体体现为“二战”后的工党通过变革克服了在20世纪50～60年代长达23年的在野困境，并先后于1972年12月到1975年11月、1983年2月到1996年3月、2007年11月到2013年11月间在位执政。惠特拉姆对此就曾经说过：“工党是一个有着惊人的自我调节能力的党。工党的历史告诉我们，无论联邦工党在大选中遇到多大的挫折，工党总是会使自己重新获得政权。”[①]可以说，工党适应性增强的最直接表现就是能够在历经一次次挫折后又东山再起，重新成为澳大利亚政坛上的主导力量。工党自变革以来的发展情况可以很清楚地表明，尽管在政治钟摆的作用下工党的周期性下台不可避免，但从整体上看，经过变革的工党作为澳大利亚主流政党的地位得到了恢复和巩固。

但是，为了追求眼前的大选利益，“二战”后的工党做出了尽量远离“社会主义”目标、对“社会主义”目标的定位日渐模糊的举动。从短期效果来看，工党远离“社会主义”目标的结果的确使工党在选举和执政的过程中掌握了一定的主动权。但不得不承认的是，这一举动的背后是工党思想体系的瓦解，是工党由一个重视意识形态的“目标型政党”转变为以实用主义为指导的“实用型政党”。从后

① Joan Kelleher, “Civilisling Global Capital: New Thinking for Australian Labor,” *Family Matters*, 1998, No. 50, pp. 3-8.

果上来讲，这一转变会不可避免地使工党在变革的过程中越来越失去方向感，因为工党社会主义思想体系的瓦解意味着工党在变革中已经失去了长远目标的引导，而在急功近利的追逐首要目标的过程中，工党很难将其基本价值观和变革行为统一起来。

现在的工党已经没有明确的“社会主义”目标，没有用于规定党的性质和宗旨、反映阶级现实、确定党的长远奋斗目标的党纲。“二战”后的工党注重首要目标的实现而忽视长远发展目标的后果就是工党虽然在跌跌撞撞中坚持和实现了自己的部分价值理想，但随着变革的逐渐深入，工党越来越发现其不仅无力阻止自身在意识形态、组织体系、纲领政策等各方面的深刻变化，而且也无法在根本上实现其对社会的价值承诺。反映到工党的政治作为和政治成效中就是：澳大利亚在资本主义制度下存在的种种经济和社会问题并没有因工党的变革而得到根本解决，普通大众的利益也没有因工党的变革而得到根本实现。

澳大利亚工党自成立以来就不主张通过革命的手段摧毁资本主义制度，而是主张采取改良的手段对资本主义制度进行修修补补。“二战”后的工党在变革中更是强化了其改良主义理念，其在执政实践中对劳资关系的某些改善，致使工人阶级和新中间阶层中的大量人士以为找到了为自身根本利益进行斗争的可靠手段，他们对澳大利亚社会秩序的妥协及其合法性的承认，使改良主义的社会影响力在“二战”后得到了显著扩大。

从客观现实来看，“二战”后的工党通过其改良行为的确在某种程度上改变了澳大利亚社会中存在的一些不合理现象。但是，我们应该透过现象看本质，认识到工党所采取的改良主义措施只不过是工党用来掩饰其资产阶级本质的幌子。尽管工党总是与自由资本主义倾向相对立，在一定程度上扮演着维护澳大利亚社会中下层民众利益的角色，但无论工党怎样变革，其作为资本主义政党的性质没有发生改变，工党的变革始终是在澳大利亚的资本主义制度框架内进行的。工党在“二战”后所实施的改良主义措施在根本上是效忠于资产阶级利益、为资本主义制度服务的，工党政策实践的背后只能是缓和了澳大利亚社会在资本主义制度下的固有矛盾，增强了资本主义制度的合法性，并在根本上巩固了资本主义制度。同时也就意味着，工党已经离最初的“社会主义”目标越来越远。尤其是在工党同自由—国家联盟党交替执政的政党体制下，这种“钟摆式”的调节所带来的效果极其有限，工党终究不可能凭借其改良党的身份根除澳大利亚社会在资本主义制度下存在的剥削、失业、两极分化、经济危机、消费不足等种种弊病，同时意味着普通大众的利益也不可能在工党的变革下得到根本实现。

二、工党一定程度上得到跨阶级支持，但在工人阶级中的支持率严重下降

政党的社会基础是来自社会各个阶级、阶层的那些认同某一政党的政策纲领的社会力量的总和，或者说，政党的社会基础是支持某一政党的阶级基础和群众基础的总和。任何政党都不可能脱离社会基础而存在，“社会基础范围的大小和力量的强弱，形成政党的生存土壤，决定政党的生命力”①。因此，在现代民主政治条件下，无论是出于赢得政权还是巩固政权的需要，任何政党都要以赢得社会的支持为基础。可以说，广泛的社会基础是一个政党得以在政治舞台上立足的根本保障，是政党最重要的政治资源。而政党社会基础构成的复杂性决定了政党的社会基础是流动易变的，同时也决定了政党必然会通过调整自身所代表的利益群体的范围来努力寻求社会基础的扩大。

“二战”前的澳大利亚工党将自身标榜为“工会党”“劳工党”，在大选中的支持者主要是来自社会中下层的选民特别是劳工集团。面对社会阶级结构的重新分化组合，“二战”后的工党为了争取新中间阶层手中的选票而逐渐跨越了左、右政治界限，摆脱了维护阶级差别和阶级利益的传统价值观，淡化了自身作为工人阶级代表的身份，扩大了意识形态的包容性和党组织的开放性，减小了对工会这一特殊社会利益团体的倚重，逐步在党的纲领和政策中增加了种族平等、绿色环保等符合新社会阶层价值观的内容，并开辟出与社会各阶层建立直接联系以获得支持的新途径。另外，对于新中间阶层自身来说，他们的处境要优于蓝领工人，具有一定的社会地位，所以不希望破坏现有的制度；但他们同样受雇于资本家并受到剥削这一点又使他们具有进一步改善工作和生活条件的愿望。工党的改良主义思想恰恰迎合了他们的这一利益需求，因而受到了大量新中间阶层的拥护。据统计，只是在 1961～1981 年 20 年间，工党中知识分子和白领工人的人数比传统蓝领工人的人数多了 3 倍将近 4 倍。② 而且工党的人员构成和支持工党的选民成分也逐渐趋于复杂，包括有知识分子、白领、蓝领、退休人员及领取抚恤金者等社会各类人群。这说明“二战”后工党的社会基础已经延伸到工人阶级之外，逐渐得到了跨阶级的支持。

但是，“在共同利益一致性前提下的社会集团构成了政党赖以生存和发展的

---

① 周淑真:《论执政党的社会基础与统一战线》,《中央社会主义学院学报》2001 年第 13 期。

② Leighton James, Raymond Markey, “Class and Labour: The British Labor Party and the Australian Labor Party Compared,” *Labor History*, 2006, No. 90.

阶级基础，阶级基础决定着政党的阶级属性和政治属性，是政党生存和发展的根本”[①]。因此，政党在任何时候都要以巩固阶级基础为重。“二战”前的澳大利亚工党是工人阶级尤其是工会会员的利益表达和实现机构，极大地受到了工人阶级的追捧和拥护。但工党在“二战”后对经济进行的自由化改革、同工会关系的疏远、对福利国家理论的放弃以及对工人阶级保护主义的淡化等，在很大程度上降低了工人阶级的受益程度。尽管“二战”后的工党并不是完全放弃了其“劳工党”的身份，只是现代社会的发展要求工党将其阶级性体现得更为隐蔽和巧妙，但工党对其传统政治身份的背离还是引发了工人阶级对工党的失望和不满，这一点从工人在大选中的投票情况中就可以反映出来。

据学者安德鲁·斯科特（Andrew Scott）统计，在 20 世纪 40 年代末，每 33 位投票给工党的选民中就有 1 位工党成员，在 20 世纪 60 年代末降为每 65 位中有 1 位，在 20 世纪 80 年代末又降为每 96 位中有 1 位。[②] 可见，在联邦大选中工党成员的投票比例已经大大缩水。另外，图 6-1 所示，尽管投票给工党的工人比例远远高于投票给联盟党的工人比例，但从工党自身来说，自 1990 年以来，工党从工人那里得到的选票比例呈现出逐渐减少的趋势。

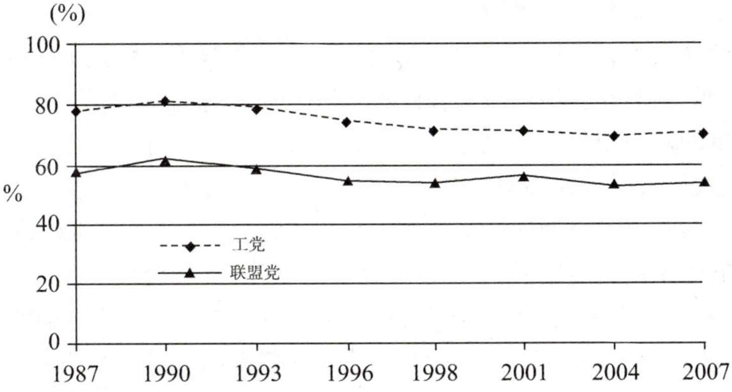

资料来源：Tom Bramble，Rick Kuhn. *Labor's Conflict：Big Business，Workers and the Politics of Class*. Cambridge University Press，2010. p. 181.

图 6-1　1987～2007 年工人在政党初选中的投票比例

尽管“在当代西方社会，一个政党是否能上台执政，并不主要取决于它的阶级基础，而是取决于它的执政基础”[③]，但是，选民对政党的选择基于多重因素，

① 曲建华：《论增强党的阶级基础与扩大党的群众基础》，《中央社会主义学院学报》2010 年第 1 期。

② Andrew Scott，*Fading Loyalties：The Australian Labor Party and the Working Class*，Sydney：Pluto Press，1991，p. 30.

③ 农华西：《西方政党阶级基础变化探析》，《广西社会科学》2005 年第 6 期。

是非常容易变化的。因此，政党的执政基础是不稳固的，只有阶级基础才是政党得以依靠的根本对象。不得不说，工人阶级对工党支持率的下降对于工党的长远发展来说是一个不利信号。

三、工党的社会整合功能得到某些强化，但阶级利益代表功能逐渐弱化

美国著名的政治学者西摩·马丁·李普赛特(Seymour Martin Lipset)将政党称作“冲突的力量和整合的工具”①。对于李普塞特的观点，我们可以理解为，随着社会现代化的推进，政党必须由阶级冲突的工具向社会整合的工具进行转变。因为在工业革命时期，两大阶级针锋相对，政党起着领导阶级对抗的作用，但随着后工业社会的来临，阶级冲突变得相对缓和，而生产社会化带来的利益主体的多元化又引起了社会矛盾的复杂化，这要求政党必须要担当起整合社会的重任。因此，社会整合功能是任何一个谋求执政的政党所必须具备的基本素质，是执政党功能体系的重要内容。

政党的社会整合功能反映的是政党协调社会利益关系的能力。在“二战”后的变革中，澳大利亚工党在“阶级合作主义”这一利益整合理念的指导下，始终根据社会环境的发展变化不断探索和创新社会整合策略、加强同社会各阶层民众的互动沟通、尽其所能地协调社会各阶层的利益关系，致力于建设一种“新的集体主义形式”和一种“新型的社会合作关系”。在整合社会多方利益的过程中，工党已经能够越来越灵活地根据澳大利亚的政治、经济、社会发展状况采取不同的政治策略，并在促进澳大利亚经济与社会协调发展方面做出突出贡献。

但是，政党毕竟是代表一定的阶级、阶层或集团的利益的政治组织。政党的阶级性本质决定了政党必须要把其所代表的阶级、阶层或集团的利益、愿望和要求加以综合后形成党的政策主张，之后政党或利用这种主张对政府施加影响，或在成为执政党时将这种主张上升为国家层面的政策加以贯彻，这就是政党的利益代表功能，也是政党的根本功能。

澳大利亚工党以工人阶级政治代表的身份诞生，这决定着工党在任何时候都应将表达和聚合工人阶级的利益放在一切工作的首位。“二战”前的澳大利亚工党坚定地代表工人阶级的特殊利益，无论是在经济政策上还是社会政策上都对工人阶级进行极力保护，工党凭借其阶级利益代表功能的充分发挥而获得了

① [美]西摩·马丁·李普赛特著，张华青等译:《一致与冲突》，上海人民出版社 1995 年版，第 136 页。

工人阶级的信赖和支持。但是，随着“二战”后传统工人阶级的逐渐衰落，工党为了扩大社会基础而在变革中过分强调自身的社会性建构，忽视了其阶级性本质。为了扩大自身的社会基础，工党逐渐跳出了传统社会主义意识形态所规定的行动框架，开始更多地依据以新中间阶层为主体的选民的喜好来调整党的具体政策，逐渐弱化了对工人阶级的政策保护，强调自身是代表全民利益的“全民党”。

但是，澳大利亚工党是不可能代表全民利益的。首先，从政党政治原理上来讲，任何政党都是建立在一定的阶级基础之上的，政党作为特定利益群体的代表者，其存在的使命就是要维护和实现特定阶级的根本利益，阶级性是政党的根本属性。换句话说，政党之所以存在，正是因为其代表的是阶级的部分利益，如果政党能够代表公民的全部利益，那政党就没有存在的必要了。因此，“全民党”这个概念本身就是矛盾的，尽管政党主观上力求成为“全民党”，但从客观上来讲任何政党都是阶级党，“全民党”实际是不存在的。其次，在大选利益面前，作为选举党的工党真正关心的只是本党候选人的票数，而对如何真正反映选民意志、如何真正解决社会的深层次问题则无暇顾及，工党只会为大选做足表面工作，不可能真正代表全民的利益。

总之，澳大利亚工党盲目追求大选利益的一个后果就是工党利益代表功能出现了逐渐弱化的趋势。尽管对于身处资本主义制度下的工党来说从来都不可能从根本上代表工人阶级的利益，但至少可以通过自身努力来部分地实现工人阶级的利益，减小工人阶级被压迫、被剥削的程度。但“二战”后工党向“全民党”的转型说明工党已经离“工人阶级利益代表者”的身份越来越远，同时也意味着工党正在逐渐丧失其作为工人阶级政党的本质属性，工党生命的根基正在发生动摇。

四、工党组织的运行效率得到提高，但组织基础出现松动

在媒体社会到来之前，基层走访、民意收集、问卷调查、竞选宣传等工作主要依靠党员来开展，普通党员参与党务的积极性较高，但工党的组织运行效率因党内信息化程度较低而无法得到很好的提升。随着媒体社会的到来，尤其是随着互联网在20世纪90年代以来的逐渐普及，工党将党务管理、政治宣传、同基层党员的互动沟通等工作都转移到网络平台上来开展。互联网的运用打破了工党的封闭状态，有效地实现了“上情下达”“下情上达”以及领袖和党员、群众的双向互动，极大地提高了工党的运行效率。但工党对媒体的高度依赖也给工党自身带来了新的问题。

从党内活动上来说，尽管工党同党员之间通过网络互动加强了沟通，加大了

基层党员在党内决策中的参与力度，但实际上，在媒体时代，真正影响工党决策的并不是党员的“声音”，而是舆论的“声音”。尤其是各类“媒体专家”对某一议题的“专业分析”会在很大程度上影响工党的决策。因为如果不屈从于媒体，就会丧失很多跟着媒体跑的选票，但跟着媒体跑的后果就是会分散党员对工党决策的影响力，破坏党员参与党内决策的政治热情。因此，“二战”后工党所积极发展的民主决策制度实际是形式大于内容，党员在党内决策中并没有实质性作用。

从党外活动上来说，工党组织可以通过电视、互联网平台跟选民直接沟通而不再依赖基层党员走街串巷地去联络选民。为了充分利用媒体的巨大影响力，工党组建的专业竞选团队接管了此前由普通党员承担的大量党务。竞选运动的专业化、媒体化对工党活动效率的提高具有积极作用，但党员政治参与空间的缩小、党员活动重要性的降低都使党员参与党务的积极性倍受打击，党员的责任感、归属感和身份意识受到极大削弱。

因此，工党过分依赖媒体的直接后果就是工党组织因吸引力的减小而面临着组织基础松动的危机。罗德尼·卡瓦利耶(Rodney Cavalier)在2005年曾经做出估计，在新南威尔士州支部的组织外只有1000个积极分子，且真正参加党支部生活的人数不足100个。① 另外，21世纪以来工党中间层级和基层的组织机构的数量以及工党党员人数的急剧下降说明了这一问题的严重性。从工党地方分支机构的数量上来看，2002年为1140，2006年为1100，2010年为1027，地方分支机构数目减少趋势明显。② 如果中间层级组织机构的减少可被视作工党组织“扁平化”发展之表现的话，那么大量基层党组织的消失则不利于工党组织的长远发展。因为基层党组织所具有的组织群众、团结群众、密切联系群众的功能是网络党组织所无法企及的，所以，基层党组织的逐渐减少会使工党面临脱离群众的危险。另外，从工党党员人数上来看，2002年为48334人，2006年为46875人，2010年为36875人，党员人数下降趋势也非常明显。③ 鉴于党员人数的多寡能在象征意义上为工党参与选举提供帮助，因此工党党员人数的减少将不利于工党政治地位的巩固。

---

① 参见 Rodney Cavalier, “Could Chifley win Labor preselection today?” *Sydney Morning Herald*, April 21, 2005. http://www.smh.com.au/articles/2005/04/20/1113854257655.html，访问时间：2013年5月21日。

② 参见 Steve Bracks, John Faulkner, Bob Carr, 2010 *National Review-Report to the ALP National Executive*, p. 10. http://www.alg.org.au，访问时间：2013年5月26日。

③ 参见 Steve Bracks, John Faulkner, Bob Carr, 2010 *National Review-Report to the ALP National Executive*, p. 10. http://www.alg.org.au，访问时间：2013年5月26日。

第三节　几点带有规律性的认识

统观“二战”后澳大利亚工党的变革历程可以发现，适应新形势、解决新问题、努力代表更广泛的民意、尽量扩大社会基础，是“二战”后澳大利亚工党的生存之道。作为世界政党变革的一部分，澳大利亚工党的变革必然会从一般意义上体现出政党政治变革中所蕴含的基本道理，具有非常重要的启发性。

一、适应社会环境的变化是政党变革的逻辑起点

“二战”后的澳大利亚工党为克服社会环境变化带来的种种危机而进行了全面而深入的变革。因此，“二战”后澳大利亚工党在不同历史时期进行变革的直接原因是政党危机的出现。但是，澳大利亚工党在不同历史时期所遭遇的生存危机、信任危机以及身份危机实际都是政党危机的具体表现形式，都是由社会环境的变化所导致的，社会环境的变化才是澳大利亚工党在“二战”后变革的根本原因。

从世界范围来讲，因社会环境变化而导致的政党危机集中出现在后工业时代的发达资本主义国家，并突出表现在以下几个方面：一是在后工业社会中新崛起的中间阶层阶级意识淡薄，政治个性强，对加入阶级色彩浓厚的政党组织的兴趣不高，传统政党的党员数量不断减少；二是利益集团和新兴政治力量对选举的渗透越来越强，使传统政党在选举中的独立性和垄断性大大降低；三是无论哪个政党上台都无力摆脱资本主义国家面临的种种社会难题，民众对传统政党的治国理政能力产生了怀疑。可见，后工业时代的到来打破了政党传统的生存模式和社会认同模式，这使西方政党不得不在后工业时代纷纷扬起变革的大旗，以求通过变革化解政党危机。

总之，适应社会环境的变化进行自我变革是当今世界政党面临的共同课题。必须强调的是，社会环境的变化是永无止境的，这说明政党的变革只有进行时没有完成时，旧的问题会因政党的变革而得到化解，但新的问题也会在政党变革的过程中产生。政党只有通过持续性的变革才能不断克服因社会环境变化而带来的生存挑战，才能提高对社会环境的适应性。

二、处理好党的短期目标与长远目标之间的关系是政党变革的基本要求

澳大利亚工党政治目标的调整是同工党意识形态的变革紧密联系在一起的。“二战”后的澳大利亚工党为了追求大选的眼前利益而逐渐淡化了传统的“社会主义”意识形态，远离了其传统的“社会主义”长远目标。但是，“对于社会主义政党来说，不管意识形态如何变迁，即使从‘阶级党’转型成‘全民党’了，保持一定的社会主义意识形态内核和本质属性，不仅是其政治身份的证明，也是更宽泛意义上的合法性所系。所以，社会主义政党的意识形态变迁或转型总有一个底线。”①这个底线对于像澳大利亚工党这样的西方社会民主党来说就是：可以为实现党的大选利益而采取具有一定灵活性的措施，但是千万不能沦落为“选举机器”，不能因此而扔掉党的旗帜，不能因盲目地追求眼前的大选利益而无原则地放弃象征其身份特征的社会主义长远目标。

总之，政党在变革的过程中必须要处理好短期目标与长远目标的关系，党的短期目标应该是长远目标在不同历史时期的具体化。政党可以为实现短期目标而采用一定的实用主义策略，但不能因此而背离党的长远目标。政党对长远目标的追求要以短期目标的实现为基础，但对短期目标的追求不能以无底线地牺牲长远目标为代价。党的短期目标的精神实质应该与长远目标的本质要求一致起来。简言之，近期目标与长远目标相互统一，也互为前提，政党在变革中只有将短期利益的实现与长远目标的实现相结合，才能实现政党的长远发展。

三、加强党的组织建设是政党变革的重要任务

政党组织是政党变革的载体，政党变革的全部工作都必须通过健全的党组织来实现。因此，“组织的建立与维护是政党生存和发展的必要行为，任何政党都必须重视党的组织建设”②。

针对党组织存在的党员结构失衡、中央权威不足、党内民主不充分等问题，“二战”后的澳大利亚工党从改善党员结构、调整党内权力分配结构、扩大基层党员直接参与党内事务的范围、加强党内各层级的交流沟通和良性互动入手，对党

① 张志洲：《英国工党社会主义意识形态变迁研究》，社会科学文献出版社 2011 年版，第 265 页。

② 王韶兴：《政党政治论》，山东人民出版社 2011 年版，第 251 页。

组织展开了一系列变革，使党组织的科学性有了明显增强，并使党组织的作用更为有效地发挥出来。在西方政党中，澳大利亚工党一类的社会民主党属于较为重视党组织建设的政党类型。但总体来看，西方政党的党组织主要围绕竞选来运作，在其他方面则作为不大，西方政党更多的是将党组织建设视为党实现目标的辅助性手段。即使如此，西方政党的变革始终离不开党的组织建设做保障，西方政党在变革中从未忽视过党的组织建设。

从政党组织建设的内容上来讲，维护中央权威、发展党内民主、优化党员队伍、推行网络党建等是各国政党组织建设的共同课题，但是不同政党所采取的具体措施以及措施实施的力度是不同的。但有一点是共同的，那就是通过完善党的组织体系为党的自身发展和价值实现提供有力的制度支持和机制保障。党的组织建设因此而成为世界各政党变革的重要任务。

四、提升党的治国理政能力是政党变革的价值依归

在政党政治时代，政党的发展与国家的发展是相辅相成的，两者之间的密切关系决定着任何一个想要长期执政或者谋求执政的政党，都必须要通过自我调整来充分融入国家的整体环境中，并通过自身的政治行为引领国家的发展，因为只有在同国家的互动中，一个政党才能有其存在的意义，也只有通过政党变革来延续这种互动，一个政党才会充满生命力。因此，对于任何一个政党来讲，其存在的价值就在于能够影响一个国家的政治生活、发挥其作为国家政治行为主体所具有的功能和作用，而实现这一价值最好的方式就是成为执政党，利用手中的权力进行治国理政。

“二战”后澳大利亚工党的变革就是在同国家发展的相互作用下不断向前推进的，澳大利亚社会环境的变化在规约和改变着工党的同时，工党也通过自身的治国理政行为而对澳大利亚的社会环境产生着巨大影响。实践证明，工党与澳大利亚社会环境之间的这种双向互动不仅增强了工党的环境适应性，而且也在推动着澳大利亚社会向更高文明演进。这也正是澳大利亚工党能够受到社会认同，得以同自由党轮流执政的最重要的原因之一。①

① 从表面上看，较自由—国家联盟党而言，工党的执政时间较短，工党在澳大利亚的国家建设中似乎处于辅助性地位，但实际上，即使是工党身处在野时期，澳大利亚的经济和社会发展也从未离开过工党的间接推动。因为“二战”后的工党即使在野也一直是作为联邦议会中的反对党存在的，工党一方面会以自身所坚持的价值观为标准对自由—国家联盟党频频施压，另一方面自由—国家联盟党也会因政党竞争的需要而将工党纲领政策中被绝大多数选民所认可的成分收为己用，这使自由—国家联盟党的经济和社会政策中融入了许多工党的价值理念和精神元素。

对于西方政党来说，它们通过议会竞争国家政权，执政地位是不稳固的，执政时间是间断的，只是在一定时期内被授权履行治国理政的职责。

总之，治国理政能力是一个谋求执政的党所必须具备的基本素质，治国理政能力的高低是决定一个党能否成为执政党、执政时间长短的最关键要素，也是决定一个党能否获得广泛社会认同的核心要素。而提升治国理政能力也因此成为世界各政党进行变革的根本价值追求。

结束语

政党作为世界各国的政治行为主体，通过政党自身的变革而引起政党政治的变革是政党政治发展的基本逻辑。政党政治是现代政治发展的产物，必然要随着现代政治发展的要求而进行变革，这要求政党必须要具备应对环境挑战的能力。实际上，政党变革伴随政党政治发展的全过程，是自政党诞生以来就存在的一种带有普遍意义的世界性现象。尤其是“二战”结束之后，因资本主义扩张而引起的经济全球化和生产力的迅猛发展引起了世界各国政治、经济、文化等各个领域的全面变迁，客观上要求政党必须要通过变革来融入人类社会整体环境。可以说，真正意义上的政党变革始于“二战”结束后，并从西方发达国家的政党开始逐渐向世界各国推进，逐渐成为世界范围内政党政治发展的主旋律，通过政党变革来维持政党政治的运行也因此成为世界政党政治发展的规律性现象。所以，澳大利亚工党在“二战”后进行的变革是世界政党变革的一部分，是工党实现自我发展和推动澳大利亚政党政治发展的有效手段，是世界政党政治发展规律在澳大利亚工党身上的反映。

从变革轨迹上来看，澳大利亚工党在“二战”后进行的变革同欧洲社会民主党，尤其是西欧社会民主党具有很大的相似性。但是，受澳大利亚特殊地理、历史、文化条件的影响，澳大利亚工党在变革中又表现出一些明显不同于西欧社会民主党的独特个性。首先，澳大利亚是由英国殖民地发展而来的移民国家，因此，无论是在历史沉淀还是政治文化底蕴上都不够深厚，澳大利亚工党的思想理论多是从西欧社会民主党尤其是英国工党那里直接“拿来”使用的，没有对思想的深入阐述，更谈不上多少理论创新，这使澳大利亚工党无论是在意识形态还是在具体政策的变革上都更为灵活。其次，澳大利亚靠初级产品起家，在“二战”后经济全球化的飓风袭来之时，澳大利亚受此冲击最早，澳大利亚工党因而成为西方国家中较早接受新自由主义思想的社会民主党，不仅变革难度相对较小，变革成效显现得也较快。再次，在澳大利亚宽松政治环境和温和政治文化的作用下，澳大利亚工党对理论政策的调整力度相对较少，因变革而遭受的阵痛也相对较小，变革过程更为平稳。最后，由于澳大利亚工党采取的是联邦制的组织结构，相对容易松散，因此，澳大利亚工党更为重视加强联邦党中央的权力，在党内民主建设上也是以加强联邦党中央和基层党员的直接联系为主要取向的。

总体来看，经过变革洗礼的澳大利亚工党已经练就了在困难面前从容不迫、沉着应对、不拘老套、与时俱进的生存本领，并成长为澳大利亚国家发展中一支不可替代的政治力量。现如今的澳大利亚工党在肖腾的领导下仍然在继续着党的变革事业。在2015年7月召开的澳大利亚工党第四十七届全国代表大会的开幕辞中，肖腾讲道："第四十七届代表大会将继续工党的改革事业，将工党重建为一个现代政党，并服务于澳大利亚的现代化事业。"[①]这预示着澳大利亚工党将在变革的道路上继续前行，将继续努力为党的自我发展和发挥作用寻找机会、创造条件。

从客观上来讲，尽管"二战"后的澳大利亚工党在变革中表现出明显的右转，但由于澳大利亚社会的阶级矛盾并没有完全消失，不同政治势力之间的政治角逐依然存在，这就使得澳大利亚工党不会完全放弃其作为社会中下层民众和社会弱势群体利益代表的政治身份。

在2016年进行的大选中，澳大利亚工党坚定地表示："比尔·肖腾工党政府将致力于为健康、就业、教育，以及中产阶级和工人阶级家庭的利益而奋斗，比尔·肖腾工党政府将把民众放在第一位。"[②]在2019年5月进行的大选中，工党主打改革牌。肖腾着眼草根阶层，在竞选中强调税制改革、红利抵免、气候变化等变革措施。[③] 在此次大选前的最后一次演讲中，肖腾喊出了"投出改变的一票"的口号，承诺工党如果胜出，将追求财政盈余，更重要的是实现公平，通过增加高收入群体税负和打击逃漏税行为，为低收入者提供更多支持，提高工薪阶层收入，并在医疗和教育等社会福利领域允诺更多投资。[④]

尽管澳大利亚工党在2019年5月的大选中再一次失利，但是，澳大利亚工党对自身政治定位和政治任务的明确表明其仍然在重塑身份特征的道路上努力着，同时预示着同自由—国家联盟党相比，工党仍然会更多地维护中下层民众的利益，仍然会更多地强调社会公平。因此，在可以预见的未来，作为中左翼政治代表的工党在澳大利亚依然拥有足够的生存和发展空间。另外，工党立足于澳

---

① Advance Australia：Bill Shorten's Speech Opening the ALP's 47th National Conference，http://australianpolitics. com/2015/07/24/bill-shorten-speech-to-alp-conference. html，访问时间：2015年9月22日。

② http://www. alp. org. au/positive_policies，访问时间：2016年3月6日。

③ 陈弘：《澳大利亚大选工党落败，民众厌倦政局多变》，http://www. 360kuai. com/pc/9060ac1de0dd2d45a? cota=3&kuai_so=1&sign=360_e39369d1&refer_scene=so_1，访问时间：2019年5月20日。

④ 赵建东：《澳大利亚大选：工党领袖承认败选，现任总理莫里森赢得连任》，http://world.huanqiu. com/exclusive/2019-05/14915791. html? agt=190，访问日期：2019年5月20日。

大利亚资本主义制度框架之下，从未改变过其致力于改良资本主义制度，并在根本上维护资本主义制度的政治本质，这也决定了澳大利亚工党目前的在野只会是暂时的。

但不容否认的是，未来澳大利亚工党的发展仍然面临着重重困难。首先，工党所极力争取的新中间阶层选民是极不稳定的，这决定着工党所进行的“中间化”改革不可能为其带来稳定的社会支持。其次，如何将社会民主主义所倡导的价值观注入党的政策实践中，并提供一种可以替代新自由主义的政治议程是工党所应谋求的政治出路，但目前的澳大利亚工党虽然致力于将社会民主主义价值理念付诸实践，可工党的政策主张正在日益碎片化的事实，使其难以制定出一套可以替代新自由主义的政策体系。再次，工党同澳共之间立场的分化对于工党来说无疑是一个持久性的挑战，因为左翼支持力量的分化会进一步强化工党本身就已经面临的阶级基础弱化的危机。最后，一些极右政党如保琳·汉森的一国党、帕尔默的联合澳大利亚党等小党在澳大利亚政坛的影响力不可低估，发生在澳大利亚的右翼社会思潮使选民对工党产生了距离感。

但是，政党的发展本来就是一个机遇和挑战并存的过程。对此，我们要以辩证的思维和开放的心态看待澳大利亚工党的变革，要深刻认识澳大利亚工党变革所蕴含的一般道理。世界各国、各类政党都要对其生存环境的变化保持高度的灵敏性，都要对其在不同历史条件下面临的挑战保持积极应对的姿态，要努力解决自身发展中面临的种种问题，不断发扬与时俱进的变革精神，继续将党的自身建设推向一个新的发展水平。

附　录

附录一：澳大利亚联邦历届政府

执政时间	总理	所属党派
1901.1～1903.9	埃德蒙·巴顿(Edmund Barton)	保护关税派
1903.9～1904.4	艾尔弗雷德·迪金(Alfred Deakin)	保护关税派
1904.4～1904.8	约翰·克里斯琴·沃森(John Christian Watson)	工党
1904.8～1905.7	乔治·豪斯顿·里德(George Houston Reid)	自由贸易派
1905.7～1908.11	艾尔弗雷德·迪金(Alfred Deakin)	保护关税派
1908.11～1909.6	安德鲁·费希尔(Andrew Fisher)	工党
1909.6～1910.4	艾尔弗雷德·迪金	保护关税派
1910.4～1913.5	安德鲁·费希尔(Andrew Fisher)	工党
1913.5～1914.9	约瑟夫·库克(Joseph Cook)	自由党
1914.9～1915.10	安德鲁·费希尔(Andrew Fisher)	工党
1915.10～1916.11	威廉·莫里斯·休斯(William Morris Hughes)	工党
1916.11～1917.2	威廉·莫里斯·休斯(William Morris Hughes)	无党派(为工党开除)
1917.2～1917.5	威廉·莫里斯·休斯(William Morris Hughes)	国民党(工党分裂派与自由党合并而成)
1917.5～1919.12	威廉·莫里斯·休斯(William Morris Hughes)	国民党

续表

执政时间	历任总理	所属党派
1919.12～1923.2	威廉·莫里斯·休斯(William Morris Hughes)	国民党
1923.2～1929.10	斯坦利·墨尔本·布鲁斯(Stanley Melbourne Bruce)	国民党
1929.10～1931.12	詹姆斯·亨利·斯卡伦(James Henry Scullin)	工党
1931.12～1939.4	约瑟夫·阿洛伊修斯·莱昂斯(Joseph Aloysius Lyons)	统一党(工党分裂派与国民党合并而来)
1939.4(共19天)	厄尔·克里斯马斯·格拉芙顿·佩吉(Earle Christmas Grafton Page)	乡村党
1939.4～1941.8	罗伯特·戈登·孟席斯(Robert Gordon Menzies)	统一党
1941.8～1941.10	阿瑟·威廉姆·法登(Arthur William Fadden)	乡村党
1941.10～1945.7	约翰·约瑟夫·柯廷(John Joseph Curtin)	工党
1945.7(共7天)	弗朗西斯·迈克尔·福德(Francis Michael Forde)	工党
1945.7～1949.12	约瑟夫·本尼迪克特·奇夫利(Joseph Benedict Chifley)	工党
1949.12～1966.1	罗伯特·戈登·孟席斯(Robert Gordon Menzies)	自由党
1966.1～1967.12	哈罗德·爱德华·霍尔特(Harold Edward Holt)	自由党
1967.12～1968.1	约翰·麦克尤恩(John Mcewen)	乡村党
1968.1～1971.3	约翰·格雷·戈顿(John Gery Gorton)	自由党
1971.3～1972.12	威廉姆·麦克马洪(William McMahon)	自由党
1972.12～1975.11	爱德华·高夫·惠特拉姆(Edward Gough Whitlam)	工党

续表

执政时间	历任总理	所属党派
1975.11～1983.3	约翰·马尔科姆·弗雷泽(John Malcolm Fraser)	自由党
1983.3～1991.12	鲍勃·霍克(Bob Hawke)	工党
1991.12～1996.3	保罗·基廷(Paul Keating)	工党
1996.3～1998.10	约翰·温斯顿·霍华德(John Winston Howard)	自由党
1998.10～2001.11	约翰·温斯顿·霍华德(John Winston Howard)	自由党
2001.11～2004.10	约翰·温斯顿·霍华德(John Winston Howard)	自由党
2004.10～2007.11	约翰·温斯顿·霍华德(John Winston Howard)	自由党
2007.11～2010.6	凯文·路德(陆克文)(Kevin Rudd)	工党
2010.6～2013.6	朱莉娅·吉拉德(Julia Gillard)	工党
2013.6～2013.9	凯文·路德(陆克文)(Kevin Rudd)	工党
2013.9～2015.9	托尼·阿博特(Tony Abbott)	自由党
2015.9～2018.8	马尔科姆·特恩布尔(Malcolm Turnbull)	自由党
2018.8～	斯科特·莫里森(Scott Morrison)	自由党

附录二:澳大利亚工党历任领袖

在任时间	领袖
1901.5.20～1907.10.30	约翰·克里斯琴·沃森(John Christian Watson)
1907.10.30～1915.10.27	安德鲁·费希尔(Andrew Fisher)
1915.10.27～1916.11.14	威廉·莫里斯·休斯(William Morris Hughes)
1916.11.14～1922.1.10	弗兰克·都铎(Frank Tudor)
1922.5.16～1928.3.29	马修·查尔顿(Matthew Charlton)
1928.4.26～1935.10.1	詹姆斯·亨利·斯卡伦(James Henry Scullin)
1935.10.1～1945.7.5	约翰·约瑟夫·柯廷(John Joseph Curtin)
1945.7.5～1945.7.13	弗朗西斯·迈克尔·福德(Francis Michael Forde)
1945.7.13～1951.6.13	约瑟夫·本尼迪克特·奇夫利(Joseph Benedict Chifley)
1951.6.13～1960.2.9	H·V.伊瓦特(H. V. Evatt)
1960.3.7～1967.2.8	亚瑟·卡尔韦尔(Arthur Calwell)
1967.2.9～1977.12.22	爱德华·高夫·惠特拉姆(Edward Gough Whitlam)
1977.12.22～1983.2.3	比尔·海登(Bill Hayden)
1983.2.3～1991.12.20	鲍勃·霍克(Bob Hawke)
1991.12.20～1996.3.11	保罗·基廷(Paul Keating)
1996.3.19～2001.11.22	金姆·比兹利(Kim Beazley)
2001.11.22～2003.12.2	西蒙·克林(Simon Crean)
2003.12.2～2005.1.28	马克·莱瑟姆(Mark Latham)
2005.1.28～2006.12.4	金姆·比兹利(Kim Beazley)
2006.12.4～2010.6.24	凯文·路德(陆克文)(Kevin Rudd)
2010.6.24～2013.6.26	朱莉娅·吉拉德(Julia Gillard)
2013.6.26～2013.9.18	凯文·路德(陆克文)(Kevin Rudd)
2013.10.13～2019.5.18	比尔·肖腾(Bill Shorten)
2019.5.18～	安东尼·艾博年(Anthony Albanese)

图表索引

参考文献

一、中文类

(一)著作

1. 中共中央马克思恩格斯列宁斯大林著作编译局:《马克思恩格斯选集》第1～4卷,人民出版社2012年版。

2. 中共中央马克思恩格斯列宁斯大林著作编译局:《列宁选集》第1～4卷,人民出版社2012年版。

3. 王韶兴:《政党政治论》,山东人民出版社2011年版。

4. 王长江:《政党政治原理》,中共中央党校出版社2009年版。

5. 王长江:《政党现代化论》,江苏人民出版社2004年版。

6. 吴其良:《政党学基础》,蓝天出版社2006年版。

7. 徐敦楷、龚先庆:《党的利益问题研究》,湖北人民出版社2014年版。

8. 王沪宁:《行政生态分析》,复旦大学出版社1989年版。

9.《经济研究》杂志编辑部、《农业经济问题》杂志编辑部:《论生态平衡》,中国社会科学出版社1983年版。

10. 迟维韵:《生态经济理论与方法》,中国环境科学出版社1990年版。

11. 林育真、赵彦修:《生态与生物多样性》,山东科学技术出版社2013年版。

12. 韩隽:《澳大利亚工党研究》,新疆大学出版社2003年版。

13. 秦德占:《塑造与变革:澳大利亚工党社会政策研究》,河南人民出版社2009年版。

14.《各国社会党重要文件汇编》,世界知识出版社1959年版。

15.《各国社会党重要文件汇编》第2辑,世界知识出版社1962年版。

16. 中共中央对外联络部资料编辑中心:《社会党国际和社会党重要文件选编》,中共中央党校出版社1993年版。

17. [澳]坎贝尔著,刘方立译:《澳大利亚劳工运动史》,世界知识出版社1954年版。

18. [澳]曼宁·克拉克著,中山大学《澳大利亚简史》翻译组译:《澳大利亚简史》(上、下册),广东人民出版社1973年版。

19. [澳]杰弗里·博尔顿著,李尧译:《澳大利亚历史(1942～1988)》,北京出版社1993

年版。

20.[澳]斯图亚特·麦金泰尔著,潘兴明译:《澳大利亚史》,东方出版中心 2009 年版。

21.[澳]戈登·格林伍德编,北京编译社译:《澳大利亚政治社会史》,商务印书馆 1960 年版。

22.[澳]E. F. 希尔:《处在十字路口的澳大利亚社会主义运动》,世界知识出版社 1964 年版。

23.吴祯福:《澳大利亚历史(1788~1942)》,北京出版社 1992 年版。

24.张天:《澳洲史》,社会科学文献出版社 1996 年版。

25.骆介子:《澳大利亚建国史》,商务印书馆 1991 年版。

26.郑寅达、费佩君:《澳大利亚史》,华东师范大学出版社 1991 年版。

27.[澳]鲍勃·霍克著,张晓立等译:《霍克自传》,贵州人民出版社 1997 年版。

28.李沙:《澳大利亚历届总理小传》,新华出版社 1992 年版。

29.[澳]W. P. 霍根等著,吴江霖译:《澳大利亚概况》,广东人民出版社 1979 年版。

30.[美]约翰·根室著,符良琼译:《澳新内幕》,上海译文出版社 1979 年版。

31.[澳]戈登·福斯主编,赵曙明主译:《当代澳大利亚社会》,南京大学出版社 1995 年版。

32.[澳]弗朗西斯·卡斯尔斯:《澳大利亚的公共政策和经济的脆弱性》,艾伦和昂温出版公司 1988 年版。

33.南开大学经济研究所世界经济研究室:《澳大利亚经济》,人民出版社 1975 年版。

34.陈国庆:《战后澳大利亚经济》,天津人民出版社 1984 年版。

35.黄梅波、魏嵩寿、谢琪:《澳大利亚经济》,经济科学出版社 2011 年版。

36.沈仲棻:《澳大利亚经济》,华东师范大学出版社 1991 年版。

37.韩锋、刘樊德:《当代澳大利亚——社会变迁与政治经济的新发展》,世界知识出版社 2004 年版。

38.段锡平、杨微等:《走向澳洲市场——澳大利亚经济概览》,上海社会科学院出版社 2000 年版。

39.殷汝祥、衣维明:《澳大利亚市场经济体制》,兰州大学出版社 1994 年版。

40.沈永兴、张秋生、高国荣:《列国志——澳大利亚》,社会科学文献出版社 2010 年版。

41.金太军:《当代各国政治体制——澳大利亚》,兰州大学出版社 1998 年版。

42.王宇博:《澳大利亚——在移植中再造》,四川人民出版社 2000 年版。

43.王德华:《澳大利亚:从移民社会到现代社会》,上海社会科学院出版社 1997 年版。

44.王宇博:《渐进中的转型——联邦运动与澳大利亚民族国家的形成》,商务印书馆 2010 年版。

45.黄源深、陈弘:《当代澳大利亚社会》,华东师范大学出版社 1991 年版。

46.赵家琎、方爱伦:《当代澳大利亚社会与文化》,上海外语教育出版社 2004 年版。

47. 黄源深等:《从孤独走向世界——澳大利亚文化简论》,浙江人民出版社 1993 年版。

48. 杨洪贵:《澳大利亚多元文化主义研究》,西南交通大学出版社 2007 年版。

49. 刘丽君、邓子钦、张立中:《澳大利亚文化史稿》,汕头大学出版社 1998 年版。

50. 殷汝祥:《澳大利亚研究文集》,天津人民出版社 2000 年版。

51. 张威、邓天颖:《澳大利亚传媒》,北京大学出版社 2002 年版。

52. 王宇博:《享受学问　乐在其中:王宇博论文选集》,苏州大学出版社 2014 年版。

53. 申文杰:《当代世界社会主义理论比较研究》,河北教育出版社 2006 年版。

54. [德]托马斯·迈尔著,殷叙彝译:《社会民主主义的转型——走向 21 世纪的社会民主党》,北京大学出版社 2001 年版。

55. [英]安东尼·吉登斯著,郑戈译:《第三条道路——社会民主主义的复兴》,北京大学出版社 2000 年版。

56. [美]爱泼斯坦著,何文辉译:《西方民主国家的政党》,商务印书馆 2014 年版。

57. [美]塞缪尔·亨廷顿著,王冠华等译:《变化社会中的政治秩序》,上海人民出版社 2015 年版。

58. 史志钦:《全球化与欧洲社会民主党的转型》,中央编译出版社 2007 年版。

59. 刘玉安、蒋锐:《从民主社会主义到社会民主主义——当代欧洲社会民主党的理论与实践》,人民出版社 2010 年版。

60. 周淑真、杨勇:《变革世界中的政党政治》,华文出版社 2012 年版。

61. 林勋建:《西方政党是如何执政的》,中共中央党校出版社 2001 年版。

62. 杨光斌:《制度的形式与国家的兴衰——比较政治发展的理论与经验研究》,北京大学出版社 2008 年版。

63. 史志钦、戴立兴:《全球化与世界政党变革》,中共中央党校出版社 2007 年版。

64. 俞可平:《全球化时代的"社会主义"》,中央编译出版社 2000 年版。

65. 曹长盛:《民主社会主义模式比较研究》,东北师范大学出版社 1996 年版。

66. 陈琦:《衰落还是转型——当代西方政党的发展变化研究》,中国传媒大学出版社 2010 年版。

67. 邵鹏:《后冷战时代的民主社会主义研究》,知识产权出版社 2012 年版。

68. 禄德安:《民主社会主义的兴荣与困境》,知识产权出版社 2012 年版。

69. 侯衍社:《"超越"的困境:"第三条道路"价值观述评》,人民出版社 2010 年版。

70. 程恩富主编,柴尚金著:《变革中政党:国内外政党建设的经验与教训》,经济科学出版社 2013 年版。

71. 向文华:《冷战后社会党研究》,中央编译出版社 2006 年版。

72. 蒲国良:《当代国外社会主义概论》,中国人民大学出版社 2006 年版。

73. 何宝骥:《世界社会主义思想通鉴》,人民出版社 1996 年版。

74. 黄宗良、林勋建:《冷战后的世界社会主义运动》,北京大学出版社 2003 年版。

75. 何顺果:《比较开发史》,世界图书出版公司北京公司 2002 年版。

76. 李慎明:《世界在反思之二:批判新自由主义观点全球扫描》,社会科学文献出版社 2012 年版。

77. 张志洲:《英国工党社会主义意识形态变迁研究》,社会科学文献出版社 2011 年版。

78. 张伯玉:《日本政党制度政治生态分析》,世界知识出版社 2006 年版。

79. [英]戴维·赫尔德等著,杨雪冬译:《全球大变革——全球化时代的政治、经济与文化》,社会科学文献出版社 2001 年版。

80. [美]丹尼尔·贝尔著,高铦等译:《后工业社会的来临》,新华出版社 1997 年版。

81. [德]沃尔夫冈·查普夫著,陈宏成、陈黎译:《现代化与社会转型》,社会科学文献出版社 2000 年版。

82. [英]霍布斯鲍姆著,张晓华等译:《资本的年代(1848～1875)》,中信出版社 2014 年版。

83. [美]戴维·伊斯顿著,王浦劬等译:《政治生活的系统分析》,华夏出版社 1999 年版。

84. 李燕妮:《国外就业培训鉴定情况概览》,上海交通大学出版社 2009 年版。

85.《列宁全集》第 26 卷,人民出版社 1988 年版。

86. 丁锡满:《风正帆悬——党的作风问题研讨论文集》,中国检察出版社 2001 年版。

87. 闫东:《中国共产党与民间组织关系研究》,中央编译出版社 2011 年版。

88. 陈家超、赵理富、唐岚:《中国共产党执政问题研究》,湖北人民出版社 2005 年版。

89. 刘星星:《马克思主义党建理论概要》,国防大学出版社 2009 年版。

(二)文章

1. 禹海霞:《政党变革、政党体制变革、政党政治变革含义辨析》,《山东社会科学》2012 年第 1 期。

2. 王勇兵:《国外关于政党变革与转型的研究》,《学习时报》2004 年 9 月 13 日。

3. 王勇兵:《西方政党变革与转型理论初探》,《经济社会体制比较》2004 年第 6 期。

4. 聂平平、武建强:《西方政党适应性问题理论述评》,《新视野》2010 年第 4 期。

5. 王义保:《当代西方国家政党转型的潮流审视》,《社会主义研究》2011 年第 4 期。

6. 陶文昭:《当代世界政党变革的潮流》,《中国人民大学学报》2005 年第 6 期。

7. 周建勇:《当代西方政党转型理论探析》,《复旦政治学评论》2009 年第 00 期。

8. 刘长江:《政党的转型与政党的卡特尔化》,《江苏行政学院学报》2010 年第 1 期。

9. 刘长江:《政党的转型还是政党的衰落》,《江苏行政学院学报》2008 年第 6 期。

10. 郭亚丁:《执政党的建设与国家政治力的增强》,《中共杭州市委党校学报》2011 年第 1 期。

11. 何增科:《政党的转型和现代化》,《当代世界与社会主义》2003 年第 2 期。

12. 杨光斌:《如何理解执政党的基本特征》,《学习月刊》2008 年第 1 期。

13. 张小劲:《关于政党组织嬗变问题的研究:综述与评价》,《欧洲》2002 年第 4 期。

14. 王韶兴、杨立志:《社会转型推动国外政党变革》,《中国社会科学报》2010 年 07 月 1 日。

15. 靳呈伟:《政党研究的生态分析视角》,《当代世界与社会主义》2010 年第 6 期。

16. 靳呈伟:《政党意识形态的变革》,《中国延安干部学院学报》2011 年第 1 期。

17. 王利华:《生态环境史的学术界域与学科定位》,《学术研究》2006 年第 9 期。

18. 龚少情、孔凡河:《政党发展:意蕴及其价值》,《社会主义研究》2008 年第 5 期。

19. 朱昔群:《政党发展研究——一种比较的视角》,《马克思主义与现实》2006 年第 3 期。

20. 柴宝勇:《政党发展:涵义、视角及趋势》,《当代世界与社会主义》2011 年第 5 期。

21. 祝灵君:《政党发展与组织变迁》,《马克思主义与现实》2007 年第 4 期。

22. 宁国良、刘文吉:《基于利益分析视角的政党政策与公共政策比较研究》,《求索》2006 年第 12 期。

23. 吴玉林:《冷战结束以来国外政党指导思想的变革与启示》,《新视野》2012 年第 5 期。

24. 程玉红:《网络时代的政治参与和政党变革研究》,中共中央党校 2010 年博士学位论文。

25. 姜跃:《国外政党执政面临的几个共同问题及其应对》,《中共中央党校学报》2008 年第 6 期。

26. 张光平:《西方发达国家政党运用互联网推进电子党务》,《当代世界》2007 年第 5 期。

27. 王木森:《"第三条道路"——吉登斯"后社会主义"意识形态建构》,《中共南京市委党校学报》2011 年第 6 期。

28. 邹国煜:《国外政党创新群众工作的方式方法》,《理论导报》2013 年第 5 期。

29. 农华西:《西方政党阶级基础变化探析》,《广西社会科学》2005 年第 6 期。

30. 赵理富:《社会生态环境变迁与政党文化创新》,《科学社会主义》2007 年第 5 期。

31. 赵理富:《澳大利亚工党的执政政策》,《党员生活》2008 年第 6 期。

32. 韩隽:《澳大利亚工党的现代化进程评析》,《聊城大学学报(社会科学版)》2004 年第 4 期。

33. 韩隽:《澳大利亚工党的绿色战略评析》,《国际政治研究》1999 年第 4 期。

34. 韩隽:《澳大利亚工党与工会的特殊关系》,《当代世界与社会主义》2000 年第 1 期。

35. 赵婷:《二战后澳大利亚工党从群众型政党向全方位政党的转型》,《当代世界社会主义问题》2012 年第 2 期。

36. 赵婷:《澳大利亚工党党建经验研究及启示》,《聊城大学学报(社会科学版)》2013 年第 2 期。

37. 杨薇薇:《二十世纪八十年代以来英澳工党改革比较研究》,新疆大学 2007 年硕士学位论文。

38. 钟连发:《冷战后澳大利亚工党和新西兰工党的新变化》,《当代世界与社会主义》2005 年第 6 期。

39. 秦德占:《澳大利亚工党社会主义评析》,《当代世界与社会主义》2000 年第 1 期。

40. 秦德占:《澳大利亚工党二战后长期在野原因探析》,《科学社会主义》2009 年第 2 期。

41. 秦德占:《澳大利亚工党政策实践背后的政治哲学及其变迁》,《新视野》2010 年第 4 期。

42. 秦德占:《澳大利亚工党文化政策及其意义》,《新视野》2010 年第 5 期。

43. 秦德占:《澳大利亚工党"白澳"政策探析》,《河南师范大学学报(哲学社会科学版)》1999 年第 2 期。

44. [澳]阿什利·拉韦勒著,朱昔群摘译:《社会民主党转向新自由主义的根本原因——澳大利亚工党的个案研究》,《国外理论动态》2006 年第 3 期。

45. 崔建军:《澳大利亚工党为何下野》,《当代世界》1996 年第 5 期。

46. 江亚平:《澳大利亚选民为何抛弃工党》,《新华每日电讯》2010 年 8 月 24 日。

47. 梅尔初:《澳大利亚大选:工党险胜》,《世界知识》1990 年第 9 期。

48. 韩锋:《澳大利亚工党——涉险过关与艰难前行》,《党建》2010 年第 10 期。

49. 李佳彬、陈小方:《执政六年　澳工党缘何落败》,《光明日报》2013 年 9 月 8 日。

50. 杨鹏飞:《澳大利亚工党获胜王牌:反劳动力市场过分自由》,《第一财经日报》2007 年 12 月 28 日。

51. 华林:《澳大利亚工党胜选及其政策趋向》,《学习时报》2007 年 12 月 10 日。

52. 张海龙:《新世纪澳大利亚工党联邦政府社会福利政策评析》,新疆大学 2012 年硕士学位论文。

53. 赵书彦:《澳大利亚基廷政府经济政策初探》,《亚太研究》1992 年第 4 期。

54. [澳]陆克文:《"第三条道路"的使命》,《财经》2009 年第 4 期。

55. 王学军、张森林:《社会民主主义能"拯救资本主义"吗? ——驳陆克文〈第三条道路的使命〉》,《思想理论教育导刊》2011 年第 8 期。

56. 刘海燕:《〈京都议定书〉与 21 世纪澳大利亚工党政府应对气候变化的主要政策研究》,《新西部》2009 年第 12 期。

57. 汪诗明:《论鲍勃·霍克时期的多元文化政策》,《西华大学学报(哲学社会科学版)》2009 年第 1 期。

58. 曹海科:《澳大利亚霍克政府的经济改革述评》,《世界经济研究》1990 年第 4 期。

59. 廖洪跃:《1983～1996 澳大利亚工党的亚洲政策》,华东师范大学 2009 年硕士学位论文。

60. 李佳彬:《澳工党进入"后陆克文时代"》,《光明日报》2013 年 10 月 17 日。

61. 陈健:《陆克文隐退,澳大利亚工党何去何从?》,《当代世界》2013 年第 12 期。

62. 赵书彦:《战后澳大利亚经济结构的调整》,《亚太研究》1992 年第 2 期。

63. 魏嵩寿、许梅恋:《经济全球化中的澳大利亚经济发展趋势》,《南洋问题研究》2001 年第 3 期。

64. Ellis Connolly、Christine Lewis、张毅、黄梅波:《澳大利亚经济的结构之变——澳大利亚储备银行 2010 年 9 月季度公告》,《经济资料译丛》2012 年第 4 期。

65. 杨成果:《战后澳大利亚工人阶级的新变化》,《中共南京市委党校学报》2012 年第 6 期。

66. 高苏娟:《试论澳大利亚社会的历史转型》,《东南亚之窗》2007 年第 3 期。

67. 竺淑琴:《澳大利亚劳动关系改革探析》,《瞭望》2006 年第 11 期。

68. 王宇博:《战后澳大利亚后工业化社会初探》,《江苏教育学院学报(社会科学版)》2001 年第 11 期。

69. 王宇博:《对澳大利亚公民权利概念与实践的历史考察》,《法制现代化研究》2006 年第 00 期。

70. 王宇博:《20 世纪中期澳大利亚移民政策的变化》,《苏州大学学报(哲学社会科学版)》2009 年第 3 期。

71. 蔡声宁:《马克思主义在澳大利亚》,《马克思主义研究》1985 年第 4 期。

72. 吴琦生:《试论澳大利亚工会运动与白澳政策的形成》,《惠阳师专学报(社会科学版)》1989 年第 2 期。

73. 张天、叶洵钊:《"白澳"政策评述》,《福建师范大学学报(哲学社会科学版)》1994 年第 2 期。

74. 刘有发:《从"白澳政策"到"多元文化政策"——浅谈澳大利亚国策的演变》,《江西财经大学学报》2009 年第 5 期。

75. 乔瑞、牛楠:《澳大利亚"白澳政策"的形成及影响》,《河西学院学报》2009 年第 3 期。

76. 张安德:《试论"白澳政策"的渊源、演变及其终结》,《湖北大学学报(哲学社会科学版)》1995 年第 2 期。

77. 张天、张晓虹:《论"白澳政策"》,《世界历史》1992 年第 4 期。

78. 曹思佳:《澳大利亚联邦"白澳政策"形成的原因探析》,《湖南省社会主义学院学报》2010 年第 3 期。

79. 曹思佳:《澳大利亚联邦"白澳政策"问题探析》,《贵州社会主义学院学报》2010 年第 2 期。

80. 闫荣素:《澳大利亚"白澳政策"的历史演变》,《河北师范大学学报(哲学社会科学版)》2004 年第 5 期。

81. 杨洪贵:《1989 年以来澳大利亚多元文化政策的发展评析》,《重庆文理学院学报(社会科学版)》2006 年第 5 期。

82. 丁斗:《2007 年以来的澳大利亚气候政治》,《国际政治研究》2011 年第 3 期。

83. 鲍捷:《澳大利亚因正义废除碳税法》,《民主与法制时报》2014 年 7 月 31 日。

84. 幸锡林:《澳大利亚三种不同类型的广播电视台》,《中国广播电视学刊》1990 年第 2 期。

85. 方华:《澳大利亚总理基廷》,《世界经济与政治》1994 年第 4 期。

86. 陈翠华:《澳大利亚总理罗伯特·詹姆斯·李·霍克》,《世界经济与政治内参》1987 年第 4 期。

87. 建秀:《澳大利亚新任总理罗伯特·詹姆斯·李·霍克》,《世界知识》1983 年第 7 期。

88. 于航、林青:《鲍勃霍克——从工会领袖到政府总理》,《瞭望周刊》1984 年第 6 期。

89. 莫利兹、陈无忌:《澳大利亚总理基廷小传》,《国外社会科学文摘》1994 年第 5 期。

90. 沈钰:《基廷渡过难关了吗?——澳大利亚大选评析》,《国际展望》1993 年第 7 期。

91. 王俊生、周三华:《澳大利亚新总理:"中国通"陆克文》,《领导科学》2008 年第 1 期。

92. 倪海宁:《澳大利亚新总理陆克文》,《国际资料信息》2007 年第 12 期。

93. 周有恒:《陆克文:出身佃农的澳大利亚新总理》,《名人传记》2008 年第 2 期。

94. 本报驻堪培拉记者:《陆克文政府反对保护主义》,《光明日报》2008 年 7 月 31 日。

95. 海之灵:《陆克文:"中国通"成为澳大利亚工党新船长》,《当代世界》2007 年第 4 期。

96. 郭春梅:《澳大利亚总理朱莉娅·吉拉德》,《国际资料信息》2011 年第 1 期。

97. 曹扬、陈南:《澳大利亚将征收碳排放税,吉拉德食言》,《新华每日电讯》2011 年 7 月 11 日。

98. 李景卫、陈特安:《澳大利亚新总理吉拉德》,《决策与信息》2010 年第 8 期。

99. 李景卫:《澳大利亚大选年预算出台》,《人民日报》2010 年 5 月 13 日。

100. 李学江:《澳大利亚为何提前大选(新闻分析)》,《人民日报》1998 年 9 月 2 日。

101. 全国妇联妇女研究所信息中心:《世界各国性别平等意识与公共政策现状一瞥》,《中国妇运》2004 年第 7 期。

102. 苏新茗:《全球金融危机与金融监改革:解决之道》,《国际金融研究》2010 年第 1 期。

103. [德]沃纳·普芬尼希,刘鹏译:《政党转型:德国社会民主党的变革》,《经济社会体制比较》2006 年第 1 期。

104. 林怀艺:《政党民主:社会民主党的探索及其启示》,《聊城大学学报(社会科学版)》2011 年第 1 期。

105. 谢峰:《西方政党党内民主的功能及发展限度——执政能力的视角》,《中共中央党校学报》2005 年第 2 期。

106. 黄明哲、赖路成:《国外政党尊重党员主体地位和保障党员民主权利的实践及启示》,《江苏广播电视大学学报》2009 年第 4 期。

107. 艾一平:《经济全球化背景下人才跨国流动的成因研究——兼论中国人才外流及对策》,中国社会科学院 2003 年硕士学位论文。

108. 曾琼:《中国共产党适应性变革研究》,中共江苏省委党校 2013 年硕士学位论文。

109. 曲建华:《论增强党的阶级基础与扩大党的群众基础》,《中央社会主义学院学报》2010 年第 1 期。

110. 周淑真:《论执政党的社会基础与统一战线》,《中央社会主义学院学报》2001 年第

13期。

111. 刘红凛:《党内民主与人民民主的耦合与互动》,《理论探讨》2009年第6期。

112. 习近平:《反腐败是实现"中国梦"前提》,《人民日报》2013年1月23日。

113. 崔桂田:《党员结构优化与质量建设的路径选择》,《人民论坛》2012年第26期。

114. 习近平:《在全国组织部长会议上的讲话》,《党建研究》2012年第1期。

115. 陈海飞:《维护党组织的纯洁性》,《求实》2006年第10期。

116. 张红明:《观念激荡与现实变革之间的成效与特征——新中国成立以来我党解决民生问题的历史经验》,《大连干部学刊》2012年第2期。

117. 文力:《利益群体显性化:利益表达和均衡的有效机制——多元利益集团是和谐社会的"内生"变量之一》,《福建论坛(人文社会科学版)》2005年第9期。

二、英文类

(一)著作

1. Angelo Panebianco, *Political Parties: Organization and Power*, Cambridge: Cambridge University Press, 1988.

2. Andrew Parkin, J. Warhurst, *Machine Politics in the Australian Labor Party*, Allen & Unwin, 1983.

3. Australian Labor Party, *Whitlam, Wran and the Labor Tradition*, Pluto Press Australia Pty Ltd., 1988.

4. Andrew Scott, *Fading Loyalties: The Australian Labor Party and the Working Class*, Pluto Press, Sydney, 1991.

5. Ross McMullin, *The Light on the Hill: The Australian Labor Party 1891～1991*, Oxford University Press Australia and New Zealand, 1991.

6. Bloustien, *Hawke Legacy*, Wakefield Press, 2009.

7. Brian Costar, Peter Love, Paul Strangio, *The Great Labor Schism: A Retrospective*, Scribe Publications, 2005.

8. Brian McKinlay, *A Documentary History of the Australian Labor Movement, 1850～1975*, Drummond Publishing, 1979.

9. Colin A. Hughes, *A Handbook of Australian Government and Politics, 1985～1999*, Federation Press, 2002.

10. Cornetius P. Cotter, James L. Gibson, John F. Bibby and Robert J. Huckshorn (eds.), *Party Organizations in American Politics*, University of Pittsburgh Press, 1989.

11. Carroll Brian, *Whitlam*, Rosenberg Publishing, 2011.

12. Chris Aulich, *The Gillard Governments*. Melbourne University Publishing, 2014.

13. David Love, *Unfinished Business: Paul Keating's Interrupted Revolution*, Scribe Publications, 2013.

14. Dave Holmes, *Socialism or Nationalism?: Which Road for the Australian Labor Movement?*, Resistance Books, 1979.

15. Gough Whitlam, *The Whitlam Government 1972～1975*, Melbourne, 1985.

16. Greg Barns, *Selling the Australian Government: Politics and Propaganda from Whitlam to Howard*, UNSW Press, 2005.

17. Gavan Duffy, *Demons or Democrats: 1950s Labor at the Crossroads*, Freedom Publishing Company, 2002.

18. Henry Stephen Albinski, *Australian External Policy Under Labor: Content, Process and the National Debate*, University of British Columbia Press, 1977.

19. Ian Rogers, Michael Carman, *Out of the Rut: Making Labor a Genuine Alternative*, Allen & Unwin, 1999.

20. John Murphy, *A Decent Provision: Australia Welfare Policy, 1870 to 1949*, Ashgate Publishing Limited, 2011.

21. Dean Jaensch, *The Australian Party System*. George Allen & Unwin, 1983.

22. Michael Hogan, *Labor Pains*, Federation Press, 2008.

23. Race Mathews, *Australia's First Fabians: Middle-Class Radicals, Labour Activists and the Early Labour Movement*. Cambridge University Press, 1993.

24. Nick Dyrenfurth, Frank Bongiorno, *A Little History of the Australian Labor Party*, New South Publishing, 2010.

25. Paul Keating, *After Words: The Post-prime Ministerial Speeches*, Allen & Unwin, 2011.

26. Rodney Cavalier, *Power Crisis*, Cambridge University Press, 2010.

27. Robert Murray, *The Split: Australian Labor in the Fifties*, Hale& Iremonger, Pty. Ltd. , 1984.

28. Ronald Mendelsohn, *The Condition of the People: Social Welfare in Australian*, Allen & Unwin, 1979.

29. Stuart Macintyre, *A Concise History of Australia*, Cambridge University Press, 2009.

30. Tom Bramble, Rick Kuhn, *Labor's Conflict: Big Business, Workers and the Politics of Class*, Cambridge University Press, 2010.

31. Frank L. Wilson. *Sources of Party Transformation: The Case of France*. New York: Free Press, 1980.

(二)文章

1. A. M. Appleton, D. S. Ward, "Party Response to Environmental Change: A Model

of Organizational Innovation," *Party Polities*, 1997, Vol. 3, No. 3.

2. Ashley Lavelle, "Social Democrats and Neo-Liberalism: A Case Study of the Australian Labor Party," *Political Studies*, 2005, Vol. 53, No. 4.

3. Andrew Leigh, "Factions and Fractions: A Case Study of Power Politics in the Australian Labor Party," *Australian Journal of Political Science*, 2000, Vol. 35, No. 3.

4. Andrew Milner, "Class, Class Consciousness, and Australian Social Theory," *Australian Journal of Political Science*, 1983, Vol. 18, No. 2.

5. Alan Bloomfield, Kim Richard Nossal, "End of an Era? Anti-Americanism in the Australian Labor Party," *Australian Journal of Politics and History*, 2010, Vol. 56, No. 4.

6. Andrew Leigh, "Trade Liberalization and the Australian Labor Party," *Australian Journal of Politics and History*, 2002, Vol. 48, No. 4.

7. Boris Schedvin, "Primary Phases of Australian Economic Development in the Twentieth Century," *Australian Economic Review*, 2008, Vol. 41, No. 4.

8. Catherine Stephenson, John Handmer, Robyn Betts, "Estimating the Economic, Social and Environmental Impacts of Wildfires in Australia," *Environmental Hazards*, 2013, Vol. 12, No. 2.

9. Carmichael G A, "Things ain't What They Used to be! Demography, Mental Cohorts, Morality and Values in Post-War Australia," *Journal of the Australian Population Association*, 2002, Vol. 15, No. 2.

10. Clive Hamilton, Christian Downie, Yi-Hua Lu, "The State of the Australian Middle Class," *Australasian Accounting Business and Finance Journal*, 2008, Vol. 2, No. 3.

11. Clive Bean, "The 1996 Australian Federal Election," *Electoral Studies*, 1996, Vol. 15, No. 3.

12. Chris Pierson, Francis G. Castles, "Australian Antecedents of the Third Way," *Political Studies*, 2002, Vol. 50, No. 4.

13. David Charnock, "Class and Voting in the 1996 Australian Federal Election," *Electoral Studies*, 1997, Vol. 16, No. 3.

14. David Charnock, Spatial Variations, "Contextual and Social Structural Influences on Voting for the ALP at the 1996 Federal Election: Conclusions from Multilevel Analyses," *Australian Journal of Political Science*, 1997, Vol. 32, No. 2.

15. Doug McEachern, "Corporatism and Business Responses to the Hawke Government," *Australian Journal of Political Science*, 1986, Vol. 21, No. 6.

16. Derek McDougall, "Edward Gough Whitlam, 1916～2014: An Assessment of His Political Significance," *The Round Table*, 2015, Vol. 104, No. 1.

17. Gerard Griffin, Chris Nyland, Anne O'Rourke, "Trade unions, the Australian Labor

Party and the Trade-Labour Rights Debate," *Australian Journal of Political Science*, 2004, Vol. 39, No. 1.

18. Glenn Kefford, "The Presidentialisation of Australian Politics? Kevin Rudd's Leadership of the Australian Labor Party," *Australian Journal of Political Science*, 2013, Vol. 48, No. 6.

19. Glenn Kefford, "The Presidentialisation of Australian Politics? Kevin Rudd's Leadership of the Australian Labor Party," *Australian Journal of Political Science*, 2013, Vol. 48, No. 2.

20. Gwenda Tavan, "Leadership: Arthur Calwell and the Post-War Immigration Program, *Australian Journal of Politics & History*, 2012, Vol. 58, No. 2.

21. Harmel, Janda, "An Integrated Theory of Party Goals and Party Change," *Journal of Theoretical Politics*, 1994, Vol. 6, No. 3.

22. Ian Ward, "The Early Use of Radio for Political Communication in Australia and Canda: John Henry Austral, Mr Sage and the Man from Mars," *Australian Journal of Politics and History*, 1999, Vol. 45, No. 3.

23. John Warhurst, "Transitional Hero: Gough Whitlam and the Australian Labor Party," *Australian Journal of Political Science*, 1996, Vol. 31, No. 2.

24. Jenny Hocking, "Post-War Reconstruction and the New World Order: The Origins of Gough Whitlam's Democratic Citizens," *Australian Journal of Politics and History*, 2007, Vol. 53, No. 2.

25. J. C. Bannon, "Gough Whitlam: His Time, The Biography Volume II," *Journal of Australian Studies*, 2013, Vol. 37, No. 6.

26. Judith Brett, "Class, Religion and the Foundation of the Australian Party System: A Revisionist Interpretation," *Australian Journal of Political Science*, 2002, Vol. 37, No. 1.

27. Joan Rydon, "Multi-Member Electorates and the Development of Australian Party Politics," *Australian Journal of Political Science*, 1988, Vol. 23, No. 1.

28. Jason Wilson, "Sunrise to Sunset: Kevin Rudd as Celebrity in Australia's Post-Broadcast Democracy," *Celebrity Studies*, 2011, Vol. 2, No. 6.

29. John William Tate, "Paul Keating and Leadership: Was the 'personal' political?" *Australian Journal of Political Science*, 2014, Vol. 49, No. 3.

30. John P. Brien, "Unfinished Business: Paul Keating's Interrupted Revolution by David Love," *Australian Journal of Public Administration*, 2008, Vol. 67, No. 4.

31. P. Keating, The Hon Paul Keating: Prime Minister of Australia and leader of the Australian Labor Party. Interview by John Moran. *Australian Nursing Journal* (*July* 1993), 1995, Vol. 3, No. 5.

32. Joan Kelleher, Civilisling Global Capital: New Thinking for Australian Labor. *Family Matters*, 1998, No. 50.

33. Leighton James, Raymond Markey,"Class and Labour: The British Labor Party and the Australian Labor Party Compared," *Labor History*, 2006, No. 90.

34. Michael Lyons, Meg Smith, "Gender Pay Equity, Wage Fixation and Industrial Relations Reform in Australia: One Step Forward and Two Steps Backwards?" *Employee Relations*, 2007, Vol. 30, No. 1.

35. Philip Mendes,"From the Wage Earners Welfare State to the Targeted Welfare State: The Social Welfare Policies of the Australian Labor Party, 1983～1999," *Australian Social Work*, 1999, Vol. 52, No. 4.

36. A. Podger"Australia's Balance between Public and Private Arrangements," *Health Affairs*, 2000, Vol. 19, No. 3.

37. Peter Edwards, "Gough Whitlam: A Moment in History / Gough Whitlam: His Time,"*Australian Journal of International Affairs*, 2013, Vol. 67, No. 6.

38. Paul D. Williams, "The 2007 Australian Federal Election: The Story of Labor's Return from the Electoral Wilderness," *Australian Journal of Politics and History*, 2008, Vol. 54, No. 1.

39. Philip Senior,"Electoral Impact of Televised Leaders' Debates on Australian Federal Elections,"*Australian Journal of Political Science*, 2008, Vol. 43, No. 1.

40. Peter Mair, "The Problem of Party System Change." *Journal of Theoretical Politics*, 1989, Vol. 1, No. 3.

41. Ronald Inglehart,"The Silent Revolution in Europe: Intergenerational Change in Post Industrial Societies,"*American Political Science Review*, 1971, Vol. 65, No. 4.

42. Rachel K. ,"Gibson, Stephen Ward. Virtual Campaigning: Australian Parties and the Impact of the Internet," *Australian Journal of Political Science*, 2002, Vol. 37, No. 1.

43. Robyn Hollander, Haig Patapan,"Pragmatic Federalism: Australian Federalism from Hawke to Howard,"*Australian Journal of Public Administration*, 2007, Vol. 66, No. 6.

44. Rolf Gerritsen, "The Necessity of 'Corporatism': The Case of the Hawke Labor Government,"*Australian Journal of Political Science*, 1986, Vol. 21, No. 1.

45. Steven Levitsky,"Organization and Labor-Based Party Adaptation: The Transformation of Argentine Peronism in Comparative Perspective,"*World Politics*, 2001, Vol. 54, No. 1.

46. Shaun Goldfinch,"Remaking Australia's Economic Policy: Economic Policy Decision-Makers During the Hawke and Keating Labor Governments," *Australian Journal of Public Administration*, 2002, Vol. 58, No. 2.

47. Tom Bramble, Rick Kuhn, "Continuity or Discontinuity in the Recent History of the

Australian Labor Party?," *Australian Journal of Political Science*, 2009, Vol. 44,No. 2.

48. Tod Moore, Sandra Bourke, Graham Maddox,"Australia and the Emergence of the Modern Two-Party System," *Australian Journal of Politics and History*, 2002, Vol. 44, No. 1.

三、网络媒体

1. 澳大利亚工党,http://www. alp. org. au/

2. 澳大利亚政治,http://australianpolitics. com/

3. 澳大利亚议会,http://www. aph. gov. au/

4. 中华人民共和国驻澳大利亚大使馆,http://au. china-embassy. org/chn/

5. 澳大利亚统计局,http://www. abs. gov. au/

6. 中国澳大利亚研究网,http://www. austudies. org. cn/

7. 澳大利亚工会理事会,http://www. actu. org. au/

8. 中华人民共和国驻澳大利亚大使馆经济商务参赞处,http://au. mofcom. gov. cn/

9. 澳大利亚选举委员会,http://www. aec. gov. au/

10. 各国统计数据网,http://www. nationmaster. com

11. 世界知识中心,http://www. cia. gov

12. 中共中央对外联络部,http://www. idcpc. org. cn/

13. 澳大利亚政治和选举数据库(西澳大学),http://elections. uwa. edu. au/electionsearch. lasso

14. 澳大利亚报,http://www. theaustralian. com. au/

15. 东亚论坛,http://www. eastasiaforum. org

16. 悉尼先驱晨报,http://www. smh. com. au/

17. 经济合作与发展组织(OECD)统计网,http://stats. oecd. org/